Die Realisierung der Freiheit

Beiträge zur Kritik der Theologie Karl Barths
Von Falk Wagner, Walter Sparn,
Friedrich Wilhelm Graf und Trutz Rendtorff

Herausgegeben von Trutz Rendtorff

Gütersloher Verlagshaus Gerd Mohn

CIP-Kurztitelaufnahme der Deutschen Bibliothek

Die Realisierung der Freiheit: Beitr. z. Kritik d. Theologie Karl Barths /
von Falk Wagner [u. a.]. Hrsg. von Trutz Rendtorff.
  ISBN 3-579-04050-2

NE: Rendtorff, Trutz [Hrsg.]; Wagner, Falk [Mitarb.]

ISBN 3-579-04050-2
© Gütersloher Verlagshaus Gerd Mohn, Gütersloh 1975
Gesamtherstellung: Clausen & Bosse, Leck/Schleswig
Umschlagentwurf: Lothar Täuber
Printed in Germany

Inhalt

Trutz Rendtorff

Einleitung

Die Beschäftigung mit der Theologie Karl Barths gehört, jenseits des unmittelbaren Für und Wider, das sich so oder so mit ihr verbunden hat, durchaus zu den andauernden Aufgaben der Systematischen Theologie. So wie sie selbst einst, im größeren Verbund der dialektisch genannten Theologie, bewußt als Ortsbestimmung der Theologie in ihrer Zeit sich gestaltete, reizt gerade das Ineinander von prinzipiellem Anspruch und Zeitdeutung immer wieder dazu, im Verhältnis zu ihr den Standort der Theologie zu bestimmen. Ohnehin ist die Konvergenz von theologiegeschichtlicher Epoche und Theologenbiographie wohl selten so eindrücklich zu beobachten gewesen wie in diesem Falle. Die Geburtsjahre von Rudolf Bultmann (1884), Karl Barth (1887), Friedrich Gogarten (1887), Emil Brunner (1889) liegen nur wenige Jahre auseinander. Nach dem Ende des Ersten Weltkrieges ist es diese Generation gewesen, die fast mit einem Schlage die Szene beherrschte; man muß dazu nur noch an die Namen von Paul Tillich (1886), Emanuel Hirsch (1888), Paul Althaus d. J. (1888), aber auch Werner Elert (1885) erinnern, um die Profile einer theologischen Generation vor Augen zu haben, die es in der Tat verdient, in den Orientierungsproblemen der Gegenwart Beachtung zu finden. Allerdings wird man sich auch daran erinnern, daß Ernst Troeltsch (1865) und Wilhelm Bousset (1865) früh aus der theologischen Arbeit ausschieden, Ernst Troeltsch mit 56 Jahren (1922), Bousset mit 54 Jahren (1920), so daß manche Herausforderung nicht mehr die Antwort von der Seite fand, an die sie adressiert war. Es ist mehr als eine Sache der Theologiegeschichtsschreibung, wenn das Interesse an den Impulsen und Wirkungen, die von dieser Generation ausgegangen sind, ausdrücklich wahrgenommen wird.
Theologiegeschichtliche Probleme leben von der Vorstellung einer Kontinuität solcher Sachfragen, die sich einer bestimmten Zeit so und einer anderen auch anders darstellen. Dem Auseinandertreten von Fronten muß darum immer wieder auch die Wahrnehmung von Gemeinsamkeiten folgen. Die Theologie Karl Barths, mit Gefolgschaft reich gesegnet, hat zwar oft genug ein dezidiertes »So und nicht anders« ins Feld geführt, gerade weil sie von dem Bewußtsein getragen war, die theologische Aufgabe »ganz anders« sehen zu sollen und zu müssen, als es ihre Vorgänger taten. Um sich selbst den Stellenwert einer neuen Epoche zu sichern, hat sie wie selten zuvor in scharfer Kritik das Bild ihrer Vorge-

schichte erst geformt, von dem sie sich dann abzuheben unternahm[1]. Systematische Theologie, die ohne konstruktive Tätigkeit ihren Namen nicht verdiente, wird deshalb in der Rekonstruktion epochaler Ansprüche der Theologie in der ersten Hälfte dieses Jahrhunderts die Elemente der Kontinuität aufsuchen, die sie selbst in Anspruch nehmen muß, wenn sie nicht einem abstrakten Originalitätswahn verfallen soll.

In dem theologischen Bewußtsein der Generation, die nach 1918 die Bühne betrat, hat sich die Erfahrung einer Krise des Menschen als Träger des die Neuzeit charakterisierenden Autonomievermögens konstruktiv zu gestalten gesucht[2]. Der Mut und die Fähigkeit, mit der diese Erfahrung radikal in das Thema der Theologie umgesetzt wurde, läßt rückblickend auch erkennbar werden, daß die Kritik der historisch mehrdeutig gewordenen Gestalten neuzeitlicher Lebenswelt im Dienste einer tieferen, »spekulativen«[3] Erfassung der Freiheit sich vollzog, einer Freiheit, die ihrer bedingten Realisierung auch wieder entgegenzutreten fähig war.

Während Paul Tillich in der Theoretisierung eines religiösen Sozialismus und Friedrich Gogarten in der Objektivierung der Autonomie zur unbedingten Autorität Gottes überindividuelle politische Formen der Macht der Freiheit zu identifizieren suchten, Rudolf Bultmann die Symbolisierung der religiösen Individualität in der Liquidation des Jesusbildes zugunsten der objektiven Formen der urchristlichen Verkündigung schließlich ins Kerygma transformierte, liegt die Konsequenz der Barthschen Theologie in dem Unterfangen, die Widerständigkeit der dogmatischen Lehre als Ort einer nur durch sich selbst bedingten Freiheit zu thematisieren. Daß gerade hier dann die Subjekthaftigkeit aller Wirklichkeit sich eine objektive Fassung zu geben suchte, zeigte sich in dem Werk, in dem die Tätigkeit der Theologie als ihrer Selbstthematisierung überhaupt einen Anfang ohne (es sei denn vorläufiges) Ende genommen hat. Nirgends ist der Realisierungswille theologischen Freiheitsbewußtseins in neuerer Zeit so eindringlich bei sich selbst geblieben als in der Kirchlichen Dogmatik.

Was die Theologie noch anderes bedeuten möchte als sie selbst von sich sagt, das ist ein durchaus legitimes Interesse, wenn man einmal begriffen hat, daß die Theologie so etwas wie eine radikale Wirklichkeitswissenschaft ist. Dieses Interesse hat sich immer wieder in Kategorien ausgesprochen, die selbst einen überindividuellen Status des Freiheitsgedankens darzustellen suchen. Es sind dies die

---

1. Das ist jetzt im einzelnen nachgewiesen worden von H. J. Birkner: »Liberale Theologie«, in: Zeugnis und Dienst. Festschrift für G. Besch, 1974, 174–186.
2. Zum Thema und zur Reichweite neuerer Interpretation vgl. jetzt vor allem die beiden Abhandlungen von K. G. Steck und D. Schellong: Karl Barth und die Neuzeit, Theol. Ex. 173, 1973.
3. Etwa in dem Sinne, in dem Barth dieser Vorwurf gemacht wurde, vgl. KD I, 1, IX.

Kategorien politisch-gesellschaftlicher Wirklichkeitstheorie. Barth[4], Bultmann[5], Gogarten[6] haben hier je ihre Interpreten gefunden, ob dabei nicht jeweils etwas *anderes* über sie gesagt worden ist, als sie selbst zu sagen beabsichtigten, beschäftigt die weitergehende Diskussion, auch dies mit gutem Grund. Ob in solcher Verfremdung nicht doch wohl *weniger* ans Licht gehoben worden ist, als die Theologie dieser Theologen im Auge oder im Kopf hatte, ist darüber nicht zu vergessen. An die Radikalität dezidiert theologischer Wirklichkeitserkenntnis reichen solche Interpretationen nur in der Weise heran, als sie sichtbar werden lassen, wie sich die in der Theologie konstruierte Wahrnehmung der Wirklichkeit eben auch in der heute einmal dominierenden politisch-gesellschaftlichen Perspektive ausdrücken lasse. Allerdings, die vordergründig gegenständlich orientierte Suche danach, was diese Theologen zu den Vorgegebenheiten politisch-gesellschaftlicher Verhältnisse und Einstellungen beizutragen haben, oder wie sie von ihnen bedingt seien, reicht doch wohl nicht an die konstruktive Tätigkeit der Theologie heran.

Die hier vorgelegten Beiträge zur Kirchlichen Dogmatik sind hervorgegangen aus der mehrjährigen Arbeit eines Münchner Oberseminars, das sich mit der in der Zeit von ca. 1870 bis zur Gegenwart vollzogenen Arbeit der Theologie im Kontext der Zeitgeschichte befaßte[7]. Die Beschäftigung mit der Kirchlichen Dogmatik ist dabei insofern ein selbständiges Kapitel geworden, als hier die Fragen nach der Konstitution des Subjektes von Freiheit, inneres Leitthema unserer Epoche überhaupt, in ihrer theologischen Verdichtung thematisch gemacht werden können. Die Mühe, sich denkend in dem Gewölbe der Kirchlichen Dogmatik zu bewegen, bedarf natürlich kritischer Motivation, wenn sie mehr als Wiedergabe dessen sei, was jeder nachlesen kann. Die Aktualität dieses Werkes besteht wohl gerade auch darin, daß es zu intimerer Analyse einlädt, als es die gängigen Urteile sind, die sich mit ihrer Wirkung verbunden haben. Die den Barth gewidmeten Beiträgen beigegebene, von Falk Wagner verfaßte Skizze zur Christologie soll zeigen, wie in diesem Diskussionszusammenhang dasselbe, worum es Barth zu tun war, auch wieder anders gefaßt und gesagt werden kann.

---

4. Friedrich Wilhelm Marquardt: Theologie und Sozialismus. Das Beispiel Karl Barths. 1972.
5. Dorothee Sölle: Politische Theologie. Auseinandersetzung mit Rudolf Bultmann, 1971.
6. Theodor Strohm: Theologie im Schatten politischer Romantik, 1970.
7. In diesen Zusammenhang gehören auch die Beiträge in Theol. Ex. 175, Kritik der politischen Theologie, 1973. Vgl. ferner jetzt die Dissertation von Wilfried Groll: Der theologiegeschichtliche Zusammenhang von Ernst Troeltsch und Karl Barth, München 1975.

Falk Wagner

Theologische Gleichschaltung

Zur Christologie bei Karl Barth

I. Zur Methode der Barth-Interpretation

Interpretation und Deutung der Theologie Karl Barths sind in ein neues Stadium getreten. Die Barthsche Theologie kann weder länger durch die sich als Barth-treu verstehenden Gralshüter seiner Theologie noch durch solche Usurpatoren in Generalpacht genommen werden, die die Theologie Barths als Neoorthodoxie zu stilisieren sich anheischig machen. Die Barthsche Theologie aus den Fängen epigonaler Konservierung befreit zu haben, ist nicht zuletzt das Verdienst von F.-W. Marquardt, der mit seinem Buch »Theologie und Sozialismus«[1] die theologiegeschichtliche Einordnung der Theologie Barths in die Theoriebildung des 20. Jahrhunderts auf grundsätzliche Weise zur Debatte gestellt hat. Dabei liegt die Bedeutung des Marquardtschen Buches nicht so sehr in der darin vertretenen These von der Beeinflussung der Barthschen Theologie durch einen wie immer zu interpretierenden Sozialismus, sondern darin, daß Marquardt die Barthsche Theologie in den Kontext der Theoriebildung des 20. Jahrhunderts und darüber hinaus in den des neuzeitlichen Denkens überhaupt gerückt hat. Auf diese Weise ist – nach verschiedenen Anläufen[2] – ein Anfang gemacht, die Barthsche Theologie der allgemeinen geistigen und politisch-sozialen Entwicklung des 20. Jahrhunderts zu integrieren, in der sie entstanden ist, der sie aber im Zuge von kirchenpolitischen Positivierungen und wissenschaftstheoretischen Abgrenzungsstrategien entnommen werden sollte.

Was durch das Marquardtsche Buch angestoßen worden ist, ist die Rekonstruktion der Konstruktion der Theologie Barths. Dieses Vorgehen impliziert eine Form der Entgegenständlichung und Entpositivierung der Barthschen Theologie. Denn indem die Konstruktion der Barthschen Theologie durch ihre Rekonstruktion noch einmal erzeugt wird, werden die zur Konstruktion angezogenen dog-

---

1. F.-W. Marquardt: Theologie und Sozialismus. Das Beispiel K. Barths, München und Mainz 1972.
2. Vgl. T. Rendtorff: Radikale Autonomie Gottes, in: ders.: Theorie des Christentums, Gütersloh 1972, 161–181; K. G. Steck/D. Schellong: K. Barth und die Neuzeit, ThEx NF 173, München 1973.

matischen Stoffe ihrer unmittelbaren Positivität und Gegenständlichkeit entkleidet und so auf ihre Funktion für die sie tragende Konstruktion hin durchsichtig gemacht. Aufgrund dieser funktionalen Zuordnung der dogmatischen Gehalte zur rekonstruierbaren theologischen Konstruktion erweisen sich diese Gehalte als ablösbar und durch andere ersetzbar. Durch die mit der Rekonstruktion der Barthschen Theologie einhergehende Entgegenständlichung wird einsichtig, warum Barth bei der Konstruktion seiner Theologie diese oder jene dogmatischen Gehalte reinterpretiert hat. Die Rekonstruktion erlaubt es aber zugleich, die Konstruktion der Barthschen Theologie durch andere als die von Barth selbst genannten Gehalte vorzunehmen. Denn der Sinn einer Rekonstruktion, die nach der Funktion einer theologischen Konstruktion fragt, besteht darin, die funktionale Äquivalenz der in die Konstruktion eingegangenen Gehalte aufzuzeigen.

Die Frage, die, angeregt durch Marquardts Buch, im Hinblick auf die zukünftige Barth-Interpretation und ihre theologie- und gesamtgeschichtliche Bedeutung zu verhandeln sein wird, ist die nach dem Spezifikum der Funktion der Barthschen Theologie im Zusammenhang des neuzeitlichen Theoriebildungsprozesses. Dabei ist sofort an Marquardts Interpretation die Frage zu richten, ob durch die funktionale Deutung der Barthschen Theologie auf den »Sozialismus« hin der von Marquardt angestoßene Neuansatz der Barth-Deutung nicht zu schnell auf eine inhaltlich-gegenständliche Bestimmtheit festgelegt wird. Das ist bestimmt dann der Fall, wenn das Verhältnis von Theologie und Sozialismus im Sinne eines äußerlichen Bedingungsdenkens geregelt werden soll. Denn durch die Behauptung, daß Barths Theologie durch einen theoretischen und praktischen Sozialismus (mit)bedingt sein soll, würde die Barth-Interpretation trotz des vermeintlich modischen Anstrichs der Fragestellung in durchaus herkömmliche Bahnen gelenkt. Die Angabe von Bedingungen gesellschaftlicher und biographischer Art, die zur Bildung einer Theorie beigetragen haben sollen, bleibt solange beliebig und insofern auch auswechselbar, als die Konstruktion der Theorie aus jenen Bedingungen nicht erklärt und rekonstruiert werden kann. Insofern leistet H. Gollwitzer[3] der durch Marquardt in Gang gekommenen Barth-Interpretation einen schlechten Dienst, wenn er den bei Barth beobachtbaren Rückgang zu »sozialistischer Praxis« aus Milieuunterschieden verständlich machen will. »Aus dem antibürgerlichen Elan des Safenwiler Pfarrers war doch der Dampf heraus, als mit dem Eintritt ins akademische Milieu die bisherige (sc. kirchliche und sozialistische) Praxis nicht mehr fortgesetzt werden konnte.«[4] Gollwitzer fällt deshalb hinter Marquardts Interpretationsversuch zurück, weil er das bei Marquardt funktional verstandene Verhältnis von Theologie und Sozialismus auf die unmittelbare Positivität von Klassenverhältnissen reduziert. Da-

---

3. H. Gollwitzer: Reich Gottes und Sozialismus bei K. Barth, ThExNF 169, München 1972, 47ff.
4. H. Gollwitzer, a. a. O. 49.

her muß es Gollwitzer bedauern, daß Barth während seiner akademischen Lehr-
tätigkeit nicht mehr in gleicher Intensität wie in Safenwil unmittelbar-gegenständliche sozialistische Praxis und theologische Theorie verbinden konnte, was
Gollwitzer schließlich zu der fast resignativen Äußerung veranlaßt, »die historische Bedingtheit und Begrenztheit von uns allen zu bedenken, auch eines gro-
ßen und geliebten Lehrers«[5]. Wenn ich Marquardt richtig verstehe, so versucht
er doch gerade das von Gollwitzer wieder ins Spiel gebrachte herkömmliche Be-
dingungs- und Einflußdenken hinter sich zu lassen. Marquardt versucht vielmehr, die Konstruktion der Barthschen Theologie so zu rekonstruieren, daß sich
im Zuge dieser Rekonstruktion Theologie und Sozialismus auf funktionale Weise gegenseitig erklären: Theologie wird in sozialistischen und Sozialismus in theologischen Verschlüsselungen zur Darstellung gebracht, so daß Theologie im Kontext sozialistischer Kategorien und Sozialismus im Kontext theologischer Kategorien entschlüsselt werden können. Im Zuge dieser doppelseitigen Entschlüs-
selung kommt es zum Aufbau der Theologie im Medium eines Begriffs von Sozialismus und zum Aufbau des Sozialismus im Medium theologischer Explikation.

Mag Marquardt die funktionale Affinität von Theologie und Sozialismus aus
Daten der Barthschen Biographie und Safenwiler Pfarramtspraxis auch gut be-
legen können, so ist gleichwohl zu fragen, ob die Zuordnung von Theologie und
Sozialismus die Rekonstruktion der Barthschen Theologie insgesamt tragen kann.
Wird mit dem Sachverhalt Sozialismus nicht auf eine inhaltliche Bestimmtheit
abgehoben, durch die die theologische Konstruktion des Allgemeinen – Gottes
und seiner Selbstexplikation in Christo – allzuschnell positiviert, nämlich auf
einen bestimmten Gegenstandsbereich festgelegt wird? Damit soll nicht bestritten werden, daß sich Theologie – negativ oder affirmativ – auch in sozialistischer Praxis auslegen kann. Die Frage ist aber, ob die Barthsche Theologie als
Selbstdarstellung des absoluten Subjekts dadurch adäquat erfaßt werden kann,
daß ihre funktionale Dechiffrierung im Kontext der Konstruktion eines Sozia-
lismus-Begriffs erfolgt. Denn kann die Konstruktion eines wie auch immer gestalteten Sozialismus die Allgemeinheit verbürgen, die der Barthschen Theologie
als Selbstauslegung des Allgemeinen schlechthin innewohnt? Müßte der zur Rekonstruktion der Barthschen Theologie angezogene funktionale Bezugsrahmen
nicht so gewählt werden, daß er der von der Theologie intendierten Allgemeinheit entspricht? Das würde bedeuten, daß der Sozialismus, auf den Marquardt
bei der Rekonstruktion der Barthschen Theologie rekurriert, seinerseits aus dem
Bezugsrahmen erklärt werden kann, der im Hinblick auf seinen Allgemeinheits-
grad mit dem durch die Theologie repräsentierten Allgemeinen konvergiert. Der
von Marquardt aufgebaute Sozialismus wäre dann also ein bestimmter Anwen-
dungsfall des Allgemeinen; dieses würde sich in der so bestimmten Anwendung

5. A. a. O. 58.

nicht erschöpfen, sondern aus ihm ließen sich auch andere Anwendungsfälle herleiten.

Ohne die von Marquardt gewählte funktionale Korrespondenz von Theologie und Sozialismus im einzelnen bestreiten zu wollen, behaupte ich doch, daß diese Art der Korrespondenz noch zu gegenständlich und zu positiv-unmittelbar ausfällt, um die Konstruktion der Barthschen Theologie adäquat rekonstruieren zu können. Die Sozialismusthese verbleibt noch im Umkreis eines Bedingungsdenkens und wird deshalb des Grundes der Barthschen Theologie nur von Ferne her ansichtig. Denn zielt die Barthsche Theologie auf die Selbstexplikation des allgemeinen und absoluten Subjekts, so müssen Aufbau und Grund dieses Subjekts in eins zusammenfallen; insofern kann die Konstruktion dieses Subjekts nur von solchen Bedingungen abhängig gemacht werden, die es selbst als bedingte Bedingungen und damit als Unbedingtes hervorbringt.

Um das Spezifikum der Barthschen Theologie im Kontext des neuzeitlichen Geschichtsprozesses im allgemeinen und der Theoriebildung des 20. Jahrhunderts im besonderen erheben zu können, ist es also notwendig, von einem höheren Abstraktionsgrad auszugehen, als er bei Marquardt vorliegt. Denn die allgemeine Bedeutung der Barthschen Theologie kommt nicht durch vorschnelle sogenannte Konkretionen – die im allgemeinen im schlechten Sinne abstrakt sind – in den Blick, sondern durch Abstraktion in der Wahl des Bezugsrahmens. Nur eine in diesem Sinne vorgenommene Abstraktion erlaubt das spezifisch Theologische der Barthschen Theologie auch in nichttheologischen Bereichen zur Geltung zu bringen. Durch die Abstraktion bei Wahl des Bezugsrahmens wird also nicht einem Formalismus das Wort geredet. Vielmehr verhilft diese Art der Abstraktion dazu, verwandte, nämlich funktional äquivalente Strukturen in verschiedensten Bereichen zu identifizieren. Indem derartige Strukturen Ausdrucksweisen für inhaltliche Bestimmtheit sind, wird deutlich, daß die getätigte Abstraktion bei Wahl des Bezugsrahmens gerade der Erfassung von Inhalten und Konkretionen dient. Eine höhere Abstraktionsleistung konvergiert also mit der Möglichkeit zu größerer Konkretion und bestimmter Inhaltlichkeit.

In Aufnahme der von T. Rendtorff vorgelegten Barth-Interpretation[6] und in Berücksichtigung des theologiegeschichtlichen Kontextes[7] habe ich als Bezugsrahmen zur Interpretation der Barthschen Theologie die für das neuzeitliche – philosophische und theologische – Denken grundlegende Problematik selbstbestimmender Subjektivität und autonomen Selbstbewußtseins gewählt[8]. Danach

6. Vgl. Anm. 2.
7. Dazu vgl. vorläufig: T. Rendtorff: Theologie als Kritik und Konstruktion, in: a. a. O. 182ff. und F. Wagner: Systemtheorie und Subjektivität, in: Internationales Jahrbuch für Wissens- u. Religionssoziologie, Bd. 10 (1975); ders.: Christologie als exemplarische Theorie des Selbstbewußtseins, s. u. S. 135.
8. Vgl. F. Wagner: politische Theorie des Nationalsozialismus als politische Theologie,

denkt Barth die Selbstbestimmung des Selbstbewußtseins nicht länger – wie die positionelle Theologie des 19. Jahrhunderts – im Medium inhaltlicher Besonderungen, sondern er erfaßt den Begriff des selbstbestimmenden Selbstbewußtseins so an sich selbst, daß Selbstbestimmung sich selbst zum Inhalt hat. Abstraktions- und Allgemeinheitscharakter der Theologie erlauben es Barth, diese unbedingte Selbstbestimmung als die des absoluten Subjekts – Gottes – zu explizieren. Auch Marquardt gesteht zu, daß dieser Gedanke »etwas Bestechendes«[9] hat. Aber Marquardt bestreitet zugleich, daß Barth die Freiheit und Selbstbestimmung des absoluten Subjekts zum *Prinzip* seines theologischen Denkens gemacht habe: »Mindestens der Nachweis eines ›Konstruktionsprinzips‹ dürfte Wagner nicht gelingen.«[10] Daher beruft sich Marquardt auf Barths Ausführungen zur dogmatischen Methode[11], denen zufolge sich Barth dagegen verwahrt, der kirchlichen Dogmatik eine bestimmte Grundanschauung oder besondere Fundamentalartikel zugrunde zu legen, oder sie als System aufzubauen. »An die Stelle, die in einem dogmatischen System irgendeine willkürlich gewählte Grundanschauung einzunehmen pflegt, gehört in eine kirchliche Dogmatik das Wort Gottes selbst und das Wort Gottes ganz allein. Nicht eine Konzeption vom Worte Gottes! ... der Gegenstand der Dogmatik, der dieser ihre Methode diktieren muß, ist das Wort Gottes und keine Konzeption vom Worte Gottes, also kein Grunddogma, kein Fundamentalsatz, kein Prinzip, keine Definition vom Wesen des Christentums, überhaupt keine verfügbare Wahrheit.«[12] Indem Barth es ablehnt, ein Prinzip bei der Konstruktion der kirchlichen Dogmatik anzusetzen, geht seine Intention dahin, das »sich selbst setzende (...) und durchsetzende (...) Wort Gottes«[13] als solches zum Zuge zu bringen. Damit zieht Barth die *Differenz von Prinzip und Prinzipiatum* ein. Denn wäre die Explikation des Wortes Gottes an ein Prinzip gebunden, so wäre das Wort Gottes als Prinzipiatum von etwas abhängig, das es nicht selber hervorgebracht hat. Der Einzug der Differenz von Prinzip und Prinzipiatum dient daher dazu, das Wort Gottes als Zentrum der Dogmatik als »ein Verfügendes« anzusetzen. »Es muß die Autonomie, in der die Dogmatik ihre Methode zu wählen hat, bestehen in der Anerkennung ihrer Theonomie, d. h. aber in ihrer freien Unterwerfung unter die Herrschaft des Wortes Gottes allein.«[14] Ohne Einzug der Differenz von Prinzip und Prinzipiatum wäre die »Herrschaft des Wortes Gottes« immer noch abhängig

in: Kritik der politischen Theologie, ThExNF 175, München 1973, 29–51 und ders.: Gehlens radikalisierter Handlungsbegriff, in: ZEE 17. Jg. (1973), 213–229, bes. 214ff.

9. F.-W. Marquardt: Zusätze zu F. Wagners Aufsatz: »Gehlens radikalisierter Handlungsbegriff«, Barth betreffend, in: ZEE 17. Jg. (1973), 230–237, hier 232.

10. F.-W. Marquardt, a. a. O. 233.

11. K. Barth: Die kirchliche Dogmatik (KD) I/2, 5. Aufl., Zollikon–Zürich 1960, 954ff.

12. K. Barth, KD I/2, 968.

13. A. a. O. 972.

14. A. a. O. 969.

von dem Ort, an dem das Prinzip des Wortes Gottes aufgestellt wird. Damit bliebe die Explikation des Wortes Gottes positionell; sie wäre nämlich bezogen auf eine Position, die als Definitionsort des Prinzips vom Wort Gottes als solchem unterschieden wäre. Mit dem Einzug der Differenz von Prinzip und Prinzipiatum bringt Barth sonach den Notwendigkeitscharakter des Wortes Gottes zum Ausdruck. Dieses definiert sich selbst; darin besteht seine Notwendigkeit, die mit seiner Freiheit eins ist: es ist das, was es ist, weil es ist. Als sich selbst definierendes Wort Gottes entfaltet es sich an sich und aus sich selbst. Die auf dem Zusammenfall von Prinzip und Prinzipiatum beruhende Selbstdefinition des Wortes Gottes weist dieses als »sich selbst setzendes und durchsetzendes Wort Gottes« aus. Diese Art des Sich-selbst-Setzens des Wortes Gottes kann dann gar nicht anders als durch den Sachverhalt an sich selbst erfaßter, also unbedingt entfalteter Selbstbestimmung beschrieben werden. Durch diese Beschreibung wird das Wort Gottes nicht auf einen ihm äußerlichen Sachverhalt bezogen; vielmehr erfüllt der Sachverhalt der absolut und unbedingt konzipierten Selbstbestimmung genau die von Barth intendierte Selbstdefinition des Wortes Gottes.

Wenn Barth im Zuge des selbstdefinitorischen Selbstsetzens des Wortes Gottes die Differenz von Prinzip und Prinzipiatum um der unbedingten Selbstbestimmung des Wortes Gottes willen einzieht, so kann dieser Einzug doch nicht darüber hinwegtäuschen, daß der Dogmatiker Barth diesen Einzug tätigt, um der Selbstdefinition des Wortes Gottes ihre Unbedingtheit und Notwendigkeit zu verleihen. Indem es der Dogmatiker Barth ist, der die Selbstdefinition des Wortes Gottes als Zusammenfall von Prinzip und Prinzipiatum konstruiert, kann durchaus von der selbstbestimmenden Selbstdefinition des Wortes Gottes als von dem *Konstruktionsprinzip* der Barthschen Theologie gesprochen werden. Denn dieses Konstruktionsprinzip ist dann nicht mehr auf der Ebene der Prinzipien und Grundsätze angesiedelt, die Barth um der Selbstdefinition des Wortes Gottes willen verabschiedet. Vielmehr wird durch das Konstruktionsprinzip des sich selbst setzenden und sich selbst definierenden Wortes Gottes die Aufhebung der Differenz von Prinzip und Prinzipiatum zum Ausdruck gebracht. Denn dieses Konstruktionsprinzip ist so konzipiert, daß in ihm Prinzip und Prinzipiatum, Definiens und Definiendum zusammenfallen: das Wort Gottes bringt sich selbst als das hervor, was es ist, und es definiert sich selbst, so daß seine Definition nicht auf eine Position außerhalb seiner selbst bezogen ist. Während in der Theologie von Schleiermacher bis E. Troeltsch durch das selbstbestimmende Selbstbewußtsein als Prinzip der Theologie deren Gehalte bestimmt worden sind, entfaltet Barth den Gehalt der Theologie, das Wort Gottes, so, daß dieser durch sich selbst definiert wird. Diese Selbstdefinition durch die »das *grundsätzliche Ungrundsätzliche* der dogmatischen Methode«[15] – der Barthschen Intention entsprechend – herausgestellt wird, konvergiert genau mit dem Sachverhalt unbeding-

15. A. a. O. 972.

ter Selbstbestimmung. Denn mit dieser wird Selbstbestimmung so an sich selber erfaßt und aus sich selber gedacht, daß sie als zu Definierendes und zu Erklärendes sich selbst definiert und sich selbst erklärt. Die selbstdefinitorische Selbstbestimmung zielt auf nichts von ihr Unterschiedenes, sondern auf sich selbst, d. h. sie hat sich selbst zum Gegenstand ihrer Explikation; sie folgt sonach ihrer eigenen Notwendigkeit, die mit dem Zusammenfall von Prinzip und Prinzipiatum ihre Selbstbegründung als Freiheit vollzieht.

Den Marquardtschen Einwand, daß Barth bei der Konstruktion seiner Dogmatik nicht von einem Konstruktionsprinzip ausgehe, halte ich aufgrund der vorausgehenden Überlegungen für verfehlt. Marquardt wäre nur dann im Recht, wenn er mit Prinzip auf einen Grund abhebt, durch den etwas anderes – Gott oder das Wort Gottes – begründet werden soll. Ein derartiges Prinzip, das zum Erweis seiner Prinzipienhaftigkeit ein Prinzipiatum voraussetzt, hebt Barth in der Tat auf. Aber diese Aufhebung wäre noch positionell, wenn Barth dieses Prinzip bloß abstrakt ausschließen würde. Der – prinzipiell gesehen – nichtpositionelle Charakter der Barthschen Theologie erweist sich vielmehr erst darin, daß Barth die Differenz von Prinzip und Prinzipiatum in das sich selbst definierende Wort Gottes aufzuheben weiß. Das sich selbst bestimmende Prinzip des Wortes Gottes ist damit nicht länger ein Prinzip für etwas anderes, sondern Prinzip für sich selbst. Ohne den Terminus Prinzip explizit zu verwenden, bringt Barth die selbstbestimmende Selbstdefinition des Wortes Gottes deutlich zum Ausdruck, wenn er schreibt: Die dogmatische Methode »besteht in der immer wieder zu treffenden Vorsorge, daß der Gegenstand selber für sich selber sprechen kann, daß seine Wirkung auf das menschliche Denken und Reden nicht gestört werde. Sie setzt das Vertrauen voraus, daß ihm das *zukomme,* und zwar in solcher Souveränität zukomme: das Vertrauen, daß er das auch *tun könne* und daß er, was er könne, tatsächlich auch *tun werde.* Sie setzt also voraus die Wirkung des Gegenstandes selber, zu der ja auch die Erweckung solchen Vertrauens gehört.«[16] Barth ist sich also dessen bewußt, daß er als Konstrukteur der Dogmatik »Vorsorge« treffen muß, damit sich das Wort Gottes selbst erklären und definieren kann. Nichts anderes ist gemeint, wenn ich vom Konstruktionsprinzip der selbstbestimmenden Subjektivität Gottes spreche, demgemäß die Differenz von Erklärung und zu Erklärendem im Sinne von Selbsterklärung aufgehoben ist.

Wenn es sich unbestreitbar so verhält, daß Barth seiner Dogmatik das sich selbst definierende und sich selbst bestimmende Wort Gottes als Konstruktionsprinzip, nämlich als Prinzip seiner selbst zugrunde legt, so ist damit noch nicht die Frage beantwortet, ob die kirchliche Dogmatik auch die Durchführung und Selbstexplikation dieses so gefaßten Prinzips darstellt. Ich vertrete zwar die These, daß die kirchliche Dogmatik insgesamt die konsequente Ausarbeitung dieser un-

16. A. a. O. 970.

bedingten Selbstbestimmung repräsentiert. Aber diese These kann nur dadurch bestätigt werden, daß sie im Zuge der Rekonstruktion der Konstruktion der kirchlichen Dogmatik verifiziert wird[17]. Da es im jetzigen Zusammenhang nicht möglich ist, den Aufbau der kirchlichen Dogmatik insgesamt zu rekonstruieren, wähle ich ein exemplarisches Vorgehen. Anhand der *Christologie* versuche ich zu zeigen, daß die ausgeführte Dogmatik Barths dem einen Ziel dient, die unbedingte Selbstbestimmung Gottes allen Widerständen zum Trotz zu behaupten und durchzusetzen. Nach Abschluß dieses Versuches wird sich dann noch einmal die Gelegenheit bieten, die weiteren, von Marquardt angeschnittenen methodischen Fragen der Barth-Interpretation zu erörtern.

II. Christologie als Kopie der Theo-Logie

Das Hauptproblem nicht nur der Barthschen, sondern der Theologie überhaupt besteht darin, wie die Unterscheidung von Gott und Mensch, von Schöpfer und Geschöpf, von Gott für sich und Gott für anderes so gedacht werden kann, daß Gott angesichts dieser Unterscheidung seiner Gottheit und Absolutheit nicht verlustig geht. Barth geht, indem er seine Dogmatik von der Trinitätslehre aus entwirft, von der immanenten Selbstunterscheidung Gottes aus. Aber diese Selbstunterscheidung Gottes ist von der besagten Unterscheidung Gott–Mensch, Schöpfer–Geschöpf, Für-sich-Sein–Für-anderes-Sein ihrerseits zu unterscheiden. Die immanent-trinitarische Selbstdifferenzierung Gottes stellt zwar die Möglichkeit für den Vollzug der Unterscheidung von Gott und dem anderen bereit. Jedoch kann das von Gott unterschiedene andere (Geschöpf, Welt, Mensch etc.) nicht unmittelbar aus der immanenten Selbstdifferenzierung Gottes abgeleitet werden. Deshalb stellt sich die Frage, wie das von Gott unterschiedene andere konzipiert werden kann, ohne daß die absolute Subjektivität Gottes im Zuge der Unterscheidung von Gott und anderem ihrer Unbedingtheit beraubt wird. Schon die als Gottes »Urentscheidung« verstandene »Gnadenwahl« Gottes wird von Barth so gefaßt, daß Gott in Jesus Christus zugleich erwählender Gott und erwählter Mensch ist[18]. Damit wird der Unterschied von Erwählung und Erwähltsein vermittels der Person Jesu Christi auf Gott selbst zurückgenommen. Die gleiche Zurücknahme der Unterscheidung von Gott und dem anderen ließe sich in der Unterscheidung von Schöpfer und Geschöpf, von Gott und Mensch[19], von göttlichem Gebot und menschlichem Handeln namhaft machen. Dieser Sach-

---

17. Es kann also keine Rede davon sein, daß ich den »2. Römerbrief« sozusagen als Kanon der Barth-Interpretation benutze, wie Marquardt, a. a. O. 233, T. Rendtorff und mir unterstellen will.
18. Vgl. K. Barth, KD II/2, 101ff.
19. Vgl. F. W. Graf: Die Freiheit der Entsprechung zu Gott; W. Sparn: »Extra Internum«.

verhalt ist offensichtlich so zu deuten, daß Barth um der souveränen Selbstbestimmung der absoluten Subjektivität Gottes willen den Unterschied als solchen nur im Modus seiner Zurücknahme einführt. Gott entspricht sich[20] nur dann in seinem Unterschied, wenn das andere als solches allein in der Weise seines Nicht-anders-Seins eingeführt und so aufgehoben werden kann. Die absolute Subjektivität expliziert sich nicht im anderen und nicht als anderes, sondern in der Identifizierung – Entsprechung – des anderen mit sich selbst. Das andere ist so nur eine Weise göttlicher Selbstunterscheidung. Insofern der Unterschied, wie von Gott gesetzt, so auch in ihm aufgehoben ist, entspricht Gott im Unterschied sich selbst.

Die Christologie expliziert Gottes Sein für den Menschen, den Unterschied, das andere, in ausgezeichneter Weise. Zwei Bedingungen setzt diese christologische Explikation voraus. Einmal sind der Unterschied von Gott und Mensch und damit das andere als solches vorauszusetzen. Und ein andermal muß Gott, insofern er entsprechend der christologischen Explikation für anderes ist, sich selbst explizit unterscheiden; er muß als Gott für sich und als Gott für anderes gedacht werden können. Barth setzt aber alle Kunst der christologischen Konstruktion daran, diese Bedingungen so zu erfüllen, daß er sie um der unbedingten Selbstbestimmung Gottes willen nicht erfüllen muß. Meine These, die ich mit der Interpretation der Barthschen Christologie zu begründen versuche, ist daher die: Der Christologie Barths liegt die Strategie zugrunde: Wie kann Gott für den Unterschied, für anderes sein, ohne den Unterschied und das andere anerkennen zu müssen? Die Christologie ist so die Kopie der Theo-Logie im Medium des Unterschiedes, der keiner ist.

1. Exposition des christologischen Problems

Im Sinne der nicht nur Barths Theologie, sondern die des 19. und 20. Jahrhunderts überhaupt kennzeichnende christologische Konzentration ist die kirchliche Dogmatik »im ganzen und in allen ihren Teilen christologisch bestimmt«[21]. Von dieser christologischen Bestimmtheit der Dogmatik in allen ihren Teilen ist die spezielle Christologie zu unterscheiden, die ihre Exposition in den Prolegomena[22] und ihre Ausführung in der Versöhnungslehre[23] findet.

Durch die Trinitätslehre versucht Barth sicherzustellen, daß das Subjekt von Offenbarung und Versöhnung Gott selbst ist. Im Sinne eines Schlußverfahrens

20. Vgl. E. Jüngel: Gottes Sein ist im Werden, 2. Aufl., Tübingen 1967.
21. K. Barth, KD I/2, 145; vgl. 975. Im Folgenden wird die KD im Text selbst nach Band- und Seitenzahl zitiert.
22. KD I/1, § 11; I/2, §§ 13–15.
23. KD IV/1, §§ 57–59; IV/2, § 64; IV/3, § 69.

18

führt Barth zunächst aus, daß Christus allein Gott offenbart: »Christus offenbart seinen Vater (sc. Obersatz). Aber dieser sein Vater ist Gott (sc. Untersatz). Wer also ihn offenbart, der offenbart Gott (sc. Schlußsatz)« (I/1, 427). Aufgrund des Gedankens der Selbstoffenbarung bzw. der »Selbstenthüllung«[24] Gottes kann der, der Gott offenbart, nur Gott selbst sein. Daher versteht Barth den »Satz von der Gottheit Christi« nicht als abgeleiteten Satz, sondern als »Grundsatz« (I/1, 436). Dieser Grundsatzcharakter des Satzes von der Gottheit Christi ist aber, wie Barth selbst darlegt, sowohl an die getätigte logische Operation als auch an den Gedanken der Selbstoffenbarung gebunden. Die Behauptung, daß »nicht die Offenbarung und Versöhnung« Christi »Gottheit«, »sondern seine Gottheit« »die Offenbarung und Versöhnung« (I/I 436f.) schaffe, leuchtet daher nur dann ein, wenn man wie Barth von vornherein dekretiert, daß Gott in Christus »sich selbst setzt« (437). Christus ist sonach vor aller Offenbarung und Versöhnung, d. h. vor seinem Sein für anderes, Gott »in sich selber«. Verhielte es sich anders, so wäre Gott in Jesus Christus bedingt durch sein Sein für anderes, für die Menschen (442). Das Sein Gottes qua Sein Christi für den Menschen soll also dadurch begründet werden, daß Christus schon in sich selbst und d. h. ewig, wenn auch in der Seinsweise des Sohnes, Gott ist. Es ist daher zu vermuten, daß die Versöhnung selbst als das explizite Sein Gottes für anderes nur in der Wiederholung, Entsprechung und im Nachvollzug der zuvor gesetzten Gottheit Gottes in Jesus Christus bestehen kann.

Indem das deus pro nobis allein aus dem deus per se folgen soll, ist zu fragen, wie die Entsprechung von Gott für sich und Gott für anderes möglich ist, wenn Gott durch sein esse pro nobis nicht von außen bedingt werden soll. Wie kann das esse per se im esse pro nobis durchgehalten werden? Denn nur das soll Gott angemessen und für den Menschen heilsam sein, »was Gott zuvor als ihm selbst angemessen und für den Menschen heilsam bestimmt und offenbart hat« (I/2, 5). Die Freiheit Gottes für den Menschen, die die Christologie expliziert, folgt also aus der Freiheit Gottes für sich selbst. Dieser Vorordnung des Für-sich-Seins vor das Für-anderes-Sein korrespondiert die Vorordnung der Wirklichkeit vor die Möglichkeit. Mit dem sekundären Rang der Erkenntnisfrage gegenüber der Frage nach der Wirklichkeit der Freiheit Gottes für den Menschen wird zugleich die Frage nach der Bedingung der Möglichkeit der Offenbarung abgewiesen, da Gottes Freiheit in diesem Falle durch diese Bedingung von außen bestimmt oder gar produziert wäre. Sowohl die Vorordnung des Seins Gottes für sich vor sein Sein für anderes als auch die Vorordnung der Wirklichkeit vor die Möglichkeit dienen dazu, Gottes Freiheit für den Menschen – das Integral der Christologie – so aus der Freiheit Gottes für sich selbst zu entfalten, daß Gott »das beharrende Subjekt der Offenbarung« (I/2, 1) bleibt.

Besteht die »objektive Wirklichkeit« (I/2, 1ff.) des Seins Gottes für anderes,

24. Vgl. KD I/1, 332ff.

der Inkarnation, in dem Namen Jesus Christus, in dem wahrer Gott und wahrer Mensch vereint sind, so fragt Barth mit der »objektiven Möglichkeit« (I/2, 28ff.) der Offenbarung danach, inwiefern das Sein Jesu Christi mit der Freiheit Gottes für anderes, für den Menschen, identisch sein kann. Worin besteht die Möglichkeit des Seins Gottes für anderes? Es ist die Frage, ob Gott durch das Sein für anderes bestimmt und begrenzt wird. Denn läßt sich Gott auf anderes ein, so ist das andere als etwas vorausgesetzt, durch das Gott sich selbst bestimmt.

Barth argumentiert zunächst nicht, sondern dekretiert im Stile der Behauptung: Es ist Gott möglich, des anderen Gott zu sein. Gott nahm, »ohne aufzuhören, er selber zu sein« (I/2, 35), das Wesen des Menschen an. Diese Behauptung, die Barth bei der Durchführung seiner Christologie immer neu wiederholen wird[25], findet ihre nähere Begründung durch die Rückführung auf die immanente Trinität. Insofern nämlich Gott »nicht einsam, sondern in seinen Seinsweisen verschieden, der Vater ist, der einen eingeborenen Sohn hat«, kann er für anderes, nämlich für »eine von ihm selbst verschiedene Wirklichkeit frei sein« (I/2, 38). Und da Gott aufgrund seiner immanent-trinitarischen Selbstdifferenzierung ewig offen für anderes ist, mußte er sogar für die Menschen frei sein. Jedoch ist damit die Differenz im Begriff des anderen, nämlich die Differenz von anderen qua Sohn Gottes und anderem qua Mensch noch nicht erklärt. Daß Gott frei für den Menschen, d. h. frei für das andere als solches ist, ist durch den Rückgriff auf die trinitarische Selbstunterscheidung noch nicht begründet. Der Rückgriff auf die Trinität zeigt vielmehr, daß Barth die *Differenz im Begriff des anderen* verwischt. Barth unterbelichtet die Andersheit des anderen im Unterschied zur innertrinitarischen Andersheit des Sohnes.

Daß Barth die Unterscheidung von *starkem* anderen (das andere als solches) und *schwachem* anderen (das innertrinitarische andere) verwischt, wird daran sichtbar, wie Barth das Verhältnis des Sohnes Gottes zu seinem Menschsein bestimmt. Barth führt nämlich aus, daß der Sohn Gottes als das schwache andere der trinitarischen Selbstdifferenzierung Gottes das Menschsein, also das starke andere als Hülle und Mittel der Offenbarung benutzt (I/2, 39). Diese Verhüllung (Kenose) besagt, daß das starke andere, das andere als solches, nur die Hülle des schwachen anderen, des Sohnes Gottes darstellt. Damit kann Barth allerdings sagen, daß der Sohn Gottes, indem er Mensch (starkes anderes) wird, das bleibt, was er ist: »wahrer und ewiger Gott« (41). So hat die Selbstdarstellung des Sohnes Gottes im starken anderen nicht etwa den Verlust, sondern geradewegs den Triumph göttlicher Majestät zur Folge. Gottes Anderssein in seinem Sein-für-anderes, in seiner Offenbarung und Inkarnation, bedeutet nicht, daß Gott selbst ein anderes im Sinne des starken anderen wird. Vielmehr hört Gott nicht auf, Gott zu sein, wenn er das starke andere als Hülle seiner Offenbarung wählt. Da-

---

25. Vgl. KD I/2, 41f., 146, 150, 175, 176; IV/1, 147, 173, 196, 200, 202, 223; IV/2, 4, 20, 40, 42, 43, 45, u. ö.

mit findet aber das starke andere als solches im Zuge der Offenbarung Gottes keine eigentliche Anerkennung. Ja, das andere, für das Gott ist, wird nicht einmal erklärt. Vielmehr wird das andere als solches zur gesetzten Seinsweise Gottes, zum schwachen anderen umfunktioniert. Gott als Sohn, d. h. in seiner Freiheit für anderes, für das starke andere, bleibt, was er ist: Gott. Das starke andere ist so als Hülle des schwachen anderen Ausdruck des »Spieles Gottes mit sich selbst«.

Wie aber kann Gott für anderes sein, wenn dieses starke andere außerhalb des schwachen Andersseins Gottes bleibt? Ist dann Gott durch das starke andere nicht negativ bestimmt? Das starke andere wird nicht durch den Selbstbezug Gottes im schwachen anderen, im Sohn Gottes, übergriffen. Die Inkarnation bezieht nicht das andere in sich ein, für das Gott offenbar sein soll. Der Grundsatz der Barthschen christologischen Konstruktion heißt daher: Gott hört, indem er Fleisch, d. h. anderes als solches wird, nicht auf, Gott zu sein (I/2, 150). Das Wort, der Sohn Gottes, soll zwar wirklicher Mensch, d. h. das real andere sein, aber nicht das andere _als_ anderes. Denn indem der Sohn Gottes anderes wird, ist er dieses andere ganz anders als das starke andere als solches (I/2, 170). Der Sohn Gottes ist als anderes, als Mensch, ohne Sünde, weil er in seinem Anderssein Gott gehorsam ist. Der Gehorsam des Sohnes Gottes in seinem Anderssein bildet als Entsprechung die göttliche Herrschaft ab. Der Sohn Gottes soll also aufgrund seiner Fleischwerdung von Gott verschieden sein; gleichwohl soll Gott als Fleisch, als anderes, nicht aufhören, Gott zu sein. Und ebenso soll der Sohn Gottes mit dem Menschen gleich werden, aber doch so, daß er in seiner Gleichheit mit dem starken anderen diesem zugleich ungleich ist. Diese Ungleichheit in der Gleichheit wird von Barth besonders bei der Aufnahme der Vorstellung von der Jungfrauengeburt betont (I/2, 204ff.). Die Jungfrauengeburt impliziert die Negation der sonstigen Art des Geborenseins des Menschen. Damit wird durch sie die Negation des menschlichen Ungehorsams und der menschlichen Unfähigkeit für Gott zum Ausdruck gebracht. Das aber heißt: Mit der Jungfrauengeburt wird das Anderssein des starken anderen aus dem Anderswerden Gottes ausgeschlossen. Damit ist die Frage zu stellen, ob Gott durch diesen Ausschluß negativ bestimmt wird, wodurch Gott der Unbedingtheit seiner Selbstbestimmung verlustig ginge.

Die Ausführungen Barths zur Exposition der Christologie in den Prolegomena, deren Argumentationsrichtung hier allein von Interesse ist, erlauben es, in heuristisch-experimenteller Absicht eine These zu formulieren, deren Stichhaltigkeit dann im Zuge der durchgeführten Christologie der Versöhnungslehre überprüft werden soll. Die Christologie beschäftigt sich mit der Freiheit Gottes für den Menschen, für das starke andere. Nach Barth kann Gott frei für anderes sein, weil er aufgrund seiner immanent-trinitarischen Selbstdifferenzierung immer schon offen und bestimmbar für anderes ist. Deshalb, so meint Barth, kann Gott so für anderes frei und offen sein, daß er im Zuge seiner Freiheit für anderes zugleich nicht aufhört, Gott zu sein. Daß Gott, insofern er für anderes ist, gleichwohl nicht aufhört, Gott, das ist absolut-selbstbestimmende Subjektivität zu sein, kann Barth allerdings nur deshalb behaupten, weil das starke andere, für das Gott sich selbst als anderes darstellt, nicht als solches anerkannt wird. Vielmehr fungiert das starke andere nur als Medium der Selbstoffenbarung Gottes. Denn Barth zieht die Differenz von schwachem anderen, das seine Begründung durch die immanent-trinitarische Selbstunterscheidung erfährt, und starkem anderen dadurch ein, daß Gott in Jesus Christus ein solches Anderssein annimmt, das anders als das starke Anderssein sein soll. Gott bringt sich in Jesus Christus in einem solchen Anderssein zur Darstellung, das das Anderssein, um dessentwillen Gott frei für anderes ist, gar nicht erreicht. Indem Barth die Differenz im Begriff des Andersseins dadurch unterbelichtet, daß er das Anderssein Gottes als dem starken Anderssein (des Menschen) gerade nicht entsprechend konzipiert, schließt er das starke Anderssein aus Gottes Freiheit für anderes aus. Auf diese Weise gelingt es Barth, die Christologie als Funktion der Theo-Logie darzustellen. Die Christologie ist so die Wiederholung der Theo-Logie im Medium des Andersseins, das als bloß schwaches Anderssein der Freiheit und Selbstbestimmung Gottes entspricht.

Daß im Zuge der Freiheit Gottes für anderes, im Zuge von Inkarnation und Versöhnung, Gott als Gott handelt, kann Barth somit nur deshalb behaupten, weil er das Anderssein, als das sich Gott in der Menschwerdung Jesu Christi expliziert, vom starken anderem als solchem absetzt. Barth geht so vor, daß er fragt: Wie kann Gott für das andere, den Menschen, sein, ohne damit das Anderssein dieses anderen anerkennen, geschweige denn sich selbst zu diesem anderen machen zu müssen. Barth setzt zwar voraus, daß Gott, wenn er sich für anderes darstellt, sich selbst als anderes explizieren muß. Aber die Durchführung dieser Einsicht sieht so aus, daß das Anderssein, als das sich Gott entfaltet, nur den *Schein* desselben ausmacht. Gleichwohl könnte dieser Schein des Andersseins für die absolute Subjektivität Gottes ruinös sein: Indem nämlich das Anderssein vorausgesetzt und zugleich als solches aufgelöst und aus Gottes Selbstdarstellung im anderen ausgeschlossen wird, ist Gott offensichtlich durch diesen Ausschluß negativ bestimmt. Gottes unbedingte Selbstbestimmung wäre dann durch das andere bedingt, das zu ihrer Durchführung von ihr ausgeschlossen werden muß. Die Entsprechung von Theo-Logie und Christologie, von immanent-trinitarischer Selbstdifferenzierung und Selbstexplikation im anderen als solchem, von Freiheit per se und pro nobis, von opus dei ad extra internum und opus dei ad extra externum wäre dann durch die *Gleichschaltung* des anderen mit Gottes Selbstbestimmung erkauft.

2. Thema und Aufbau der Versöhnungslehre

Die Versöhnungslehre thematisiert das »Gott mit uns«, das »Gott mit dem anderen«, wie es in der Menschwerdung Jesu Christi seinen Ausdruck gefunden hat. Dazu muß nicht nur vorausgesetzt werden, daß das andere, für das Gott ist, existiert, sondern auch dies, daß Gott selbst sich in Jesus Christus als anderes expliziert. Genau die letzte Voraussetzung ist es aber, von der Barth um Gottes Souveränität und Selbstbestimmung willen absieht. »Weil er Gott ist, darum ist er fähig, nicht nur Gott, sondern auch dieser *Mensch* zu sein. Weil er Gott ist, darum ist es ihm notwendig, ganz *anders* Mensch zu sein als wir Anderen Alle: zu tun, was wir alle unterlassen, und zu unterlassen, was wir alle tun« (IV/1,11). Gott wird zwar um des »Gott mit uns« willen anderes; er setzt sich der Negation aus. Jedoch manifestiert sich Gott, weil er Gott ist, nur als das andere des anderen, nämlich als das andere unter Ausschluß, Abstraktion und Negation des anderen als solchen. Gott wird ein anderer, um das andere mit sich zu versöhnen; aber diese Versöhnung wird so durchgeführt, daß das andere, zu dem Gott wird, das andere des anderen ist. Das andere des anderen, als das Gott sich expliziert, ist nicht etwa im Sinne von Selbstanwendung als Negation der Negation, sondern als Abstraktion und Negation von der Negation, vom anderen zu fassen. Gott hält seine Selbstbestimmung im anderen deshalb durch, weil er von diesem anderen abstrahiert. Gott setzt sich, insofern er anderes wird, im anderen auf abstrakte Weise durch, denn nach Barths Verständnis entspricht sich Gottes Selbstbestimmung im Vollzug seiner Selbstdarstellung im anderen nur dadurch, daß Gott vom Anderssein des anderen abstrahiert und dieses von sich ausschließt. Der Versöhnung von Gott und Mensch erfolgt also so, daß Gott durch Ausschaltung des Andersseins des anderen sich mit dem so negierten anderen gleichschaltet. Daß Gott sich selbst entsprechen kann, insofern er sich in Jesus Christus als anderes expliziert, ist allein darin begründet, daß Gott das andere, indem er es als solches ausschaltet, mit sich selbst gleichschaltet. Die Christologie entspricht der Theo-Logie deshalb, weil und insofern durch sie der Vorgang theologischer Gleichschaltung exemplarisch und radikal durchgeführt werden kann. Barth geht zwar davon aus, daß die Versöhnung als »Gottes *Grenzüberschreitung* zum Menschen hin« (IV/1, 86) zu erfassen ist. Indem er aber diese Grenzüberschreitung »exklusiv von Gott her« (87) aufbaut, wird das begrenzte andere als das erwiesen, was es immer schon ist. Denn als Begrenzendes, als Prinzip der Grenze, begrenzt Gott das Begrenzte. Jedoch begrenzt sich Gott, das Begrenzende, in Begrenzung des begrenzten anderen selbst, d. h. Gott wird Mensch. Damit ist Gott als Begrenzendes zugleich durch das begrenzt, dessen Grenze er ist. Wenn aber Barth die Versöhnung als göttlichen *»Souveränitätsakt«* (87) versteht, durch den Gott seiner Selbstbestimmung entspricht, so muß es Barth vermeiden, daß Gott als das Begrenzende in Begrenzung des begrenzten anderen definitiv begrenzt wird. Es ist also zu fragen, wie es Barth gelingt, die

Versöhnung als Gottes Selbstexplikation im anderen so durchzuführen, daß Gott durch das andere nicht begrenzt, d. i. endlich bestimmt wird. Sollte aber Barth diese Frage so beantworten, daß er das andere, als das sich Gott darstellt, von vornherein zum anderen des anderen umfunktioniert, so wäre Gott – der Gleichschaltung mit dem anderen zum Trotz – der Bestimmung durch das andere nicht entnommen. Denn Gott wäre dann durch die Abstraktion vom anderen negativ bestimmt, was nichts anderes besagte, als daß Gottes Selbstbestimmung von positioneller, weil auf anderes bezogener Verfassung wäre.

Was Schleiermacher[26] nur zum Programm erhoben hat, führt Barth konsequent durch: die Einheit von Person und Werk Jesu Christi[27]. Das Personsein Jesu Christi – die Zwei-Naturen-Lehre – kann nicht abgesehen von dessen Vollzug expliziert werden. Das, was Jesus Christus als wahrer Gott und wahrer Mensch *ist*, kann nur von dem her interpretiert werden, was im Vollzug von Jesu Christi Selbstverwirklichung, also in Jesu Christi Erniedrigung und Erhöhung *geschieht*. Und umgekehrt gilt: Was in Jesu Christi Erniedrigung und Erhöhung geschieht, interpretiert, was Jesus Christus als wahrer Gott und wahrer Mensch ist. Aus diesem Ineinander von Sein und Vollzug der Person Jesu Chrsti folgt, daß Barth die Christologie als Einheit von Zwei-Naturen-Lehre, Zwei-Stände-Lehre und Werk durchführt. Jesus Christus ist das, was er ist, nur durch seinen Selbstvollzug. Die Christologie entfaltet daher drei Aspekte der wirkenden Person bzw. des persönlichen Wirkens Jesu Christi. Während Barth das »wahre Gottsein« Jesu Christi von seiner Selbsterniedrigung her erfaßt und im »priesterlichen Amt« seine Erfüllung finden läßt, interpretiert er das »wahre Menschsein« Jesu Christi von seiner Erhöhung her und verbindet sie zugleich mit dem »königlichen Amt«. Indem es sich bei der Gottheit Jesu Christi um die erniedrigte Gottheit und bei der Menschheit um die erhöhte Menschheit handelt, wird deutlich, daß Gottheit und Menschheit Jesu Christi von ihrem Unterschied, von ihrem jeweils anderen her interpretiert werden. Die Christologie ist damit sozusagen als Darstellung des Systems der Selbstunterscheidung des christologischen Selbstbewußtseins zu fassen[28]. Als dritten Aspekt der Christologie behandelt Barth die Einheit von wahrem Gott- und Menschsein Jesu Christi, die im »prophetischen Amt« ihre Selbstmitteilung findet.

Mit der Christologie führt Barth die Freiheit Gottes für anderes also so durch, daß er das andere in die Selbstunterscheidung Jesu Christi aufnimmt. Denn Barth interpretiert Gottheit und Menschheit (bzw. Allgemeinheit und Besonderheit)

26. Vgl. Schleiermacher: Glaubenslehre, 7. Aufl. (hg. von M. Redeker), Bd. II, Berlin 1960, § 92.
27. Vgl. B. Klappert: Die Auferweckung des Gekreuzigten. Der Ansatz der Christologie K. Barths im Zusammenhang der Christologie der Gegenwart, Neukirchen 1971, 85ff.
28. Vgl. F. Wagner: Christologie als exemplarische Theorie des Selbstbewußtseins, s. u. S. 135.

des christologischen Selbstbewußtseins so, daß er beide von ihrem jeweiligen Unterschied, von ihrem anderen her erfaßt. Aufgrund der bisher angestellten Überlegungen wird daher zu fragen sein, wie Barth diese Selbstunterscheidung durchführt. Der Verdacht besteht, daß Barth den Unterschied allein um der Identität willen einführt.

3. Gleichschaltung der Christologie mit der Theo-Logie

Mit den folgenden Ausführungen wird nicht das Ziel verfolgt, die Barthsche Christologie, wie sie in KD. IV, 1–3 vorliegt, in ihrer Einzeldurchführung zu interpretieren. Vielmehr soll die Argumentationsstruktur der christologischen Durchführung herausgearbeitet werden. Dieses Verfahren hat eine Entgegenständlichung der von Barth explizierten christologischen Vorstellungen zur Folge. Diese Entgegenständlichung muß vorgenommen werden, um nicht bei der bloßen Aneinanderreihung von Vorstellungsweisen stehenzubleiben. Das von Barth breit ausgelegte Vorstellungsmaterial wird sonach funktional behandelt. Es wird auf die Funktion hin befragt, die ihm für den Aufbau und die Konstruktion der Christologie zukommt. Insofern Aufbau und Konstruktion der Christologie von der Argumentationsstruktur abhängen, werden die christologischen Vorstellungsweisen auf die Bedeutung hin interpretiert, die sie für die Offenlegung der Argumentationsstruktur gewinnen. Denn nur von dem Aufbau dieser Argumentationsstruktur aus läßt sich die Bedeutung, die der Christologie für die Konstruktion des Barthschen Theologiebegriffs insgesamt zukommt, erfassen. Und nur die Konstruktion des Theologiebegriffs selbst entscheidet über den Stellenwert der Barthschen Theologie für die gegenwärtige theologische Theoriebildung. Im Interesse dieser Theoriebildung stellt daher die entgegenständlichende Rekonstruktion der Barthschen Theologie nicht nur ein mögliches, sondern ein notwendiges Verfahren dar. Denn es ist das Verfahren, durch das allein der Begriff der Barthschen theologischen Konstruktion in den gegenwärtigen Prozeß theologischer Begriffs- und Theoriebildung eingebracht werden kann. Und erst nach Aufstellung dieses Begriffs kann die Barthsche Theologie den Theoriegestalten zugeordnet werden, die die Wirklichkeit des 20. Jahrhunderts bestimmt haben und weiterhin bestimmen.

a) Jesus Christus, der Herr als Knecht: »Gott für uns« als »Gott ohne uns«

Die Versöhnung ereignet sich mit der Geschichte Jesu Christi. Sie ist gekennzeichnet durch die Herablassung und Erniedrigung Gottes in Jesus Christus. Gott geht in die Fremde, hat aber, indem er dies tut, für seine Gottheit nichts zu befürchten. Denn »er kann ja nicht aufhören, Gott zu sein. Aber er behält sich nicht, er geht, indem er dem Menschen in Jesus Christus gnädig ist, auch in die

Fremde: in die schlechte Gesellschaft dieses ganz anderen, nichtgöttlichen, ja widergöttlichen Wesens ... Er vergibt sich offenbar nichts, indem er das tut. Er hat, indem er des Menschen Nächster wird, um als solcher mit ihm und an ihm zu handeln, für seine Gottheit offenbar nichts zu befürchten« (IV/1, 173). Gott geht in das Anderssein ein, bleibt aber darin zugleich Gott, denn »das einzige ist, was Gott nicht kann: er kann nicht aufhören, Gott zu sein, er kann sich nicht in ein Anderes verwandeln« (IV/2, 43). Es mag zunächst einmal übergangen werden, daß Gott durch dieses einzige Nicht-Können negativ bestimmt wird. Jedoch ist danach zu fragen, wie es gelingt, daß Gott in das Anderssein eingehen kann, ohne dabei seiner Gottheit verlustig zu gehen.

Es ist nach Barth der Sohn Gottes selbst, der sich als Mensch und damit als anderes offenbart. Jedoch ist der Sohn Gottes, indem er sich als anderes manifestiert, ein qualitativ anderer als das andere selbst. Denn Jesus Christus ist, insofern er Mensch wird, das andere des anderen. Als anderes stellt er sich zwar als Negation Gottes dar. Indem er aber das andere des anderen ist, erweist er sich als Negation des anderen selbst. Daß der Sohn Gottes anderes, aber zugleich das andere des anderen ist, wird von Barth dadurch begründet, daß der Sohn Gottes als Mensch Gott, seinem Vater, gehorsam ist. »Der wahre Gott – wenn denn der Mensch Jesus wahrer Gott ist – ein Gehorsamer!« (IV/1, 179). Indem der Mensch gewordene Sohn Gottes gehorsam ist, entspricht er geradewegs der Gottheit Gottes. Denn der Gehorsam ist als Vollzug des ab-alio-esse, des Seins von Gott her die Bestätigung des a-se-esse, der göttlichen Selbstbestimmung. So entspricht der als Mensch gehorsame Sohn Gottes der Souveränität und Selbstbestimmung Gottes. Dies tut er allein deshalb, weil er als anderes, als Mensch, das andere des anderen ist. Der Sohn Gottes ist also, indem er als anderes die Negation Gottes ist, zugleich die Negation des Andersseins und damit nicht etwa die Negation der Negation, sondern die Negation von der Negation, nämlich die Abstraktion vom Anderssein des anderen. So erhält das andere, als das sich der Sohn Gottes manifestiert, keine Selbständigkeit, sondern es wird von vornherein als das um sein Anderssein gebrachte andere gesetzt.

Ist der Gehorsam des Mensch gewordenen Sohnes Gottes die Anerkennung und Entsprechung der Selbstbestimmung und Herrschaft Gottes im Medium des Andersseins, das kein eigentliches Anderssein ist, so fällt es Barth nicht schwer, die Selbsterniedrigung des Sohnes Gottes bis zur Passion und zum Tod als Durchsetzung der Gottheit Gottes zu konzipieren. Denn in der Fremde wird Gott »kein sich selbst Fremder« (IV/1, 196), weil mit dem Gang des Sohnes Gottes in die Fremde als Gehorsamsakt nur Gott selbst bestätigt wird. Der Sohn Gottes entspricht bei seinem Gang in die Fremde der Souveränität Gottes, weil er sich aufgrund seines Gehorsams als der Fremde des Fremden erweist. Jesus Christus kann bei seinem Gang in die Fremde nicht von diesem befremdet werden, weil er sich in seinem Gehorsam von der Fremdheit des Fremden absetzt.

Barth spielt zwar die Möglichkeit durch, ob Gott im Zuge seiner Selbsterniedrigung und Menschwerdung nicht hätte »ein ganz *Anderer*« (IV/1, 201) werden und so zu sich selbst in einem Widerspruch treten können. Aber er weist diese Möglichkeit ab; sie wäre »nur das in die Gottheit projizierte Spiegelbild unseres unversöhnten Menschentums« (203). Allerdings soll sich Gott dem Widerspruch aussetzen, aber so, daß er darin seiner selbstbestimmenden Herrschaft nicht widerspricht. Denn Gott macht sich den Widerspruch, d. h. das Menschsein als das Anderssein Gottes gegen den Widerspruch selbst zu eigen. So ist es allenthalben dieselbe Argumentationsfigur, die Barth der Vorstellung der Selbsterniedrigung des Sohnes Gottes zugrunde legt: Wie der Sohn Gottes, insofern er Mensch wird, das andere des anderen, der Fremde des Fremden ist, so erweist er sich auch als Widerspruch des Widerspruchs, aber nur deshalb, weil er vom Widerspruch abstrahiert. Denn der Sohn Gottes abstrahiert vom Widerspruch insofern, als er im Medium des Widerspruchs, des Andersseins, Gott im Gehorsam entspricht. Der Widerspruch wird eingeführt, damit ihm widersprochen werden kann. Dem Widerspruch als solchem, nämlich dem starken anderen kommt daher bloß akzidentielle Bedeutung zu; indem er wie gesetzt, so auch aufgelöst ist, ist er nichts denn Schein.

Indem Barth nur den Widerspruch zuläßt, dem Gott widersprechen kann, kann er behaupten, daß Gott im Widerspruch seiner Selbstbestimmung entspricht. Jedoch ist diese Selbstbestimmung und souveräne Herrschaft Gottes im wahren Sinne des Wortes abstrakt. Denn die absolute Subjektivität Gottes läßt sich nur scheinbar auf den Widerspruch ein. Sie liefert sich ihm aber nicht aus, weil das Dasein des Sohnes Gottes im Widerspruch ein Dasein im Gehorsam gegen Gott ist, wodurch der Sohn Gottes in Abstraktion vom Widerspruch als solchem Gottes Herrschaft bestätigt.

Wie kann Gottes unbedingte Selbstbestimmung unter der Bedingung der Zulassung des Fremden, anderen, Gott Widersprechenden durchgesetzt werden? Auf diese Frage antwortet Barth faktisch: Gottes Selbstbestimmung hält sich auch im anderen ohne Bruch durch, weil das andere, in dem sich der Sohn Gottes darstellt, das andere des anderen ist. Es ist als Gott gehorsames anderes das vom Anderssein abstrahierende andere. Damit bleibt aber Gottes Selbstbestimmung auf das so negierte andere negativ bezogen. Die Selbstbestimmung Gottes trägt daher positionellen Charakter an sich; sie ist im Ausschluß des Andersseins des anderen auf dieses bezogen. Ihr Vollzug ist folglich an die Negation dessen gebunden, was sie nicht unmittelbar selbst ist. Das bedeutet, daß die göttliche Selbstbestimmung durch diese Abstraktion vermittelt ist. Aufgrund dieses Vermitteltseins geht sie ihrer Unbedingtheit und Souveränität verlustig, denn sie ist nicht fähig, sich im anderen selbst zu explizieren, sondern sie kann es nur, insofern sie dieses als solches negiert. Daß Barth auf diese Weise die »Rede vom Leiden Gottes« entschärft[29], kann nur dann übersehen werden, wenn man bloß den Triumph

29. Gegen E. Jüngel, a. a. O. 98.

des Sich-Entsprechens Gottes feiert, ohne zu sehen, daß dieser Triumph durch die vom anderen abstrahierende Gleichschaltung erkauft ist.

Die Vorstellung des in der Fremde Gott gehorsamen Sohnes Gottes ist es, durch die es Barth scheinbar gelingt, die Gottheit Gottes auch im Vollzug seiner Selbsterniedrigung durchzuhalten. »Der Weg des Sohnes Gottes in die Fremde ist der Weg seines *Gehorsams*« (IV/1, 210). Dieser Akt des Gehorsams des Sohnes Gottes soll Gott selbst nicht fremd sein können, da Gott als Sohn es selbst ist, der sich im Gehorsam selbst entäußert. Diese Vorstellung provoziert die Frage: Wie kann Gott befehlen und zugleich gehorchen, aktiv und zugleich passiv sein (IV/1, 213)? Diese Frage beantwortet Barth im Rückgriff auf die innertrinitarische Selbstdifferenzierung Gottes: Gott ist in sich selbst sowohl gebietender Vater als auch gehorsamer Sohn. Diese Selbstdifferenzierung Gottes wird dann im Werk der Versöhnung, im opus ad extra, durch Wiederholung gesetzt: Weil der Sohn Gottes als Mensch, als Anderssein, in seinem Sein, Tun, Leiden und Sterben Gott gehorsam ist, ist er der allen Menschen gegenüber ganz andere. Der Sohn Gottes »bestätigt und offenbart die unbedingte Königsgewalt Gottes, indem er sie als Mensch unbedingt lebt: in ihrem *Gegenbild,* in ihrer *Entsprechung,* so wie sie auf Erden, unter uns Menschen, gelebt sein muß, wenn es zur Versöhnung der Welt mit Gott kommen soll. Das Gegenbild, die Entsprechung der Herrschaft Gottes ... ist aber eben sein in Demut gelebter ›Gehorsam‹« (IV/1, 228). Die Versöhnung von Gott und Mensch bedeutet nichts anderes, als daß der Sohn Gottes, der sie vollzieht, der Selbstbestimmung Gottes – das ab-alio-esse durch Gehorsam bestätigend – entspricht. Der Gehorsam des Sohnes Gottes bildet so die unbedingte Herrschaft und Selbstbestimmung Gottes als ihr Gegenbild ab[30]. Die Christologie Barths bringt unter dem Aspekt der Selbsterniedrigung des Sohnes Gottes die Entsprechung von Herrschaft und Gehorsam, von Über- und Unterordnung, von a-se- und ab-alio-esse, von Setzen und Gesetztsein zum Ausdruck. Als Mensch entspricht der Sohn Gottes seinem (innertrinitarischen) Sohnsein durch Gehorsam; und eben durch diese Unterordnung erweist er sich selbst als wahrer Gott, denn er bestätigt in seinem Gehorsam die unbedingte Herrschaft Gottes. »Er ist als Sohn dasselbe in *Demut* als sich *Fügender,* was der Vater in *Hoheit* als der *Verfügende* ist, als Sohn in der *Folge* (in der Folgsamkeit!) dasselbe, was der Vater im *Ursprung* ist, dasselbe als Sohn, d. h. als der *durch sich selbst gesetzte Gott* ..., was der Vater als der in ihm *sich selber Setzende* ... ist« (IV/1, 228f.). So ist die Christologie die Wiederholung der Theo-Logie un-

---

30. Vgl. IV/1, 228: Jesus Christus »leistet ihn (sc. den Gehorsam) selbstverständlich, natürlich, in seiner eigenen Freiheit und gerade darum vollständig. Er kennt und geht nur diesen Weg, er tritt ihn an, er durchschreitet ihn, ohne sich irre machen zu lassen, ohne Fehler zu begehen, er geht ihn zu Ende.« Der Sohn Gottes durchläuft also den die Selbstbestimmung Gottes abbildenden Weg des Gehorsams wie einen Parcours – fehlerlos.

was soll diese Unterscheidung zwischen Theologie und Christologie?

ter der Bedingung des Andersseins. Indem aber das Anderssein, an das sich der Sohn Gottes entäußert, nur eingeführt wird, um als das andere des anderen ausgeführt zu werden, ist es bloßer Schein. Das andere als solches wird in der Selbsterniedrigung wegerklärt, so daß Jesus Christus in seiner Menschwerdung die unbedingte Herrschaft Gottes bestätigt.

Eherne Konsequenz wird man der Barthschen Konstruktion der Christologie ohne jeden Vorbehalt bescheinigen können. Doch was bringt diese Konsequenz zutage? Weil das andere, um dessentwillen Gott in Jesus Christus sich selbst erniedrigt, nur als das andere des anderen zugelassen und so praktisch wegerklärt und aufgelöst wird, ist die unbedingte Selbstbestimmung Gottes dadurch negativ bestimmt, daß sie das andere nicht in sich aufhebt, sondern es von sich ausschließt. Daher ist die eherne Konsequenz des Sich-Entsprechens in Wahrheit für die absolute Subjektivität Gottes ruinös. Von der unbedingten Selbstbestimmung Gottes geht ein Identitätszwang aus, der den Vollzug des Sich-Entsprechens in den opera ad extra zur Gleichschaltung werden läßt. Was sich dieser Gleichschaltung nicht fügt, wird ausgeschaltet. Denn nur das andere Gottes, das seiner Andersheit beraubt ist, ist fähig, zu Gottes Selbstbestimmung in ein Entsprechungsverhältnis gebracht zu werden.

Wie wird, nachdem das Anderssein des anderen negiert worden ist, das »Gott mit uns«, das deus pro nobis als »Ziel« und »Skopus« (IV/1, 231) der Selbsterniedrigung Gottes in Jesus Christus durchgeführt? »Wie ist Gott für uns?« (235). Diese Frage beantwortet Barth durch die Interpretation des priesterlichen Amtes Jesu Christi. Auf diese Weise erfährt das »Gott mit uns« zunächst eine negativ-kritische Erläuterung. Denn indem der Mensch, dem Gottes Freiheit gilt, »sein eigener Richter sein will« (241), trifft ihn, den Sünder, das Gericht. Wird aber der Mensch gerichtet, so setzt das die Anerkennung des Menschen als des anderen Gottes voraus. Wäre aber Gott als der Sohn Gottes der Richter und der Mensch der Gerichtete, so wäre damit die Trennung von Gott und Mensch als definitiv anerkannt. Die damit ausgesprochene Anerkennung des anderen als solchen würde jedoch nach Barths Verständnis die Souveränität Gottes gefährden. Deshalb muß der Sohn Gottes nicht nur der Richter, sondern auch der an der Stelle des Menschen Gerichtete sein. »Er richtete – und er war der *Richter*, der da gerichtet wurde, sich selber richten ließ!« (244). Im Zuge dieses Selbstgerichts richtet der Richter sich selbst. Indem der Richter im Sinne des Stellvertretungsgedankens selbst der Gerichtete ist, wird jede mögliche Selbständigkeit des Gerichteten zurückgenommen. So kann das Gerichtete als das andere Gottes nicht als Selbständiges auftreten. Durch das Selbstgericht des Sohnes Gottes wird jeder mögliche Unterschied zu Gott vorab beseitigt. Damit ist das letzte Recht des Andersseins des Menschen – die Sünde – diesem genommen. Das »Gott für uns« wird auf diese Weise zu einem »Gott ohne uns«. »Die Sache ist mir aus der Hand genommen« (257).

Wenn Barth den Zusammenfall von Richter- und Gerichtetsein im Selbstgericht

29

des Sohnes Gottes als »Befreiung« (256f.) des Menschen proklamiert, so kann diese Befreiung allenfalls im Sinne der Gehlenschen Entlastung gedeutet werden. In Wahrheit bedeutet diese Befreiung aber einen Vorgang, durch den der Mensch als das andere Gottes von seinem Anderssein befreit wird. Gott soll sich zwar in diesem Selbstgericht für uns und für das andere darstellen. Aber das andere, für das sich Gott im Zuge seines Selbstgerichts expliziert, ist das andere, das von seinem Anderssein »befreit« wird. Mit dem Selbstgericht ist dem anderen die Möglichkeit genommen, ein anderer zu sein, so daß Gottes Eintreten für den anderen ein Eintreten *ohne* den anderen ist. Der andere Gottes – der Sünder – wird so rechtlos. Denn wollte man für einen Augenblick den Fall eines Richters durchspielen, der sich an der Stelle des gerichteten Verbrechers selbst richtete, so wäre der Schluß unvermeidlich, daß damit das Recht pervertiert wird. Der Verbrecher, an dessen Stelle sich der Richter richten ließe, würde insofern rechtlos, als ihm mit seiner Nichtanerkennung als Verbrecher – als anderer – auch keine Anerkennung als Rechtsperson zuteil würde. So wird auch der Mensch als das andere Gottes dadurch um seine Anerkennung als anderes gebracht, daß Gott ihm durch das Selbstgericht in Jesus Christus vorab die Möglichkeit nimmt, gerichtet zu werden. Ein Sünder und Verbrecher, dem sogar die Möglichkeit genommen wird, für seine Übertretung gerichtet zu werden, wird damit zur Unperson erklärt. »Unsere Sünde ist nicht mehr unsre, denn sie ist seine, Jesu Christi Sünde. Gott ... hat sie zu der seinigen gemacht« (261). Nicht der Sünder, sondern Gottes absolute Subjektivität ist es, die hier triumphiert. Denn durch das Selbstgericht Gottes kann Gottes Selbstbestimmung auf keinen Widerstand mehr stoßen. Der Mensch als das andere Gottes, dem die Sünde »radikal und total« »weggenommen« worden ist (260), hat damit auch die letzte Möglichkeit verloren, in seinem Anderssein anerkannt zu werden. So greift die Versöhnung unter Abstraktion des Andersseins des anderen Platz; sie ist nicht eine Versöhnung für und mit den Menschen, sondern ohne sie.

Auf dem Hintergrund der bisherigen Ausführungen ist es nur konsequent, wenn Barth die Passion Jesu Christi als Selbstopfer des Mensch gewordenen Gottes interpretiert. Die Passion als Selbstopfer stellt so nicht nur den Vollzug des Selbstgerichts, sondern zugleich den höchsten Akt des Gehorsams des inkarnierten Gottessohnes dar. Kraft dieses Gehorsams, des der Selbstbestimmung Gottes entsprechenden Handelns, widersteht der Sohn Gottes dem Widerstand der Sünde und macht so das Handeln des ersten Adam »an dessem eigenem Ort rückgängig und ungültig« (280). Damit erweist sich Jesus Christus als der »gerechte Mensch« (283). Seine Gerechtigkeit besteht in seinem Gehorsam, also darin, daß er der Entscheidung Gottes in seiner eigenen Entscheidung entspricht. »Das Recht, das Jesus von Nazareth als der gehorsame Sohn Gottes für uns tat, bestand aber schlicht in seiner völligen *Bejahung* jener Umkehrung, jenes Vollzugs des *Gerichts* im *Gerichtetwerden des Richters*« (284). Der Gottes Herrschaft entsprechende, weil gehorsame und so gerechte Mensch stellt durch seinen Gehorsam, durch Selbstgericht und Selbstopfer, den Zustand vor der Selbständigkeit des anderen, des Menschen wieder her. Sein Gehorsam ist Ausdruck restaurativen Handelns; er handelt als Konterrevolutionär gegen die Revolution der Sünde. Denn die Wiederherstellung des der Selbstbestimmung Gottes entsprechenden Zustandes erfolgt allein dadurch, daß der Sohn Gottes kraft seines Gehorsams als Mensch dem Anderssein des Menschen widerspricht. Der Sohn Gottes expliziert seinen Gehorsam nicht im Anderssein des Menschen; er erkennt dieses Anderssein nicht an. Vielmehr setzt er sich in seinem Gehorsam vom Anderssein des andern ab, um so den Zustand zu restaurieren, der als ein Zustand ohne das Anderssein der abstrakten Herrschaft Gottes entspricht.

Die Selbstdarstellung Gottes im anderen erfolgt demnach so, daß das andere auf das Selbst Gottes reduziert wird, als das es im Mensch gewordenen Sohn Gottes Gestalt angenommen hat; es ist die Selbstdarstellung im anderen durch Negation des anderen, ohne das andere. Dadurch ist aber diese Gottes Selbstbestimmung entsprechende Selbstdarstellung mit einem negativen Bezug behaftet. Wie eine Restauration negativ bezogen ist auf den Zustand, der im Zuge ihrer Verwirklichung beseitigt werden soll, so ist die Abstraktion von anderem konstitutiv für die Explikation Gottes im Anderssein. Auf diese Weise verfällt die in der Menschwerdung Jesu Christi sich wiederholende und sich entsprechende Selbstbestimmung Gottes der Positionalität. Sie bedarf zu ihrer Darstellung deshalb des Andersseins, weil sie sich nur unter Abstraktion des Andersseins als Selbstbestimmung erweist. In dieser Abstraktion vom anderen und in der negativen Bezugnahme auf das andere ist dieses für Gottes Selbstbestimmung und Herrschaftsanspruch konstitutiv.

Nachdem Barth den Gehorsam des Mensch gewordenen und so gehorsamen Sohnes Gottes dadurch als Bestätigung der unbedingten Selbstbestimmung Gottes konzipieren konnte, daß der Sohn Gottes kraft seines Gehorsams sich über das Anderssein des anderen hinwegsetzt, fällt es ihm nicht schwer, die Auferstehung Jesu Christi als ausdrückliche Selbstbestätigung und »*Rechtfertigung Gottes selbst*« (341) zu proklamieren. Die Auferstehung führt daher »als souveräne Gottestat« (331) zur expliziten Anerkennung des von Jesus Christus erbrachten Gehorsams. Sie ist Anerkennung dessen, daß das andere, von dem sich der Sohn Gottes im Vollzug seines Gehorsams abgesetzt hat, nicht anerkannt ist. Damit konzediert Barth, daß die Anerkennung von Gottes Selbstbestimmung durch die im Gehorsam des Sohnes zum Ausdruck kommende Nichtanerkennung des anderen vermittelt ist; denn der Gehorsam des Sohnes Gottes, den Gott durch dessen Auferweckung bestätigt, ist nichts anderes als die vollzogene Abstraktion vom Anderssein des anderen. Durch den Akt der Auferweckung erfolgt sonach die Sanktionierung der sich entsprechenden Selbstbestimmung Gottes als Gleichschaltung: Das in Jesu Christi Menschwerdung und Tod vollzogene »Ja der Treue Gottes *zu sich selber*« (394) ist ein Ja zum abstrakten Charakter göttlicher Selbstbestimmung. Ihre Durchsetzung kann deshalb proklamiert werden, weil sie in Ausschaltung des anderen, für das sie sein soll, dieses mit sich gleichschaltet. Die Barthsche Christologie ist daher die Wiederholung und Bestätigung der Theo-Logie im Medium vollzogener Gleichschaltungen.

b) Jesus Christus, der Knecht als Herr: Gleichgeschalteter Gehorsam

Den zweiten und dritten Aspekt der Barthschen Christologie werde ich bedeutend knapper behandeln als den ersten. Da es mir vordringlich um die Herausarbeitung der Barthschen Argumentationsstruktur zu tun ist, die für die materiale Darstellung der christologischen Aussagen leitend ist, kann ich mich bei den folgenden Erörterungen insofern kürzer fassen, als sich zeigen läßt, daß Barth auch im zweiten und dritten Teil seiner Christologie den bisher eingeschlagenen Weg der Argumentation weiter verfolgt.

Nachdem Barth die Selbsterniedrigung des Sohnes Gottes und sein priesterliches Amt als Darstellung des in Jesus Christus versöhnenden Gottes konzipiert hat, wendet er sich in IV/2 dem Aspekt des versöhnten Menschen zu, den er unter Aufnahme der Erhöhungsvorstellung und des königlichen Amtes Jesu Christi interpretiert. In Jesus Christus hat die Versöhnung als Gottes Erniedrigung und des Menschen Erhöhung statt. Wie das wahre Gottsein Jesu Christi mittels seiner Erniedrigung zum Gott gehorsamen Menschen entfaltet wurde, so wird jetzt das wahre Menschsein Jesu Christi vermittels seiner Erhöhung erfaßt. Im Rückgriff auf die »ewige Gnadenwahl« (II/2) kann Barth daher sagen: »Er ist Beides: als Gottessohn der den Menschen und so seine eigene Erniedrigung *Erwählende*, als Menschensohn der von Gott und so zu seiner eigenen Erhöhung *Erwählte*« (IV/2, 33). Die Erhöhung Jesu Christi zielt darauf ab, daß er, obwohl er als wahrer Mensch den anderen Menschen gleicht, ihnen doch zugleich prinzipiell und qualitativ ungleich ist.

Die Erhöhung, die dem Menschen Jesus widerfährt, ist in der Erniedrigung Gottes begründet, nämlich darin, daß Gott nicht nur Schöpfer ist, sondern ebenso Geschöpf wurde. Auf Grund von Gottes Initiative wird »das Menschliche *aller* Menschen als solches in die Einheit mit Gott versetzt und erhoben« (IV/2, 52). Der Grund für die Erhöhung des Menschensohnes ist allein darin zu suchen, daß Gott das menschliche Sein im Zuge seiner Erniedrigung angenommen hat (Anhypostasie). Daraus folgt (unio personalis), daß Gott selbst im Menschsein Jesu Christi »handelt und leidet, wenn dieser Mensch menschlich handelt und leidet« (54).

Die damit verbundene Vereinigung von göttlichem und menschlichem Wesen (communio naturarum) ist aber nicht als Identität oder Einheit zu fassen. Denn diese Vereinigung ist allein darin begründet, daß der Sohn Gottes als wahrhaft göttliches Subjekt sich in dem Menschen Jesus dem menschlichen Wesen schenkt und es damit »seines göttlichen Wesens teilhaftig« macht (67). Aus dem Zusammenhang von Anhypostasie, unio personalis und communio naturarum zieht

Barth den Schluß, daß die Erhöhung des Menschen Jesus darin besteht, daß der Sohn Gottes das menschliche Wesen in sich erhoben hat, wodurch Jesus Christus wahrer Gott und wahrer Mensch ist. Während mit der Erniedrigung des Sohnes Gottes gesagt ist, daß Gott Mensch wurde, bedeutet die Erhöhung nicht, daß der Mensch Jesus Gott wurde. Vielmehr wird das menschliche Wesen Jesu allein auf Grund der Initiative des Gottessohnes in die Gemeinschaft mit Gott erhoben, so daß Gott das aktiv-gebende, der Mensch aber das passiv-empfangende Subjekt ist.

Um jede mögliche Vergottung des Menschen Jesus auszuschließen und zugleich die aktive Urheberschaft im Vollzug der Erhöhung für den Gottessohn selbst zu reklamieren, greift Barth auf die Lehre von der communicatio idiomatum zurück (79ff.). Dabei deutet Barth das genus idiomatum im Sinne des genus majesticum, ohne allerdings daraus die Konsequenzen der lutherisch-orthodoxen Theologie zu ziehen. Das göttliche Wesen in seiner Eigentümlichkeit wird dem menschlichen Wesen geschenkt, so daß dieses nur empfangend ist. Es handelt sich also um eine einseitige Mitteilung des göttlichen an das menschliche Wesen, denn die Gottheit soll nicht Prädikat der Menschheit und diese nicht Subjekt der göttlichen Prädikate werden können.

Die bisher vorgetragene Argumentation Barths läuft darauf hinaus, die Erhöhung des Menschen Jesus so zu denken, daß sie in der Urheberschaft des sich erniedrigenden Gottessohnes selber gründet; dieser ist aktiver Geber, während die menschliche Natur die ihr zuteil gewordene Erhöhung nur als Geschenk empfangen kann. Damit ist aber noch nicht geklärt, worin der *Vollzug* der Erhöhung des Menschen Jesu besteht. Denn bisher hat Barth nur dargelegt, daß die Erhöhung des Menschen auf dem Akt göttlicher Erniedrigung und göttlichen Gebens beruht. Worin ist es aber begründet, so ist zu fragen, daß der Mensch Jesus die Erhöhung empfangen kann? Diese Frage beantwortet Barth, indem er auf die reformierte Lehre der communicatio gratiarum (91ff.) rekurriert.

Bei der communicatio gratiarum handelt es sich um die dem menschlichen Wesen in Jesus Christus durch Gott widerfahrene Zuwendung. »Gott erwählt und bestimmt sich selbst dazu, des Menschen Gott zu sein« (92). Aber Gott wird, indem er in die Fremde geht, sich weder sich selbst fremd noch gar ein anderer. »Es widerfährt ihm überhaupt nichts« (94). Denn – und jetzt rekurriert Barth auf seine schon bekannte Argumentationsweise – Gottes Majestät entspricht der geschöpflichen Abhängigkeit des Menschen, dem Gott sich zuwendet. Indem göttliche Souveränität und menschliche Abhängigkeit, Ewigkeit und Einmaligkeit, Allgegenwart und Begrenztheit, Allmacht und Schwachheit, Herrlichkeit und Sterblichkeit einander gegenbildlich entsprechen, erfährt Gottes unveränderliche Selbstbestimmung in der Zuwendung zum Menschen ihre volle Bestätigung. Damit besteht die Erhöhung zunächst in der völligen Bestimmung der menschlichen Natur Jesu Christi durch die ihr mitgeteilte Zuwendung und Gnade Gottes. Der Mensch Jesus ist ganz durch Gott und durch die Sendung und Erniedrigung des

Sohnes Gottes bestimmt. Dieses Bestimmtsein durch den Willen Gottes kommt aber erst dadurch zur vollen Geltung, daß es den *Vollzug* des Menschen Jesus bestimmt. Denn erst der durch den Willen Gottes bestimmte Vollzug des Menschseins Jesu erhebt das menschliche Wesen in die Übereinstimmung und Entsprechung mit Gottes Herrschaft. »Die Gnade des Ursprungs Jesu Christi bedeutet die prinzipielle Erhebung seiner menschlichen *Freiheit* zu deren *Wahrheit*, d. h. in den *Gehorsam,* in dessen Ausübung sie – keine übermenschliche sondern gerade die *rechte menschliche* Freiheit wird« (101). Sonach vollzieht sich die Erhöhung des Menschen Jesus dadurch, daß er dem erniedrigten Sohn Gottes gehorsam ist und ihm dient. Durch diesen Gehorsam ist er zum Organ des seiner Sendung gehorsamen Sohnes Gottes qualifiziert.

Damit ist deutlich, daß die Erhöhung des menschlichen Wesens Jesu Christi aus der *Wiederholung* des Gehorsams resultiert, den der Sohn Gottes seinerseits im Zuge seiner Erniedrigung geleistet hat. Der Mensch Jesus entspricht dem Sohn Gottes dadurch, daß er ihm in Gehorsam dient. Indem der Mensch Jesus den Gehorsam des Sohnes Gottes wiederholt und ihm so entspricht, kommt es zur Erhebung des menschlichen Wesens in die Gemeinschaft mit dem göttlichen. Wie sich der Sohn Gottes bei seiner Erniedrigung vom Willen des sendenden Vaters bestimmen läßt, so läßt sich der Mensch Jesus von dem in seiner Erniedrigung gehorsamen Sohn Gottes leiten. Die Korrespondenz und Entsprechung von Gehorsam des Sohnes Gottes und des ihm dienenden Menschen Jesus hat die Entsprechung von Erniedrigung und Erhöhung zur Folge. »Die Tat der *Erniedrigung* des Sohnes Gottes *als solche* ist die Erhöhung des Menschensohnes und in ihm des menschlichen Wesens« (111). Denn der Mensch Jesus leistet als geschöpfliches Medium der Sendung des Sohnes Gottes in die Fremde diesem den Gehorsam, den dieser seinem Vater entgegenbringt. Die Erhöhung des Menschen Jesus über alle anderen Menschen ist so in der Wiederholung des Gehorsams begründet, den der erniedrigte Sohn Gottes seinem Vater leistet. Kraft dieser Erhöhung ist der Mensch Jesus in seiner Gleichheit mit allen anderen Menschen ihnen doch absolut ungleich. Der Mensch Jesus ist als Darstellung des Andersseins Gottes anders als das andere selbst.

Indem durch die Erhöhung des Menschensohnes die Erniedrigung des Gottessohnes wiederholt wird und folglich der Gehorsam des Menschensohnes dem Gehorsam des Gottessohnes entspricht, ist eklatant, daß Barth auch die Vorstellung der Erhöhung, »die Heimkehr des Menschensohnes«, so konstruiert, daß sie der unbedingten Selbstbestimmung Gottes voll entspricht. Und genau so entspricht Jesus als der »königliche Mensch« (173ff.) dem Herrschaftswillen Gottes dadurch, daß er die Freiheit für Gott im Gehorsam des Müssens vollzieht. Im Tod Jesu sind daher Erniedrigung und Erhöhung »ein *einziges* Ereignis« (325). Denn dieser Tod ist als konsequenter Gehorsamsvollzug »die menschliche Entsprechung und Wiederholung der Selbsterniedrigung, der Kondeszendenz, in der *Gott selbst* in seinem Sohn unseresgleichen wurde« (325). So ist die Existenz Jesu Christi in ihrem Gegensatz von Erniedrigung und Erhöhung dadurch »*Entsprechung des Lebens Gottes selber*« (392), daß sie in dem doppelten Gehorsam des Gottes- und Menschensohnes ihre Einheit findet. Das Fazit seiner Ausführungen sieht Barth daher darin, daß der Höhe und der Überordnung, dem Gebot und der Autorität Gottes gleichwohl Tiefe, Unterordnung, Willigkeit und Gehorsam nicht fremd sind. Denn wie der Gehorsam des Sohnes Gottes die Herrschaft und Selbstbestimmung Gottes bestätigt, so bestätigt der Mensch Jesus durch seinen Gehorsam den Gehorsam des erniedrigten Gottes. Diese Bestätigung, durch die »Gott nicht kleiner, sondern nur noch größer wird« (393), beruht also darauf, daß Jesus als Mensch das wiederholt, was Gott in der Erniedrigung seines Sohnes selbst vollzogen hat.

Damit bestätigt der Mensch Jesus zugleich, daß er wie der Mensch gewordene Sohn Gottes das andere des anderen ist: Der Mensch Jesus ist, obwohl Mensch, den anderen Menschen kraft seines wiederholenden Gehorsams ganz ungleich. Nur kraft dieser im Gehorsam gründenden Ungleichheit kann er dem erniedrigten Sohn Gottes gleich sein und damit Gottes Selbstbestimmung entsprechen. Die Entsprechung von Erniedrigung und Erhöhung entspricht folglich deshalb dem unbedingten Herrschaftswillen Gottes, weil in ihrem Vollzug das Dasein des Menschen Jesus mit dem des erniedrigten Sohnes Gottes gleichgeschaltet wird. Die Erniedrigung des Sohnes Gottes und die ihr gleichgeschaltete Erhöhung des Menschensohnes bilden die Selbstbestimmung Gottes im Gegenbild des Gehorsams, des vollzogenen ab-alio-esse ab. Aber auch diese Gleichschaltung von Erniedrigung und Erhöhung ist durch Abstraktion und Ausschaltung erkauft. Denn der Mensch Jesus entspricht dem Gehorsam des erniedrigten Sohnes Gottes allein dadurch, daß er sich vom Anderssein des anderen, von seinem mit allen anderen Menschen geteilten Menschsein kraft seines Gehorsams absetzt. Dieser Gehorsam ist als vollzogene Ausschaltung des Andersseins die Herstellung der Gleichschaltung mit Gottes unbedingter Selbstbestimmung.

c) Jesus Christus, der wahre Zeuge: Gleichschaltung durch Appell

Als dritten Aspekt der Christologie (IV/3) behandelt Barth die Selbstkundgebung und Selbstmitteilung des Gottmenschen Jesus Christus unter Aufnahme und Interpretation des prophetischen Amtes. Für unseren Zusammenhang von Interesse ist das Problem des menschlichen Widerstandes, auf den die Selbstkundgebung Jesu Christi stößt. »Sein Spruch stößt auf den *Widerspruch*« (IV/3,190). Wie versucht Barth dieses Problem des menschlichen Widerstandes gegen die Proklamation der göttlichen Versöhnungstat zu lösen? Diese Frage ist deshalb von großem Gewicht, weil Barth die Christologie so aufgebaut hat, daß er das Anderssein des anderen, des Menschen, gegenüber Gott von der Erniedrigung des Gottessohnes und der Erhöhung des Menschensohnes und damit von der Begründung der Versöhnung ausgeschlossen hat, um die Selbstbestimmung Gottes widerstandslos zum Zuge bringen zu können. Indem sich Barth aber jetzt der Frage des menschlichen Widerstandes gegen die göttliche Selbstkundgebung der Versöhnung und damit dem Anderssein des anderen zuwendet, ist zu fragen, ob es Barth überhaupt noch gelingen kann, das zunächst ausgeschlossene Anderssein der Selbstkundgebung des göttlichen Willens zu integrieren.

Schon aus logisch-strukturellen Gründen steht nicht zu erwarten, daß Barth in sachlicher Hinsicht tatsächlich zeigen kann, daß Jesus Christus in seiner Selbstkundgebung »der Überlegene gegenüber dem ihm widerfahrenden Widerspruch und Widerstand« (198) ist. Vielmehr kann Barth nur im Stile der Versicherung und Behauptung proklamieren, daß Jesus nicht nur Sieger ist, sondern auch letztlich »Endsieger« (303) sein wird. Denn weil Jesus Christus von Barth nur als der andere des anderen, als unter Abstraktion des wirklichen Andersseins des Menschen gegenüber Gott konstruiert wird, deshalb kann das faktisch andere als das der Selbstkundgebung Jesu Christi Widersätzliche nur im Stile der Proklamation überwunden werden. So muß sich Barth damit zufriedengeben, daß die göttliche Selbstkundgebung der Versöhnung nur unmittelbar an den »wirklichen« Menschen appellieren kann – an den Menschen, der unter Absehung seiner Opposition gegen Gott der »direkteste Gegenstand der Liebe seines Schöpfers ist« (312). Der Appell richtet sich also an den Menschen, der als der andere des anderen Gottes Herrschaft entspricht. Von diesem Appell bleibt somit das andere als solches, das Gott gegenüber Widersätzliche ausgeschlossen; dieses wird nur mit »Verachtung« (314) gestraft.

Die christologische Selbstmitteilung mündet konsequenterweise deshalb im Appell, weil Barth bei der Konstruktion des christologischen Subjekts das andere, das Gott Widerstreitende, als anderes des anderen ausgeschlossen hat. Gleichwohl bestätigt Barth dadurch noch einmal die eherne Konsequenz seines Denkens, daß er den Appell nicht an das andere als solches richten läßt, sondern an das andere, das seiner Widersätzlichkeit gegenüber Gott zum Trotz dem Schöpfungswillen entspricht. Diese Konsequenz führt jedoch dazu, daß das andere als solches, der gegen Gott opponierende Mensch, auch noch von der appellhaften Kundgabe der göttlichen Versöhnungstat ausgeschlossen wird. Denn der Appell, durch den Jesus als Sieger proklamiert wird, kann nur die Menschen treffen, die trotz ihres Andersseins gegenüber Gott seinem Schöpfungswillen konform sind. Vermittels dieses Appells werden, um Gottes Selbstbestimmung im Prozeß nicht endender Proklamationen zu bestätigen, Subjekt und Objekt des Appells, Angreifer und Angegriffene gleichgeschaltet.

4. Rückfall in die Positionalität

Durch die Argumentationsstruktur der christologischen Ausführungen Barths wird voll bestätigt, daß die Christologie der Durchführung und Durchsetzung der Selbstbestimmung Gottes im Medium des Andersseins, der göttlichen Freiheit für anderes, dient. Dabei kann die Argumentationsstruktur nicht als bloßer Formalismus abgetan werden; denn sie ist es, die zugleich über den Aufbau und die Art der Konstruktion der christologischen Inhalte entscheidet. Diese Argumentationsstruktur läßt sich in die Form eines hypothetischen Urteils kleiden, das besagt: wenn christologische (oder anthropologische, ekklesiologische, ethische etc.) Inhalte dargestellt werden sollen, dann muß das so geschehen, daß mit ihrem Aufbau Gottes Souveränität und Selbstbestimmung zur Durchsetzung gebracht werden können. Insofern enthält die Argumentationsstruktur eine Regel oder Anweisung zur bestimmten, nämlich Gottes Selbstbestimmung entsprechenden Konstruktion theologischer Gehalte. Mit ihr wird der strukturelle Zusammenhang zum Ausdruck gebracht, durch den die theologischen Inhalte ihre funktionale, d. h. der göttlichen Selbstbestimmung äquivalente Bestimmtheit erhalten. Die Erarbeitung einer Argumentationsstruktur bewahrt daher davor, daß sogenannten konkreten Inhalten ihre Bestimmtheit in einem rhapsodischen Chaos entzogen wird; die Argumentationsstruktur stellt den Ermöglichungsgrund wirklicher Konkretheit dar.

Unterliegt es keinem Zweifel, daß die Barthsche Christologie Theo-Logie und damit Konstruktion der göttlichen selbstbestimmenden Subjektivität im Medium des Andersseins ist, so zeigt aber die Art der Durchführung, daß Barth über die Konstruktion einer *abstrakten* Selbstbestimmung nicht hinausgelangt ist. Barth konzipiert die Christologie als die Selbstdarstellung Gottes für anderes; das christologische Selbstbewußtsein wird daher im Medium des anderen ausgelegt. Indem aber Jesus Christus als das christologische Selbstbewußtsein auf allen Stufen seiner Entfaltung nur als das andere des anderen und als die Abstraktion vom anderen als solchem zur Darstellung gebracht wird, geht die göttliche Selbstbestimmung ihrer Unbedingtheit und Souveränität verlustig. Kraft seines vollzogenen Gehorsams entspricht zwar Jesus Christus als das andere des anderen der selbstbestimmenden Subjektivität Gottes. Aber diese Entsprechung nimmt auf Grund der sie bestimmenden Abstraktion die Struktur der Gleichschaltung an. Denn die Konstruktion des Sich-Entsprechens der göttlichen Selbstbestimmung im Zuge der christologischen Explikation erfolgt, wie betont, unter Ausschaltung des anderen als solchen. Durch diese Ausschaltung und Abstraktion ist die gleichgeschaltete göttliche Selbstbestimmung negativ bestimmt und begrenzt. Die Grenze, die der Selbstbestimmung durch die Existenz des anderen entsteht, wird zwar dadurch beseitigt, daß vom anderen abstrahiert wird. Durch diesen Akt der Abstraktion ist die Selbstbestimmung der absoluten Subjektivität jedoch auf etwas bezogen, das bleibender Ausdruck ihrer eigenen Begrenztheit ist. Durch den Ausschluß des anderen wird die Konstruktion der gleichgeschalteten unbedingten Selbstbestimmung Gottes zugleich *positionell*. Das besagt, daß die Kritik, die Barth auf unmittelbare Weise an der positionellen, kritisch-liberalen etc. Theologie des 19. und beginnenden 20. Jahrhunderts im Namen der absoluten Subjektivität Gottes übt[31], so in die Konstruktion seiner Theologie eingeht, daß diese selbst positionell wird. Dieser positionelle Charakter rührt daher, daß Barth die absolute Selbstbestimmung Gottes der kritisierten Theologie des positionell bestimmten Selbstbewußtseins unmittelbar entgegengesetzt. Die Unmittelbarkeit dieser Entgegensetzung führt dazu, daß es Barth nicht gelingt, die Selbstbestimmung Gottes im Kritisierten selbst zur Geltung zu bringen. Vielmehr schließt Barth die kritisierte Theologie des positionell bestimmten Selbstbewußtseins um der unbedingten Selbstbestimmung Gottes willen aus der Konstruktion seiner Theologie aus. Dieser Ausschluß findet dann seinen Niederschlag innerhalb der immanenten Konstruktion der Barthschen Theologie selbst. Denn mit dem Ausschluß des anderen aus der christologischen Konstruktion der Selbstbestimmung Gottes findet die positionelle, weil unmittelbar vorgehende Kritik an der positionellen Theologie Eingang in die Theologie Barths selbst. Der theologiegeschichtliche Sachverhalt der Absetzung von der positionellen Theologie tritt in der Theologie Barths dann als systematischer auf. Das ist eben darin begründet, daß Barth die Selbstbestimmung Gottes unter Ausschaltung des ihr Widerständigen konstruiert. Dadurch fällt die Theologie Barths, die auf Grund ihres Ansatzes bei der unbedingten Subjektivität Gottes jenseits der kritisierten positionellen Theologie zu stehen kommen will, auf das Niveau der positionellen Verfaßtheit der Theologie zurück.

Diese positionelle Verfaßtheit der Barthschen Theologie hat für ihre Durchführung weittragende Konsequenzen. Insofern nämlich die Selbstbestimmung Gottes ihres positionellen Charakters zum Trotz als unbedingt, allgemein und souverän behauptet wird, nimmt sie die Züge von Gewaltherrschaft an. Genau auf diesen Sachverhalt hebe ich dadurch ab, daß ich die Gottes Selbstbestimmung entsprechende christologische Konstruktion durch die Struktur der Gleichschaltung zu beschreiben versuche. Denn diese Art der Konstruktion führt zur Auflösung jedes Unterschiedes und anderen, das sich der Durchsetzung der Selbstbestimmung Gottes sperrt; die auf dem Boden dieser Konstruktion entworfene Versöhnung von Gott und Mensch ist eine Versöhnung ohne den Menschen. Mittels der christologischen Konstruktion seiner Dogmatik gelingt es zwar Barth, das sich Gott widersetzende andere mit dessen Selbstbestimmung gleichzuschalten. Insofern kann gesagt werden, daß Barth seine Dogmatik deshalb christologisch aufbaut, weil die Christologie den einzigen Fall darstellt, um alle möglichen Inhalte als Funktionen göttlicher Selbstbestimmung zu identifizieren und mit dieser durch Gleichschaltung in Entsprechung zu bringen. Aber diese dogmatisch-theologische Zielbestimmung kann Barth nur so durchsetzen, daß die Christologie auf Grund der Abstraktion vom anderen als dem Besonderen untauglich wird, Darstellung des exemplarischen Selbstbewußtseins zu sein. Denn mit der Abstraktion vom anderen als solchem wird die Aporie der Selbstkonstitution des

31. Vgl. Anm. 2, 7 und 8.

endlichen Selbstbewußtseins übersprungen, die grundlegender Anstoß für die Konstruktion der Christologie als exemplarische Theorie des Selbstbewußtseins ist (KD III/2). So gewinnt die Christologie Barths der gegenteiligen Versicherung zum Trotz einen doketischen Zug.

Abstraktion vom Anderssein des anderen, Gleichschaltung und Rückfall in die Positionalität – diese Strukturbestimmtheiten der Barthschen Theologie weisen sie als *entwicklungsunfähig* aus. Denn die selbstbestimmende absolute Subjektivität Gottes ist nicht fähig, sich im anderen zu entfalten. Die Selbstexplikation im anderen ist es jedoch, durch die sich eine Theorie oder ein Gedanke als entwicklungsfähig darstellt. Denn Entwicklung bezeichnet den Sachverhalt, daß ein beliebig gewählter Bezugspunkt, der durch Theorien, Objekte oder Systeme repräsentiert werden kann, in anderen Inhalten zur Darstellung gebracht werden kann.

Barths Theologie jedoch stellt sich auf Grund ihrer Entwicklungsunfähigkeit, die Ausdruck für die gleichschaltende Selbstbestimmung des absoluten Subjekts ist, als eine Theologie der Abgrenzung und des Ausschlusses dar. Als solche führt sie einen permanenten Kampf gegen solche Sachverhalte, die den Herrschaftsanspruch der göttlichen Selbstbestimmung zu konterkarieren in der Lage sind. Es kommt daher nicht von ungefähr, daß die Barthsche Theologie ihre eigentlich kirchliche Bedeutung im Kirchenkampf erhielt. Denn in ihr gewinnt die Kritik insofern Oberhand über die Konstruktion, als die Konstruktion der unbedingten Selbstbestimmung Gottes auf die Kritik dessen hinausläuft, was sich dieser nicht fügt. Sie ist eine Theologie, deren innere Motorik auf Scheidung hin angelegt ist. Denn sie ist als Theorie der unbedingten Subjektivität Gottes zwar eine Theorie des Allgemeinen. Indem aber der Anspruch dieses Allgemeinen unter Abstraktion des Besonderen durchgesetzt wird, schlägt in ihrem Zentrum die Kritik an der positionellen Theologie des 19. Jahrhunderts durch, durch welche Kritik der bloß positionelle Charakter der Barthschen Theologie manifest wird.

III. Die Barth-Interpretation im Kontext gegenwärtiger Theoriebildung

Daß die Barthsche Theologie, wie sie in seiner kirchlichen Dogmatik vorliegt, insgesamt eine Theorie der selbstbestimmenden Subjektivität Gottes darstellt, ist auf Grund der gemachten Ausführungen nicht zu bestreiten. Es dürfte auch nicht strittig sein, daß diese unbedingte Selbstbestimmung als das Struktur- und Konstruktionsprinzip angesetzt werden kann, von dem aus jede inhaltliche Bestimmtheit der Barthschen Theologie erfaßt werden kann. Denn die inhaltliche Bestimmtheit, auf der Marquardt[32] zu Recht insistiert, ergibt sich nicht aus der bloßen Aneinanderreihung und Nacherzählung von Gehalten. Vielmehr läßt sich

32. F. W. Marquardt, Zusätze, a. a. O. 235, 237.

von inhaltlicher Bestimmtheit nur dort reden, wo der Inhalt aus seiner funktionalen und strukturellen Bestimmtheit und Geprägtheit erklärt werden kann. Die besondere Prägung und Formung eines Inhalts macht seine Struktur aus. Aber diese Struktur läßt sich nur dann in ihrer besonderen Bedeutung erfassen, wenn sie auf ihre Funktion hin befragt wird. Ihre Funktion erhalten die Inhalte, die Barth in seiner Dogmatik traktiert, durch das sich in allen Inhalten auslegende Konstruktionsprinzip der unbedingten Selbstbestimmung Gottes. Vermittels dieser Funktion dienen die Inhalte dem Zweck, die Selbstbestimmung Gottes als den einen und durchgehenden Gedanken der Dogmatik in allen ihren Lehrstücken zum Zuge zu bringen. Die Struktur oder Bestimmtheit der Inhalte ist daher Ausdruck ihrer funktionalen Beziehung. Ohne diesen funktionalen Bezug blieben die Inhalte gerade in ihrer inhaltlichen Bestimmtheit bedeutungslos, denn es könnte dann nicht mehr gezeigt werden, für die Lösung welchen Problems ein bestimmter Inhalt herangezogen wird.

Deutlich ist also, daß die Forderung nach inhaltlicher Bestimmtheit so lange abstrakt bleibt, als nicht angegeben werden kann, welche funktionale Bedeutung dieser oder jener inhaltlichen Bestimmtheit für einen Gedanken oder eine Theorie zukommt. Erst die funktional interpretierte inhaltliche Bestimmtheit erlaubt es, ihre Struktur aus dem sie tragenden Zusammenhang zu erklären, in dem sie ihre Konkretheit erhält. Von daher fällt auch der von Marquardt aufgebaute Gegensatz von systematisch-begrifflicher und historisch-gesellschaftlicher Explikation in sich zusammen. Denn die systematisch-begriffliche Erklärung, durch die die funktionale Strukturiertheit inhaltlicher Bestimmtheiten herausgearbeitet wird, dient dazu, auch »historisch-gesellschaftliche Gehalte« in ihrer funktionalen Bedeutung zu erfassen. Marquardt ist zwar an der funktionalen Zuordnung von Theologie und Sozialismus interessiert. Aber er begeht m. E. den Fehler, daß er bestimmte gegenständlich gefaßte theologische Gehalte auf ebenso gegenständlich gefaßte Gehalte eines wie auch immer gearteten Sozialismus hin interpretiert. Wer die Barthsche Theologie auf so unmittelbar-gegenständliche Weise auf einen Kontext bezieht, dem sie zumindest nicht direkt angehört, setzt sich dem Risiko aus, parteiisch zu werden. Diese Parteilichkeit ist Ausdruck dafür, daß bestimmte Inhalte nicht mehr innerhalb ihres funktionalen Zusammenhangs erfaßt werden, sondern auf dem Boden ihrer unmittelbar positiven Verfaßtheit mit entsprechenden anderen Positivitäten aus anderen Bereichen analogisiert werden. Insofern ist trotz des Impulses, den der Marquardtsche Versuch ausgelöst hat, für die Barth-Interpretation noch nichts gewonnen, wenn Barths Theologie nunmehr auf Sozialismus vereidigt werden soll. Denn, so ist zu fragen, welcher Erkenntnisfortschritt ist damit verbunden, wenn wir wissen, daß Barths Biographie und bestimmte Gehalte seiner Theologie gewissen Strömungen des Sozialismus affin sind? Ich kann darin so lange keinen Erkenntnisfortschritt erblicken, als nicht seinerseits geklärt worden ist, welcher Wirklichkeit der Sozialismus im Kontext der Theoriebildung des 20. Jahrhunderts Ausdruck verleiht.

40

Diese Klärung kann nicht dadurch herbeigeführt werden, daß man unmittelbar auf den Sozialismus welcher Provenienz auch immer verweist. Vielmehr besteht die erste Bedingung zur Klärung dieses Problems darin, daß man sozusagen einen Schritt zurück tut. Man muß einen abstrakteren Bezugsrahmen wählen, der es erlaubt, die bestimmten inhaltlichen Strukturen sowohl des Sozialismus als auch der Theologie Barths zu begreifen. Die Aufstellung dieses Bezugsrahmens ist die Gewähr dafür, daß die verglichenen Theorien nicht durch die subjektivistische Beliebigkeit des Vergleichenden instrumentalisiert und verdinglicht werden. Werden nämlich die zu vergleichenden Theorien auf einen gemeinsamen Bezugsrahmen bezogen, so ist es möglich, in Anwendung dieses Bezugsrahmens den je eigenen Begriff einer Theorie an sich selbst zu erfassen. Der Begriff bringt den Bezugsrahmen auf bestimmte und funktionale Weise zum Ausdruck.

Die Wahl des Bezugsrahmens, die hypothetisch und heuristisch-experimentell zu treffen ist, muß so ausfallen, daß auf ihn der mögliche Zusammenhang der ganzen, durch Theorie–Praxis-Vermittlung gestalteten Wirklichkeit bezogen werden kann. Deshalb gehe ich nicht nur bei der Interpretation der Barthschen Theologie, sondern der neuzeitlichen Theologiegeschichte überhaupt von dem Begriff der Freiheit aus, der in der Selbstbestimmung von Subjektivität und Selbstbewußtsein seine die Neuzeit und Gegenwart bestimmende Ausgestaltung gefunden hat. Mit der Barthschen und der dialektischen Theologie überhaupt erreicht die Verwirklichung der Freiheit einen solchen Stand, daß sie als an sich selbst gedachte Selbstbestimmung konstruiert wird. Barth führt diese aus und durch sich selbst erfaßte Selbstbestimmung als die der unbedingten Subjektivität Gottes durch.

Da diese Annahme durch die Rekonstruktion der Barthschen Theologie als erwiesen angesehen wird, was ich auf Grund der exemplarisch vorgehenden Interpretation der Barthschen Christologie unterstelle, so ist es dann auch möglich, das Verhältnis der Barthschen Theologie zu den nicht-theologischen Theoriebildungen des 20. Jahrhunderts zu erklären. Für diese Klärung ist die Hypothese leitend, daß Barthsche Theologie und außertheologische Theorien durch denselben Bezugsrahmen, d. h. durch die Frage nach der Freiheit und ihrer Verwirklichung vermittelt sind. Entsprechend dieser Hypothese legt es sich dann nahe, die Barthsche Theologie mit allen Theorien philosophischer, wissenschaftlicher und politischer Provenienz zu konfrontieren, die wie die Barthsche Theologie zwischen den beiden Weltkriegen ausgearbeitet worden sind. Bei diesem Unternehmen, zu dem nur Ansätze vorliegen[33], würde sich zeigen lassen, daß die inhaltliche Struktur der Barthschen Theologie nicht nur dem Sozialismus, sondern auch dem Faschismus und seiner Theoriebildung verwandt ist. Bei der Interpretation der Barthschen Christologie dürfte diese Verwandtschaft, wenn auch indirekt, deutlich genug zum Ausdruck gebracht worden sein. Die Verwandtschaft

33. Vgl. Anm. 8.

zum Sozialismus dürfte im Zuge des hier ins Auge gefaßten Unternehmens dann deutlicher ausfallen, als Marquardt es mit seinen Mitteln herauszustellen vermag. Denn diese Verwandtschaft dürfte nicht nur den abstrakten »soft-ware-Sozialismus« eines intellektuellen Utopismus, sondern mehr noch den zwar theoretisch vermittelten, aber politisch-praktisch wirksamen »hard-ware-Sozialismus« eines Lenin, Stalin und Genossen betreffen.

Diese Hinweise auf mögliche Forschungsprojekte systematisch-theologiegeschichtlicher Arbeit dienen nicht dazu, um die Barthsche Theologie auf äußerliche und so allzu billige Weise zu desavouieren. Vielmehr dienen sie dem Interesse, Begriff und Theorie der dialektischen Theologie so deutlich und bestimmt wie irgend möglich herauszuarbeiten. Denn von dieser Herausarbeitung hängt die theologische Theoriebildung entscheidend ab. Sie kann nämlich nur dann sinnvoll weiter entwickelt werden, wenn zuvor geklärt worden ist, welche Probleme ihr aus der Hinterlassenschaft der dialektischen Theologie erwachsen. Auf Grund der Barth betreffenden Ausführung dürfte deutlich geworden sein, daß das Defizit der Barthschen Theologie in ihrem Zwang zur Gleichschaltung besteht. Indem Barth die unbedingte Selbstbestimmung Gottes unter Abstraktion des anderen konstruiert, fällt diese nicht nur auf den Stand des Positionellen zurück, sondern sie wird auch ihres Anspruchs auf Allgemeinheit zum Trotz partikular. Auf Grund dieses Defizits läßt sich das Programm der gegenwärtigen theologischen Theoriebildung zumindest allgemein und formal bestimmen: Aufgabe der Theologie ist es, eine Theorie des Absoluten so mit dem Begriff der *Entwicklung* als Selbstexplikation im anderen zu verbinden, daß das Allgemeine zwar im und als Partikulares zur Darstellung gebracht, aber nicht selbst in ein Partikulares verkehrt werden kann. Der Vorwurf, daß mir der »Sinn für das Absolute noch nicht vergangen« sei, schreckt mich nicht, zumal dann nicht, wenn er aus der Feder eines Theologen stammt, denn der Theologie war es seit Luther oder Schleiermacher, Ritschl oder Barth schon immer eigen, Gott und dem Absoluten gegensätzliche Bücher zu widmen. Ich sehe nicht, welchem anderen Gegenstand sich die Theologie zuwenden sollte. Würde sie sich unmittelbar auf das Feld der bestimmten Human- und Sozialwissenschaften begeben, so würde sie dort verhandelte Probleme nicht nur durch ihren Dilettantismus verdoppeln; überdies hätte sie es nur mit partikularen Subjekten und Systemen zu tun. Arbeitet sich die Theologie jedoch als Theorie des Absoluten aus, der unter dem Namen der Lehre von Gott nichts hinzugefügt werden kann, so geht sie der Möglichkeit nach, die ihr als Theologie allein eignet: Sie hat es sowohl in der Theo-logie als auch in der Christologie mit nicht-empirischer Subjektivität zu tun, so daß ihr bei der Entwicklung eines Systems der Subjektivität prinzipiell keine Grenzen durch empirische und partikulare Subjekte gesetzt sind. Damit siedelt sich die Theologie jedoch nicht in einem zeitlosen Jenseits an. Denn auf dem Boden der Lehre vom Geist stellt sie sich ausdrücklich dem Problem der Vermittlung von allgemeiner und besonderer Subjektivität. Ohne eine Theorie der absoluten Sub-

[Handschriftliche Randnotiz: Theologie ist und kann nicht sein eine Theorie des Absoluten]

jektivität vermag sie aber diese Vermittlung nicht zu leisten. Denn die sogenannte Wirklichkeit ist nur dann zu begreifen, wenn in ihrer Partikularität das Allgemeine als anwesend angesetzt werden kann.

Mir scheint, Wagner stellt sich auf den Standpunkt
Hegels und will von dort aus Barth kritisieren

Walter Sparn

»Extra Internum«

Die christologische Revision der Prädestinationslehre
in Karl Barths Erwählungslehre

Der Band II/2 der Kirchlichen Dogmatik, in dem K. Barth die Lehre von Gott
und hier die Kapitel »Gottes Gnadenwahl« und »Gottes Gebot« darstellt, läßt
von Anfang an keinen Zweifel daran, daß der überlieferte dogmatische Locus
einer gründlichen und vollständigen Revision unterzogen werden soll.
Trotz der häufigen Hinweise auf Tragweite und Notwendigkeit der dogmatischen Neuerung – »je länger ich die Bibel über diese Dinge zu mir reden ließ ...
um so unwiderstehlicher«[1] – scheint sie nicht hinreichend deutlich geworden zu
sein. Die dogmatische Weiterarbeit korrigiert Barths Position, in bestimmten
Aspekten des Locus de Praedestinatione[2], zum Teil schroff. Aber weder die Funktion der dort angewandten biblischen Begründung noch die Bedeutung der radi-
kalen, ihrerseits nicht wieder einer dogmatischen Tradition subsumierbaren Kritik jeder, »auch der besten Überlieferung ... aus der Sache selber« (82) sind so
beachtet worden, daß verständlich geworden wäre, wieso die KD zum völligen Neubau der dogmatischen Position sich veranlaßt sieht[3]. Vermutlich wird
erst die Erklärung dieses Tatbestandes[4] der theoretischen Anstrengung der
Barth'schen Erwählungslehre gerecht. Deshalb soll im folgenden das Interesse,
das sich mittels der Kritik der Tradition seinen eigenen dogmatischen Ausdruck
verschafft, möglichst nahe an diesem selbst aufgesucht werden.

1. KD II/2 (1942), 4. Aufl., Zürich 1959, S. VII; 373. Wo nicht anders bezeichnet, stam-
    men alle Zitate aus diesem Band.
2. So etwa E. Brunner: Dogmatik Bd. I, 4. Aufl., Zürich 1972, 353ff. Vgl. E. Bueß: Zur
    Prädestinationslehre Karl Barths, Theol. Stud. 43, Zollikon–Zürich 1955.
3. Vgl. W. Elert: Der christliche Glaube, 5. Aufl., 1960, §§ 79f.; P. Tillich: Systema-
    tische Theologie Bd. I, 3. Aufl., 1960, 303ff., bes. 327f. Die Tatsache der völligen
    Neuheit wird immerhin festgestellt von E. Brunner, a. a. O. 353 (auch gegenüber dem
    NT, 355f.) und als Schlüsselproblem erkannt, so von H. U. von Balthasar: Karl Barth,
    Darstellung und Deutung seiner Theologie, 2. Aufl., Köln 1962, 186.
4. Vgl. T. Rendtorff: Radikale Autonomie Gottes, in: Theorie des Christentums, Güters-
    loh 1972, 161ff.

I. Der systematische Aufbau der Erwählungslehre als Theo-Logie

1. Die Erwählungslehre als Gotteslehre

Die Erwählungslehre (E. L.) der KD ist ein Kapitel ihrer Gotteslehre. Sie steht »vor allen anderen, den einzelnen christlichen Sätzen über Gottes Handeln, im Zusammenhang der Lehre von Gott selber« (82). Schon diese Anordnung der E. L. ist völlig neu und beansprucht zugleich, nicht willkürlich gewählt zu sein, sondern dem darzustellenden Inhalt allein angemessen zu sein (82f., Leitsatz § 32). Die Erweiterung der Gotteslehre um die Lehre von Gottes Gnadenwahl muß also selbst theo-logisch begründet werden können.

a) Die in KD II/1 entwickelte Lehre von der Wirklichkeit Gottes beschreibt das Sein Gottes »für sich und als solches« als »der Liebende in der Freiheit« (3; II/1, 288). Die trinitarische Interpretation schon der Wesens- und Attributenlehre entspricht der trinitarischen Begründung des theo-logischen Erkenntnisprozesses überhaupt, in welcher der Zusammenhang von Erkenntnis Gottes und Wirklichkeit Gottes, wie ihn die Stichworte des »Selbstzeugnisses« oder der »Selbstoffenbarung« bezeichnen, zugrunde gelegt ist[5]. Die gleichsam einfache Gotteslehre kann daher ihrer eigenen Begründung folgend sich selbst nicht genügen; ihre traditionellen Inhalte gelten nur einen Teil dessen ab, was in einer Theo-Logie, die das Selbstzeugnis Gottes »wiederholt«, thematisiert werden muß. Unter der Voraussetzung, daß Gott der »ist, der er ist in der Tat seiner Offenbarung« (II/1, 288), wird die Erklärung des »Subjektes« aller theologischen Aussagen als das schlechthin »Alles ... beherrschende und bedingende Subjekt« (5) eine so unabdingbare Aufgabe der Gotteslehre, daß die Lehre von »Gott für sich« ihr gegenüber eine Abstraktion darstellt, die den Begriff Gottes in bloß logischer Exklusivität zum Gegenstand nimmt. Die E. L., in der nun die »Beziehung Gottes nach außen«, zu einem »von ihm selbst verschiedenen Anderen« dargestellt wird, gehört daher in die Gotteslehre selbst (3f.). Auf diese Weise wird jene Beziehung als ein Moment an ihrem Subjekt selbst beschrieben. Denn wenn schon Gottes Fürsichsein ausschließlich als Grund eines bestimmten Verhaltens – allerdings als sich selbst begründender Grund, d. h. als Freiheit – begriffen werden kann, dann ist auch Gottes »tatsächliches«, »bestimmtes Handeln«, das »Werk dieses Subjekts«[6] erst begriffen, wenn erklärt wird, daß »das Verhalten, das Gott dabei einnimmt und durch das sein Werk bestimmt ist, zu ihm selbst gehört, von ihm selbst in keiner Weise zu lösen ist« (5).

b) Die systematische Neuerung, E. L. als Gotteslehre zu entwickeln, soll daher ermöglichen, die traditionelle Verknüpfung der Begriffe »Gott« und »der Andere« selbst theologisch zu formulieren, um Gott als Subjekt seines bezie-

---

5. 1, 36 u. ö. mit Bezug auf II/1, § 25, § 28.
6. 3 f., mit Bezug auf II/1, § 28, § 31.

* Gottes zu seinen Menschen

45

hungsweisen Verhaltens, d. h. das Begründete durch seinen Grund zu beschreiben. Ihr Motiv prägt sich in beiden verknüpften Begriffen aus.

Der andere, definiert durch sein Sein außerhalb des Fürsichseins des schlechthin bedingenden Subjektes, d. h. durch sein Sein als Objekt (55), ist, unbeschadet der näheren Bestimmung, der Mensch (5). Zu ihm tritt Gott in eine Beziehung, weil »er, der doch an sich selber genug hat ... in seiner ganzen göttlichen Herrlichkeit mit einem Anderen zusammen sein« will (8). Diese *Auszeichnung des andern* bliebe freilich, selbst wenn dieser als Gegenstand der Liebe und gnädigen Zuwendung Gottes beschrieben wurde, bloße Behauptung, wenn nicht berücksichtigt würde, daß die darin realisierte Bestimmtheit Gottes ihm als Subjekt eo ipso nicht äußerlich sein kann. Soll also der Begriff des anderen ein theo-logischer Begriff werden, muß Gott selbst und »als solcher« bestimmt beschrieben werden, d. h. als ein solches Subjekt, »das kraft seines innersten Wesens, Wollens und Seins nicht ohne Beziehung ist, sondern in einer bestimmten Beziehung nach außen, zu einem Anderen steht« (4). Die Beziehung Gottes zu seinem andern und ihre Geschichte ist schon ursprünglich eine »Urgeschichte« in Gott selbst (6f.).

Dieselbe Voraussetzung der schlechthin bedingenden Subjektivität Gottes erfordert zugleich, Gottes *Bestimmtheit als Funktion von Freiheit* zu erfassen, denn jede von außen bedingte Bestimmtheit würde das subjektive Sein Gottes verneinen. Die E. L. erklärt die tatsächliche Bestimmtheit Gottes daher als ein Moment seiner freigewollten Selbstbestimmung, als »Urentscheidung« Gottes in sich selber (4f., 82). »Gott wählt sich selbst zugunsten dieses Anderen. Gott gibt sich selbst die Bestimmung, sich nicht genügen zu lassen an sich selbst ...« (9). Eben als Urentscheidung ist die Bestimmtheit Gottes, »nachdem« sie einmal gegeben ist, unwiderruflich und gehört »nun ebenso zu (Gott) wie Alles, was er an und für sich selbst ist« (8).

c) Die dogmatische Absicht der systematischen Neuerung ist demnach, das tatsächliche Verhalten, die Bestimmtheit und die Freiheit Gottes theo-logisch zu verknüpfen. Die Zurückführung des Verhaltens auf das durch sich selbst bestimmte und daher frei bleibende Sein Gottes begründet eben dieses Verhalten aus der *ursprünglichen Kongruenz des Tatsächlichen und des Unbedingten:* »daß Gott tatsächlich nicht anders Gott ist als in einem bestimmten Verhalten« (4f.). Die Beziehung Gottes zu seinem andern ist dadurch schlechthin affirmiert und für diesen eindeutig positiv bestimmt. Die in der göttlichen Wahl *zugunsten eines anderen* geübte Herrschaft kann nur gut sein und Gutes vermitteln; sie ist daher eo ipso Gnade und »unter allen Umständen« die »Summe des Evangeliums« (9,11ff.). Der Zweck der Erwählungslehre ist daher genau gesagt darzustellen, daß die Erwählung »ursprünglich und letztlich ... undialektisch« (12) ist.

Die Erwählungslehre bringt dies auch terminologisch zum Ausdruck und nimmt aus der biblischen und dogmatischen Tradition die Leitbegriffe des *Bundes* – »Gott wählt sich selbst zum Bundesgott« (10) – und der *Gnaden-*

wahl auf. Damit soll die theo-logische Verknüpfung von Bestimmtheit und Freiheit sprachlich fixiert werden: Gottes Selbstbestimmung für einen anderen stellt seine Gnade als nicht bedingte Liebe und so zugleich seine Freiheit, und stellt seine Wahl als Entscheidung zugunsten eines anderen und so zugleich seine Liebe dar (8f.).

2. *Systematische und methodische Bedingungen der Erwählungslehre*

Die theo-logische Fassung der Erwählungslehre stellt ihrer dogmatischen Durch- *gibt es auch* führung bestimmte systematische und methodische Bedingungen. *eine andere Fassung der* a) Die Revision des überlieferten Dogmas erfordert die Verknüpfung dessen, was *Erwählungs-* traditionellerweise als Fürsichsein (essentia absoluta) und Werk Gottes (opera *lehre? welche?* ad extra) unterschieden und getrennt wird. Wenn vom Begriff Gottes als des Subjekts von Handeln ausgegangen bzw. dies als »Verhalten ... in welchem er sich selbst bestimmt« beschrieben werden soll, dann darf kein abstrakter »Inbegriff von Wahlfreiheit« angenommen werden (6f., 26). Er wird vermieden, wenn die Werke Gottes in dem für den anderen bestimmten Sein Gottes als Momente der Selbstbestimmung Gottes dargestellt werden. Daher stellt sich die Erwählungslehre als ein eigenständiges und *besonderes Problem in der Gotteslehre* (5). Die daraus sich ergebende Disposition der überlieferten Loci unterscheidet sich, wie der typisierende Vergleich ergibt (83ff.), nicht nur von der soteriologischen oder ekklesiologischen Behandlung der Prädestinationslehre, sondern auch von ihrer klassischen reformierten Darstellung nach der Gotteslehre und vor der Schöpfungslehre. Hier wurde das Wählen Gottes als »Funktion ... seines allgemeinen Weltverhältnisses« unterstellt, dies generale decretum von Gottes in sich bloß unveränderlichem Sein aber abgetrennt, und das führte zum »Vergessen« Gottes selbst als Subjekt jener Wahl. In Aufnahme einer »glückliche(n) Inkonsequenz« der dogmatischen Tradition bezeichnet Barth die Erwählung, sofern sie die Einheit des in »konkreter Entscheidung« bestimmten lebendigen Wesens Gottes erklärt, als »opus Dei ad extra internum« (26, 85).
Aus der Definition der Gnadenwahl als dem »ewigen Anfang« aller Werke Gottes in der Stiftung des Bundes mit dem Menschen (Leitsätze § 32 und § 33) ergibt sich zweitens die Erweiterung der Gotteslehre um deren Durchführung als der *Lehre von Gottes Gebot.* Denn die »Unbedingtheit des Tuns« Gottes ist, sofern dies überhaupt nach außen sich erstreckt, eo ipso »die Unbedingtheit des bestimmten Anspruchs« an den »Partner seines Bundes« (10). Wenn die KD, die überlieferte Korrelation von Gesetz und Evangelium modifizierend, »das Gesetz als die Gestalt des Evangeliums« versteht und der Ethik seine Erklärung zuweist (§ 36), dann wiederholt dies in praktischer Hinsicht zum einen die theologische Begründung der Beziehung Gottes nach außen: »unbedingte«, »freie Gnade« ist Herrschaft (10f.). Zum andern wird der Vollzug dieser Herrschaft

in der Bindung des Menschen an Gottes Gebot auf Gott selbst zurückgeführt: die Ethik gehört deshalb zur Gotteslehre, »weil der den Menschen für sich in Anspruch nehmende Gott eben damit (!) in ursprünglicher Weise sich selbst für diesen verantwortlich macht« (564). Der wählende Gott wird »notwendig« zum »Richter« des Gewählten, sofern dieser selbst überhaupt existiert und handelt, wird also das Richtmaß seines Seins und Tuns. Das Problem der Legitimität und der Normativität jeder möglichen Praxis ist damit als theo-logisches Problem festgestellt. Die Gnadenwahl Gottes bindet an die Ordnung, die sie offenbart, weil sie sie »schafft« (11, 34).

b) Die Erwählungslehre muß einer *methodischen Anforderung* genügen, die sich die KD von vornherein als »Grundregel« stellt, die aber durch den hier darzustellenden »besonderen Inhalt« materiell ins Recht gesetzt wird: die »Verantwortung vor der in der Heiligen Schrift bezeugten göttlichen Selbstoffenbarung« (VII, 36). Wenn die Erwählungslehre die Selbstbestimmung Gottes zum Thema hat, dann darf sie allerdings nur das Selbstzeugnis, in welchem sie ausschließlich und hinreichend offenbart ist, als solches aufnehmen und wiederholen (1). Die Nötigung, »den exegetischen Hintergrund ... noch sichtbarer« zu machen, ist also die Folge der These, daß es keine Bestimmung Gottes außer seiner Selbstbestimmung gibt. Die systematische Stellung der Erwählungslehre entspricht der Funktion des Begriffs der Gnadenwahl innerhalb des biblischen Zeugnisses (98). Ihre Durchführung besteht daher auf weiten Strecken in Auslegung biblischer Loci und in Darstellung biblischer Gestalten[7].

Dieses Verfahren steht ausdrücklich im Gegensatz zu einer »abstrakten«, »spekulativen« Behandlung, zur »Konstruktion« und zu einem »System«, das das Gleichgewicht und die Symmetrie der Glieder herstellt[8]. Eine solche, d. h. bloß »aufklärende« Darstellung der Erwählung als eines neutralen Sachverhaltes würde die Eindeutigkeit ihres »Ja« verunklären (12f.). Die Eindeutigkeit der Selbstbestimmung Gottes (bzw. negativ: der indifferente Parallelismus zweier »Bedeutungen« oder gar zweier Entscheidungsakte) ist auch der kritische Maßstab für die Darstellung der Erwählungslehre im Medium der dogmatischen Überlieferung[9].

7. Joh 1 (102ff.); Joh 13 (113ff.); Röm 9–11 (222ff.); Lev 14 (393ff.); Kain und Abel 376ff.; Saul und David 404ff.; Der Gottesmann und der Prophet (1 Kön 13) 434ff.; Johannes der Täufer und die Apostel 471ff.; Judas Ischarioth 508ff.

8. Vor allem 4f., 15ff., 144ff., 185ff.

9. Grundsätzlich VII, 37f.; im einzelnen sind insbesondere die Kritik Augustins 15f., Calvins 17f., 71ff., der lutherischen Prädestinationslehre 75ff., der reformierten Version 83ff. und ihres Gegensatzes zwischen Supralapsarismus und Infralapsarismus 136ff. wichtig.

II. Die christologische Begründung und ihre Probleme

Erst im Begriff des Bundes, wie er in der Lehre von Gottes Gnadenwahl und der Lehre von Gottes Gebot erklärt wird, »vollendet sich der Begriff Gottes selbst« (564). Der systematische Aufbau der Erwählungslehre als Theo-Logie ist jedoch dann noch unvollständig, wenn zwar das Sein Gottes für einen andern als Selbstbestimmung Gottes, aber noch nicht das Sein des andern als Objekt des wählenden Subjektes beschrieben ist. Die einfache theo-logische Begründung könnte erneut dem Verdacht schlechter Abstraktion sich aussetzen, obwohl sie die Überwindung der abstrakten Gotteslehre, d. h. die Integration der Beziehung Gottes nach außen in das Sein Gottes selbst zum Ziele hat. Es wäre möglich, die Selbstbestimmung Gottes für einen andern nochmals *a se* zu begreifen und ihr als solche absoluten Charakter zuzuschreiben. Und ähnlich könnte die Reklamation der Schriftautorität sich dem Vorwurf willkürlicher Rezeption der zugegebenermaßen »verhältnismäßig nicht sehr zahlreich(en)« Stellen, die von der Erwählung explizit handeln (161), und ihres unvermittelt biblizistischen Einsatzes ausgesetzt sehen. Die Beseitigung dieser Monenda, positiv also die Erklärung des *Seins des andern* in bezug auf die Selbstbestimmung Gottes ist die Aufgabe der *christologischen* Begründung der Erwählungslehre.

Die Formel, in der die Lösung der Begründungsproblematik zusammengefaßt wird, ist die des *decretum concretum* (108, 137f.). Sie besagt, daß die Entscheidung, in der sich Gott frei aber tatsächlich für einen anderen bestimmt, *Jesus Christus* gilt. »Jesus Christus ist die Entscheidung Gottes für dieses Verhalten (sc. seine Zuwendung zum Menschen). Er ist selber dieses göttliche Verhalten« (6). Die drei wichtigsten Aspekte dieser Konkretisierung sind erstens ihre Totalität: »Jesus Christus ist Gottes Wort ... Beschluß ... Anfang ... Wahl, vor der, ohne die und neben der Gott keine andere getroffen hat« (101); zweitens ihre Bedeutung für Gott selbst: Gott hat »sich für sich selber, d. h. sich für diese seine Bedingtheit, sich für dieses sein Sein ... in Jesus Christus entschieden« (108); drittens ihre Bedeutung für den andern: Jesus Christus ist »Gottes Wahl hinsichtlich dieser (sc. der von Gott verschiedenen) Wirklichkeit ... die Wahl des Bundes Gottes mit dem Menschen« (109). Der die These begründende Gedanke ist dabei der, daß die genannten Aspekte in einem bestimmten Subjekt *zusammen* gegeben sind; also die Behauptung, daß der Satz »die göttliche Prädestination ist die Erwählung Jesu Christi« sowohl bedeutet: »Jesus Christus ist der erwählende Gott«, als auch: »Jesus Christus ist der erwählte Mensch« (110).

Diese christologische Begründung der Erwählungslehre rechtfertigt nicht nur die Erweiterung des Begriffes von Gott für sich, sondern stellt zugleich die christologische Fassung der Theo-Logie überhaupt dar, weil deren Subjekt schlechterdings und allein in Jesus Christus gegeben ist (2f.). Dieser Anspruch müßte hinsichtlich der geäußerten Bedenken, d. h. hinsichtlich seiner methodischen und inhaltlichen Ausprägung bewahrheitet werden können.

1. Die Erwählungslehre als Schriftauslegung

a) Die Notwendigkeit der Erwählungslehre steht für die KD dann fest, wenn die Frage nach ihrer Herkunft damit positiv beantwortet wird, daß sie als *Schriftauslegung* auftreten kann (25, 55ff.). Das Recht dieses Anspruchs entscheidet sich »beim Lesen der Bibel selbst und als solchem« (160), nämlich daran, daß die Bibel überhaupt sowohl Gott als auch den Menschen nicht allgemein, sondern im Bericht des *Besonderen* zum Inhalt hat. Gott erscheint dort allerdings als ein »souveränes Ich«, dies aber nicht in »abstrakter Absolutheit« und »nackter Souveränität«, sondern als Subjekt menschlich-geschichtlicher Ereignisse (52, 56). Dieser biblischen Darstellung der ewigen Selbstbestimmung Gottes in ihrer besonderen zeitlichen Realisierung entspricht es genau, daß auch der Mensch weder in seinem abstrakten Inbegriff, noch auch einfach als Gattung oder als Individuum zum Thema wird (58ff.). Der Erkenntnisgrund dafür, der, sofern sich diese Erkenntnis der Selbstoffenbarung Gottes verdankt, zugleich ihr Realgrund ist, wird durch den »Namen Jesus Christus« bezeichnet (56f., 98). In ihm treffen die Aussagen der Schrift über Gott und den Menschen zusammen, in ihm sind also der erwählende Gott und der erwählte Mensch eines (63).
Von dem Verdacht willkürlicher Spekulation befreit sich die Erwählungslehre also durch die methodisch konsequente Besonderung der möglichen Allgemeinheit ihrer Begriffe auf ein historisches, »faktisches Ereignis« (62). So verfahrend wird sie nicht als ein balanciertes System »abstrakter Voraussetzungen« und »abstrakter Konsequenzen« aufgebaut, sondern hat im göttlichen Werk in der Zeit und hier in einer *Geschichte* ihren Entdeckungszusammenhang: »Wer und was Jesus Christus ist, das kann eben nur erzählt, nicht aber in einem System angeschaut und beschrieben werden« (206). Die Methode der Erwählungslehre steht aber auf der Voraussetzung, daß das faktische Ereignis Jesu Christi »im Zentrum der göttlichen Selbstoffenbarung« steht bzw. die »Mitte« des göttlichen Werkes in der Zeit ausmacht (63, 162), so daß es als Basis aller Momente des biblischen Zeugnisses deren Zusammenhang konstituiert und damit die göttliche Selbstoffenbarung als Ganzes »enträtselt« (13, 97f., 157ff.). Nur unter der erkenntnistheoretischen Annahme, daß »der ewige Wille Gottes die Erwählung Jesu Christi (ist)«, gilt die begründende Funktion des Besonderen für das Allgemeine, materiell also die Erklärung der Theologie aus der Christologie, wie die Erwählungslehre sie darstellt (6, 54ff.; 161f.).
Diese Auffassung des Verhältnisses zwischen Christologie und Erwählungslehre folgt also der *hermeneutischen Entscheidung*, daß allein die »Stimme Jesu Christi« diejenige sei, durch die Gott selbst über sich selbst unterrichtet (2f.; 165ff.), und zwar in der Totalität seiner Werke, so daß das faktische Ereignis der Wahl Jesu Christi Gott so erkennen läßt, daß es ihm gegenüber »keine tiefere Tiefe des Wesens und Wirkens Gottes« gibt (57; 163). Als Kanon der Exegese nötigt diese Entscheidung, sich an keiner Stelle »von der Erkenntnis Christi ... abdrän-

gen zu lassen«, d. h. alle Erwählungs- (und Verwerfungs-)Topoi, die als solche, auch als Grundbegriffe genommen, keineswegs zur Christologie führen, aus dem »Wort Gottes«, nämlich christologisch auszulegen (14 f., 161; 162ff.).

b) Die *Feststellung des Erkenntnisgrundes der Erwählungslehre in ihrem christologischen Realgrund* (98) verändert die Bedingungen ihrer dogmatischen Entwicklung in zwei Punkten wesentlich.

(1) Die im Kontext der Erwählungslehre arbeitende Theologie ist *ihres Gegenstandes vollständig vergewissert,* denn dieser wird von ihrem Subjekt selbst hervorgebracht. Das unbedingte Subjekt, das sich zum Subjekt der Erwählung selbst bestimmt, hat die Bestimmtheit dieser Erwählung als ein Moment seiner Unbedingtheit in sich selbst aufgenommen. Die unendliche Relativierung des Gegenstandes der Theologie durch die »höhere Wirklichkeit« ihres Subjektes kommt damit in einem klaren Begriff, in der bestimmten Unbedingtheit und unbedingten Bestimmtheit des Subjektes der Erwählung Jesu Christi zum Stillstand. Das »tief unchristlich(e) ... Mysterienspiel vom unbekannten Gott und vom unbekannten Menschen« (159) ist beendet. Die an seine Stelle tretende Durchsichtigkeit, für welche die Lichtmetaphorik (12ff., 169, 184ff.) nicht zufällig sich anbietet, realisiert die Selbstauflösung des Prädestinationsdogmas. In ihm war die Gott und den Menschen bestimmende Wahl Gottes einem höheren Prinzip ihrer selbst, nämlich der unbestimmten, theologisch unbegreifbaren Absolutheit Gottes untergeordnet, so daß ihre eigentlich »evangelische« Absicht, sofern sie die Bestimmtheit des Subjektes und des Objektes der Erwählung relativ zu einer unbestimmbaren Subjektivität unterstellte, nur deren religiöse Form, den unendlichen Zweifel, hervorbringen konnte. Die christologisch begründete Erwählungslehre grenzt dagegen die Bedingung auch der »subjektive(n) Selbstbestimmung« Gottes, die Freiheit Gottes zu dieser Bestimmtheit aus dem theologischen Gegenstand aus – sie bleibt ein »Geheimnis« (20ff., 31ff.) –, vermag dies Geheimnis aber in seinem »bestimmten Charakter« darzustellen (107, 159), so daß sie ihre Funktion, »unter allen Umständen« ihres Gegenstandes zu vergewissern, erfüllt.

(2) Die Feststellung des christologischen Erkenntnisgrundes der Erwählungslehre durch die Auslegung der Bibel ist nur im *kritischen und konstruktiven Umgang mit dem überlieferten Stoff* möglich. Die Absicht, das Selbstzeugnis Gottes zu wiederholen, läßt sich nicht in einer quantitativen Zusammenstellung der biblischen Inhalte und noch nicht einmal in der Rezeption des systematischen Kontextes der Erwählungslehre innerhalb der Bibel selbst (89f.) verwirklichen, sondern erst in der ausnahmslosen Anwendung der hermeneutischen Entscheidung über das »Ganze« auf das einzelne als dessen »notwendiger Hintergrund«. Die Versicherung, daß dieses Verfahren die Alternative zur Konstruktion sei (160f., 165), kann sich nur darauf beziehen, daß es ein anderes, nämlich vom Subjekt des »Wortes Gottes« verschiedenes Subjekt der Konstruktion ausschließt. Desgleichen kann die Polemik gegen die Erwählungslehre als System nur den Aus-

schluß eines zweiten konstitutiven Faktors, also das System als Synthese meinen. In der Tat, gerade die christologische Begründung der Erwählungslehre erfordert ihre Entwicklung nach dem dort gegebenen »Urbild, Modell oder System«, in dem die unter allen Umständen positive Bestimmtheit des Verhaltens Gottes aufgrund der Einheitlichkeit seiner Selbstbestimmung in Jesus Christus den »Generalnenner« darstellt[10]. Ebenso ist die christologisch begründete Disproportion zwischen Erwählung und Verwerfung, zwischen dem Ja Gottes und dem nur dadurch gegebenen, darin also sofort überwundenen Nein (187) allerdings kein System symmetrischer Momente, um so mehr aber, wie der den Systembegriff ersetzende Terminus lautet, eine *Ordnung*, deren Aufbau in jedem Stadium *durch ein einziges Moment*, nämlich durch die Selbstbestimmung Gottes bestimmt ist. »Nur in dieser seiner Selbstbestimmung, nur in der damit gegebenen, nicht umzukehrenden Ordnung wird Gott in der Bibel als Gott bezeugt und kann er nach der Bibel als Gott erkannt werden.«[11]

Die Erwählungslehre, die ihre fundamentale Bedeutung als Theo-Logie dadurch gewinnt, daß sie das biblische Selbstzeugnis Gottes als christologische Begründung ihrer selbst wiederholt, verschafft also eben damit ihrem spezifischen Inhalt seinen Ausdruck. Konsequenterweise führt die Entwicklung ihrer Ordnung nicht bloß zur Kritik gewisser Inhalte der dogmatischen Überlieferung und ihrer hermeneutischen Implikate, sondern ist selbst die Kritik von allem, was nicht als ein Element der zu schaffenden Ordnung durch deren Subjekt bestimmt ist. Wenn aus der Begründung der Erwählungslehre alle pragmatischen und praktischen Notwendigkeiten, ja jegliches Datum der Erfahrung, selbst in Gestalt der Frage an die Bibel entfernt werden, so ist mit der bloßen Bestätigung von »Prämissen« (38ff.) die gegebene Wirklichkeit überhaupt methodisch ausgeschlossen.

c) Das Ergebnis der allerdings vorläufigen Prüfung der Methode, durch welche die Erwählungslehre christologisch begründet werden soll, erlaubt zwei Vermutungen.

Erstens, die erkenntnistheoretischen und die inhaltlichen Ziele der Argumentation scheinen völlig ineinanderzulaufen. Gewiß wurde dies in der theologischen Erkenntnislehre KD I extrapoliert dargestellt, aber erst die Erwählungslehre entwickelt die Koinzidenz der Voraussetzung der theologischen Erkenntnis mit ihrem Inhalt im Begriff der Selbstbestimmung Gottes für ein anderes im genauen Sinne theologisch. In ihrer Reduktion des Erkenntnisgrundes auf den Realgrund wird die völlige Abhängigkeit des »Noetischen« vom »Ontischen« fixiert[12].

10. 7, 100, 12f., 98 ff.; die »Einheitlichkeit des in Jesus Christus wirklichen und offenbarten Willens Gottes«, 467.
11. 98; 34f., 190f. »... ist die Offenbarung der Sinnhaftigkeit seines Tuns« 35. – Die These von Barths »nachkritischer Schriftauslegung« findet sich hier bestätigt, siehe R. Smend: Nachkritische Schriftauslegung, Parrhesia (Festschrift K. Barth), Zürich 1966, 25ff. und T. Rendtorff, a. a. O. 180.
12. 4f., 68f., 98. »Wir haben den Begriff des ewigen göttlichen Dekretes – nach der Regel,

Zweitens, das geäußerte Bedenken hinsichtlich der Realität der Selbstbestim- 2)
mung Gottes erscheint durch die methodische Ausprägung ihrer christologischen
Begründung eher bestärkt als entkräftet. Der vollständige Ausschluß aller nicht
durch die Selbstbestimmung ihres Subjektes bestimmten Momente führt zum
einfachen Gegensatz der biblischen bzw. christologischen Begründung gegen das
aus der Erfahrung der gegebenen Wirklichkeit mitgebrachte, angeblich axioma-
tische »Denkschema« (1, 160 u. ö.).
Beide Vermutungen veranlassen erneut die Frage danach, wie das Sein des *wer ist das?*
andern Gottes in bezug auf die Selbstbestimmung Gottes zu begreifen ist. Bevor
diese Frage beantwortet werden kann, muß ihr Problemzusammenhang über
dessen methodische Ausprägung hinaus in seiner Gestalt als dogmatischer Inhalt
aufgesucht werden.

2. Die Erwählung als decretum concretum

Wie modifiziert also die christologische Begründung der Erwählungslehre als
Theo-Logie die Bedingungen der inhaltlichen Entwicklung des darin begriffenen
»Ontischen«? Dem methodischen Versuch, spekulative Konstruktion zu vermeiden, entspricht die inhaltliche Absicht der Erwählungslehre, die scheinbare Verknüpfung der bloß abstrakten Begriffe Gottes und des Menschen zu überwinden,
die die überlieferte Prädestinationslehre charakterisiert.

a) Was bedeutet die christologische Revision des Dogmas für den Begriff des
Subjektes der Erwählung? Die Korrektur der traditionellen Formel des decretum
absolutum durch die des decretum concretum (107f., 111ff., 172ff.) kritisiert
den dort unterstellten metaphysischen Gottesbegriff radikal. Die Vorstellung
der Absolutheit Gottes wird nicht nur in der Form eines abstrakten Seins a se,
sondern auch in der Wendung ausgeschlossen, daß keine Bestimmtheit Gottes außer seiner Selbstbestimmung möglich sei (4). Die Hypothesen des summum ens
und des summus imperator, dessen Grundakt als die formale Eigentümlichkeit seines absolut freien Wählens, seiner in abstracto unwiderstehlich wirksamen Allmacht beschrieben werden müßte, verwenden gegen ihre Absicht
einen unchristlichen Gottesbegriff (24f., 46ff.) – wenn die christologische Begründung der Erwählungslehre als Anfang des Verhaltens Gottes zutrifft. Für
sie ist Gott »gerade als der Erwählende der allmächtige Gott und nicht umgekehrt!« (47). Wenn es keinen vom Willen Jesu Christi verschiedenen Willen
Gottes, also »keine Gottheit an sich« gibt, dann ist diese Gottheit nicht unendliche Macht in einem unendlichen Bereich, sondern »endliche«, d. h. bestimmte
Macht. In der Erwählung Jesu Christi ist die sich selbst bindende »und damit die

daß Gott der und kein Anderer *ist* als der, der sich *offenbart* – interpretiert durch die
Hauptsätze der Christologie ...«, 357.

53

wirkliche Gottheit Gottes ... zu begreifen« (55f.; 107f.). Wenn daher Gott »nach christlicher Erkenntnis« ohne Jesus Christus gar nicht Gott wäre (6, 82f.), so ist dieses sein Sein selber Gegenstand seiner Wahl: »... kraft jener ... Selbstbestimmung (steht Gott) als das ... Subjekt, als *Deus ipse* am Anfang seiner Wege und Werke«[13].

In ihrem eigenen Zusammenhang genommen, stellt die christologisch begründete Erwählungslehre den Abbruch der das griechische und christliche Denken kennzeichnenden Verknüpfung »Gottes« und des »Allgemeinen« dar, also den Ausschluß jeglicher Apriorität außer der subjektiven Selbstbestimmung. Die Überwindung des früher unvermeidlichen Dilemmas zwischen Determinismus und Indeterminismus ist denn auch ihr eigener Anspruch (47). Allerdings kann die Kritik des apriorisch Allgemeinen nicht einfach dessen Reduktion auf einzeln Konkretes bezwecken. Denn es ist ja das ausdrückliche Ziel der christologischen Begründung der Erwählungslehre, die »unter allen Umständen Evangelium« sein will, die Selbstbestimmung Gottes zugunsten eines anderen als nicht zufällig, nicht widerrufbar, als unveränderlich und unüberbietbar zu erklären[14]. Wenn sie deshalb die Beziehung Gottes zu jenem anderen als einen »in sich freilich sehr differenzierten und bewegten«, aber »einen einzigen ... durchaus nicht gestörten ... Regierungsakt« beschreibt (97), so unterstellt sie ihren Gegenstand als den einzigen, alle möglichen Besonderungen in sich aufnehmenden und daher *selber allgemeinen Gegenstand.*

Daß die christologisch begründete Allgemeinheit des Gegenstandes der Erwählungslehre für deren Funktion als Theo-Logie jedoch problematisch ist, zeigt eben die theo-logische Form dieser Allgemeinheit. Die Bestimmtheit des Subjektes der Erwählung durch das faktische Ereignis Jesus Christus stellt die ewige, ursprüngliche und unveränderliche Selbstbestimmung jenes Subjektes nur dann dar, wenn *der (bestimmende) Wille Gottes im (bestimmten) Sein Gottes auf Dauer gestellt* wird. Die Erwählungslehre muß erklären, was Gott kraft seiner Urentscheidung »will und also auch ist« (5, 82f. u. ö.). Das bedeutet nicht etwa die ontologische Indifferenz zwischen Essenz und Existenz, die im Begriff Gottes als actus purus läge, sondern klar die These, daß Bestimmtheit des Willens eo ipso die des Wesens sei. In der Tat wird die Erwählung beschrieben als »interna actio des Wesens Gottes«, vollzogen »kraft seines innersten Wesens, Wollens und Seins« (4, 85). Da die Erwählung ja vor allem Entscheidung und Bestimmung Gottes über sich selbst ist, der Wille Gottes seine Konkretion somit in Gott selbst erfährt, muß sie als »Beschluß seines ganzen Wesens« verstanden werden, so daß folgt: »Gottes ganze Freiheit und ganze Liebe wurden identisch mit diesem Dekret« (176). Eine Quantition des Wesens Gottes selbstverständlich aus-

13. 99. Damit wird ausdrücklich die supralapsarische Tradition aufgenommen, a. a. O. 145.

14. 5, 99, 169 u. ö. wiederum in supralapsarischer Überlieferung.

geschlossen, stellt sich allerdings die Frage, welche Bedeutung die aus KD II/1 festgehaltene Voraussetzung der Selbstgenügsamkeit und Unbedürftigkeit Gottes in seinem Fürsichsein, also der auch der Prädestination vorangehende Akt seiner ewigen Selbstbejahung[15] für die nachfolgende Selbstbestimmung Gottes haben soll. Denn angesichts des »tatsächlich«, das ja nicht im Verlust, sondern in der Betätigung seiner Freiheit Gott an die Welt bindet (169), kann die Freiheit seiner Liebe von seiner Beziehung zu einem anderen nur in einer Hypothese formuliert werden (4), die schlechterdings abstrakt bleiben muß.

Daß es zu diesem Defizit kommen kann, hat unbeschadet einer möglichen Lösung der darin erscheinenden Problematik seine eigene Rationalität. Wenn nämlich die Selbstbestimmung Gottes in Jesus Christus eine solche »Bestimmtheit und Bindung« vollzieht, die »seinem eigenen Wesen eigentümlich« ist (53), dann ist ihre Beständigkeit auch hinsichtlich ihres »positiven«, »evangelischen« Charakters« ein Moment des unveränderlichen Wesens Gottes. Als Subjekt »der ewigen Wahl seiner Gnade« ist Gott »von Haus aus der gnädige Gott«, und als Werke des Deus ipse sind alle Werke »von diesem ihrem Anfang und Subjekt her *per se*, unter allen Umständen und in allen ihren Gestalten und Stadien ... Gnadenwerke« (13, 98f.; 108). Freilich, die im Gottesbegriff erscheinende Problematik setzt sich hier fort. Die per-se-Qualifikation nötigt zur Subsumtion alles konkret Differenten unter den Begriff der Gnade, der dann auch sein Gegenteil in sich fassen muß: »gnädig ist und bleibt Gott auch in seiner Ungnade« (99f.). Das durch seine christologische Begründung als besonderes charakterisierte Verhalten Gottes gewinnt somit seinerseits eine Allgemeinheit, die weder durch einen Kontingenzvorbehalt relativiert ist noch auch, da die Bestimmtheit von allem in seiner theo-logischen Fassung universal ist, einen ihr objektiven Gegensatz zuläßt. Besonderung kann überhaupt nur innerhalb des durch die Erwählung gesetzten Allgemeinen auftreten.

b) Differenz impliziert die Erwählung, insofern sie ein vom Subjekt der Wahl verschiedenes anderes zum Objekt hat. Die hinsichtlich des ersteren gestellte Frage muß zunächst auch für letzteres beantwortet werden: was bedeutet die christologische Revision des Dogmas für den Begriff des *Objektes der Erwählung*?

Daß der Mensch Jesus das Objekt des göttlichen decretum concretum ist, bedeutet einerseits, daß alle anderen Menschen und die Welt im ganzen, also die von Jesus Christus verschiedene Wirklichkeit das andere der Wahl Gottes nur in einem abstrakten Sinne sein können (5ff., 43ff., 58ff.). Andererseits stellen ja sowohl der biblische Entdeckungszusammenhang als auch die Praxis der kirchlichen Verkündigung, deren schriftgemäße Kritik die Aufgabe der Dogmatik ist, ihrer Erwählungslehre die conditio sine qua non, *das andere jenes »weiteren Be-*

---

15. 8, 168f. Vgl. II/1, 288: Gott ist, was er ist (sc. »der Liebende in der Freiheit«), »auch ohne uns«.

reich(es)« in ihr Thema aufzunehmen. Sie muß konzedieren, daß es außer der »Urgeschichte« auch eine »Geschichte zwischen Gott und dieser Welt« und »Privatverhältnisse« zwischen ihm und den menschlichen Individuen gibt, wenn anders Gottes Erwählung tatsächlich alle Menschen angeht (6f., 44f.; § 35). Trotzdem darf die Erwählungslehre das im strikten Sinne andere und das im weiteren Sinne andere nicht ineins setzen. Denn ihre Notwendigkeit für die Verkündigung resultiert ja aus einer (noch) bestehenden Differenz zwischen ihrem eigenen Gegenstand und den anderen des weiteren Bereiches – eine Differenz, die in bezug auf die Erwählung als Selbstbestimmung Gottes nicht unmittelbar Gegenstand sein, sondern nur als *Negation* desselben gegeben sein kann. Wenn aber das andere des weiteren Bereichs überhaupt zum Inhalt der Erwählungslehre gehört, so muß sie auch, gewiß in problematischer Funktion, den »Widerstand« dieses anderen gegen seine Bestimmtheit durch die Selbstbestimmung Gottes, dogmatisch gesprochen: die Sünde, in ihren Gegenstand aufnehmen (28f., 96f., 137ff.). Als Objekt der Erwählung muß auch die »Welt des Bösen« und jener Mensch angenommen werden, »in welchem das Unmögliche möglich, das Unwirkliche wirklich, das Vollbringen des Bösen Ereignis geworden ist« (178f.). Aufgrund dieser (eigentümlich spät eingeführten) Modifikation übernimmt die Erwählungslehre die Bedeutung (wie wiederum merkwürdig spät gesagt) der *Versöhnungslehre* und wird damit zum Zentrum des christlichen Dogmas (95ff.; 178ff.).

Als Versöhnungslehre steht die Erwählungslehre somit vor dem Dilemma, die Position und die Negation ihres Gegenstandes in Zusammenhang bringen zu müssen und dennoch nicht verknüpfen zu dürfen. Denn würde das negativ qualifizierte andere des weiteren Bereiches als adäquates Objekt der Wahl Gottes angenommen, so müßte sein faktischer Widerspruch unvermeidlicherweise, als das andere der unbedingten Selbstbestimmung Gottes, theo-logisch fixiert werden. Und wenn der göttlichen Bestimmung eine möglicherweise besondere, unterschiedliche Bestimmtheit der verschiedenen Individuen unmittelbar entspräche, so käme es zur Aufteilung der Objekte der Erwählung in bejahte und verneinte durch ebendiese Erwählung; der empirische Widerspruch zwischen Glaube und Unglaube hätte seinen Grund im »systematischen« Parallelismus zweier göttlicher Urteile (43f., 151). Der Bedingung, die Erwählung undialektisch zu begreifen, kann also nur entsprochen werden, wenn in extremer Besonderung und damit unter *Ausschluß aller Erfahrung* (51) nur derjenige Mensch als ihr adäquates Objekt angenommen wird, in dem der göttlichen Bestimmung eine menschliche Bestimmtheit vollständig und nicht mehr differenzierbar entspricht, also *Jesus Christus*, insofern er der erwählende Gott und der erwählte Mensch »in Person« ist. Deshalb (!) kann »im strengen Sinne nur er als ›erwählt‹ (*und* ›verworfen‹) verstanden und bezeichnet werden (46). Wegen des undialektischen Charakters der Erwählung ist ihr adäquates andere mit dem anderen des weiteren Bereichs also gerade nicht verbunden. Der conditio sine qua non der Erwähnungslehre, beide in Zusammenhang zu begreifen, kann dann nur noch dadurch entsprochen werden, daß ihre christologische Begründung selber diesen Zusammenhang vermittelt. Die Erwählungslehre unterstellt deshalb den *komprehensiven Sinn der Erwählung Jesu Christi* (125): Jesus Christus »repräsentiert«, »vertritt« das »Volk der Menschen« (5f., 25, 182 u. ö.). Die angesichts dieser Metaphorik mögliche Legitimationsfrage wird in Aufnahme des Locus classicus Eph 1,4f. (64) quasi ontologisch beantwortet: Existenz und Geschichte jenes Volkes sind in Jesus Christus identifiziert und »verwirklicht« (45, 57, 62f.). Dies wiederum ist theo-logisch begründet: Jesus Christus ist »als erwählter Mensch der in seiner eigenen Menschheit sie Alle erwählende Gott« (125).

Die christologische Begründung der Erwählungslehre produziert hinsichtlich des Objektes der Erwählung das gleiche Problem wie hinsichtlich ihres Subjektes. Die Besonderheit Jesu von Nazareth als des erwählten Menschen, die gerade den Unterschied der allgemeinen Anthropologie gegenüber der Christologie begründet (46), muß ihrerseits als schlechthinige *Allgemeinheit* aufgefaßt werden, die den Übergang von der Christologie zur allgemeinen Anthropologie innerhalb der Theologie überhaupt erst ermöglicht[16]. Denn daß Jesus Christus der »ursprünglich und eigentlich Erwählte« ist, besagt kraft der Einheit von Gott und Mensch in seiner Person, daß die ewige göttliche Wahl schon »vor aller Weltwirklichkeit ... die Existenz dieses einen Geschöpfes« zum Inhalt hat (125). Die Präexistenz des besonderen Geschöpfes in Jesus Christus vor der Schöpfung im allgemeinen[17] ist aber deren allgemeinere Bedingung: sein Erwähltsein ist in seiner Besonderheit das »universal bedeutsame und wirksame Erwähltsein dessen, der selbst der Erwählende ist« (125). Unter der Bedingung der Freiheit der Gnade (126) kann die Wahl aller Menschen nur die in innerhalb der Person Jesu Christi sich vollziehende Selbstwahl Gottes sein. »Indem er (als Gott) sich selber (als Mensch) will, will er auch sie« (125).

Dieses christologische Argument scheint jedoch das andere des weiteren Bereiches, jedenfalls soweit es bezüglich der Selbstbestimmung Gottes de facto negativ ist, nicht erreichen zu können. Denn die Besonderung des Objektes der Erwählung in Jesus Christus hatte ja den Zweck, dessen vollständige Entsprechung zu ihrem Subjekt darzustellen und in ihr die Einheitlichkeit der Bestimmung Gottes zu begründen. Hinsichtlich der Erwählungslehre könnte die Christologie geradezu als der Ersatz der allgemeinen Anthropologie erscheinen, so daß das andere des weiteren Bereiches nur noch dadurch definiert wäre, was die christologische Begründung der Selbstbestimmung Gottes für ein anderes ausschließt. Die Problematik dieser Begründung im Hinblick nicht nur auf das Subjekt, son-

---

16. Diese These läßt sich auch auf dem Gebiet der Anthropologie selbst verifizieren, vgl. den Beitrag von F.-W. Graf, S. 79ff.

17. 118, in Auslegung von Joh 1, 17f.

dern ebenso auf das Objekt der Erwählung erlaubt und erfordert die Frage nach dem Status des anderen im weiteren, problematischen Sinne.

III. Der theologische Status des von Gott »verschiedenen Anderen«

Die Frage, welche Besonderungen die christologisch als Theologie begründete Erwählungslehre im Objekt der Erwählung zuläßt, muß wiederum nach beiden Seiten, für dessen Bestimmung durch die Selbstbestimmung des Subjekts und für seine Bestimmtheit als anderes des Subjekts der Erwählung, gestellt werden.

1. Die Konstitution des anderen

a) Die Ordnung, die durch die unbedingte Selbstbestimmung Gottes zu einem von ihm verschiedenen anderen gesetzt ist, muß eo ipso ein einheitlich verfaßtes »Grundgesetz« (55) der Wirklichkeit sein. Dies zu begründen, ist die Aufgabe der christologischen Fassung der Erwählungslehre. Sie tut dies, indem sie die Einheit des Subjektes und des Objektes der Erwählung in Jesus Christus so darstellt, daß die Wahl Jesu Christi als der »nach Subjekt und Objekt vollständige Beschluß« Gottes erklärt wird (171). Die Vollständigkeit der Erwählung Jesu Christi hat zur Folge, daß ihre Ordnung die einzige überhaupt ist. »Alles, was von Gott her geschieht«, geschieht in dieser Ordnung (7, 171), so daß die Herrschaft des Legislators in Jesus Christus total ist (9). In ihrer Totalität ist die Erwählung Jesu Christi nicht nur die »Quelle aller Ordnung« zwischen Gott und der anderen Wirklichkeit, sondern zugleich »deren vorausbestimmte und so oder so unweigerlich gültige und unfehlbare Zielsetzung« (171). Gott kann ihr »rücksichtslos« Geltung verschaffen, denn derart vorherbestimmt »ist (sie) in sich selbst, und sie *wirkt durch sich selbst notwendig*« (19, Hervorhebung vom Verf.).

Diese Totalität der Erwählung des anderen schließt jedoch die Konstitution des erwählten anderen als anderen in sich ein. Ihre christologische Begründung erfordert, das durch seine Verschiedenheit vom adäquaten Objekt der Erwählung definierte andere als *durch diese Wahl auch gesetzt* zu unterstellen. Denn als Anfang und Totalität des Verhaltens Gottes ist die Erwählung Jesu Christi nicht pars providentiae generalis, sondern selber die übergeordnete Wirklichkeit, als deren Funktion das gesamte Weltverhältnis Gottes sich realisiert, so daß *das Allgemeine um dieses Besonderen willen überhaupt existiert* (6, 56). Im Gegensatz zur überlieferten Prädestinationslehre ist also »das göttliche constituere der servatio per Christum nicht vor- und übergeordnet, sondern gleichgesetzt« (357); die christologische Kritik der Überlieferung isoliert als »Nerv« aller ernsthaften Auffassungen, daß die Wahl Gottes »aller geschöpflichen Selbstbestimmung gegenüber Vorher-Bestimmung«, ein »Geheimnis« und eine jede Warum-Frage aufhebende Gerechtigkeit darstelle (18ff., 28ff.). Das »Darum alles Darums« (20) kann die Erwählung nur als decretum concretum sein, das in der Wahl Gottes für sein Sein in Jesus Christus die Wahl des Seins und Soseins der Kreatur einschließt (107f.). Daß die Erwählung Jesu Christi nicht nur der Existenz, sondern auch der Möglichkeit und Wirklichkeit alles anderen vorangeht, daß es somit »kein ›außen‹ (gibt), das nicht zuerst, in der Voraussetzung ... (der Wahl Jesu Christi) als solches gewollt und gesetzt wäre«, ist die *Bedingung für die Koinzidenz von Gnade und Freiheit*, die in der Erwäh- lungslehre als Formulierung der Summe des Evangeliums dargestellt wird[18].

Wenn aber die Schöpfung des von Gott verschiedenen anderen als Funktion der Gnadenwahl Jesu Christi und diese als Gottes »Anfang in ... schlechthin Alle und Alles umfassende(r) ... Weise« (102) verstanden wird, dann erscheint es un- vermeidlich, für den anderen als solchen nochmals *Gott selbst als Subjekt* zu sub- stituieren. Denn der »Übergang« von Gottes Fürsichsein in sich selber zu seinem Sein und Handeln nach außen kann, wenn die Schöpfungs- und die Erwählungs- lehre christologisch zurückbezogen wird, »nur das *Überströmen* seines inneren Seins und Handelns, seiner eigenen inneren Lebendigkeit« sein, als dessen äuße- rer Anlaß und Gegenstand der Mensch fungiert[19]. Die im Blick auf die Unbe- fragbarkeit der Selbstbestimmung Gottes zunächst überschüssig erscheinende Voraussetzung einer ihr vorausliegenden Selbstgenügsamkeit Gottes in sich be- kommt den hier unverzichtbaren Sinn, das in Jesus Christus sich nur offenba- rende Handeln Gottes als ein Gott selbst eigenes Handeln, als Ereignis im Schoß Gottes (197) zu beschreiben. Die äußere Aktualität der Erwählung Jesu Christi wird unter dieser Voraussetzung, daß schon *Gottes Sein Entscheidung* sei, mit anderen Worten unter der Voraussetzung der Trinitätslehre (192), als »Akt gött- lichen Geisteslebens« theo-logisch begründet (202). Mit der Voraussetzung, daß Gott schon in seiner inneren Lebendigkeit und wesentlichen Selbstbestimmung als Vater, Sohn und Geist das Subjekt seiner Gnade ist[20], wird ohne Zweifel die überlieferte, abstrakte Ursprungsthese und ihr Dilemma von Sein und Be- wegung eliminiert. Die Überführung des theo-logischen Substanzbegriffes in den Subjektbegriff erfordert aber zugleich die Exklusivität des Subjektes – dessen

---

18. 171, 102; »... das (sc. die christologische Definition der Werke als Gnadenwerke per se) gilt von allen Wegen und Werken Gottes ohne Ausnahme: Es gibt keine geschaffene Natur, die nicht aus der Gnade ihr Dasein, ihr Wesen und ihren Bestand hätte und die in ihrem Dasein, Wesen und Bestand anders als wieder durch Gnade erkannt wer- den könnte« 99; vgl. auch 18f., 35, 126.

19. 192 (Sperrung orig.); 184ff. Der Terminus kommt häufig vor, 9, 135, 184f., 189 u. ö.

20. 26; 107ff., 112ff. Dies nimmt die Zurückführung der Bestimmtheit des Willens Gottes auf die seines Wesens in seiner konkreten Lebendigkeit«, wie die als Theo-Logie ver- standene Erwählungslehre fordert, zu ihrer Voraussetzung, 85.

in der Entscheidung über sich selbst lebendiges Sein nämlich wiederum ein Moment seiner »Ruhe«[21] darstellt.

b) Der Annahme, daß das andere des weiteren Bereiches durch die Wahl eines besonderen Geschöpfes vor der Schöpfung als ein Moment der unbedingt freien Selbstbestimmung Gottes selber gesetzt werde, genügt die Erwählungslehre noch nicht in dem Punkt, daß dieses andere im problematischen Sinne zu ihrem Gegenstand gehört, daß sie also die Versöhnungslehre in nuce ist. Die hierbei unterstellte Negation wird nun mit zwei Argumenten theo-logisch aufgehoben.

Das eine Argument nennt die *vorwegnehmende Funktionalisierung jeder möglichen Negation* von Bestimmtheit durch Gottes Selbstbestimmung in dieser selbst. Wenn die Erwählung undialektisch und universal ist, dann kann eine wie immer gegebene Negation ihr gegenüber nicht objektiv, d. h. selbst als Position auftreten, sondern nur als Funktion der Erwählung, sofern diese eine Position darstellt: das »Böse« existiert allein kraft derjenigen Negation, die durch die Position als solche gegeben ist (131). Es kann also nur im »Bereich des äußeren Überströmens seiner (sc. Gottes) Herrlichkeit« auftreten, wo es als »weichender Schatten ... ›zugelassen‹ und insofern mitgewollt« ist, und es hat deshalb »keinen selbständigen Grund in Gott«[22]. Existiert das Böse aber nur kraft der Verneinung, die das Ja Gottes im endlichen Bereich der Schöpfung notwendigerweise in sich schließt, so existiert es kraft des »durch dieses Ja bedingte(n), aber auch zum vornherein ungültig gemachte(n) Nein« (188). Die wie immer gegebene Negation der Erwählung ist als solche daher nichts in bezug auf das Subjekt der Position. Allerdings steht sie hierzu im Gegensatz, aber nur so, daß sie *eines begründenden Subjektes völlig entbehrt.* Das Böse kann sich nicht selbst Gott entgegensetzen, sondern hat nur die Selbständigkeit des ausgeschlossenen »Nicht-Seins«, also »nur die Existenzmöglichkeit des *Unmöglichen,* nur die Existenzwirklichkeit des *Unwirklichen* ...« (185). In extremer »Disproportion« zur Position des Wirklichen kann und darf es in seiner Existenz als nicht begründetes, bloß abgründiges Nicht-Sein nur als Instrument der unveränderlichen Gnade Gottes begriffen werden[23].

Dieses Argument aus der Universalität subjektiver Selbstbestimmung genügt allerdings auch noch nicht, insofern die Erwählungslehre faktische und derart wirkliche Negation seitens des anderen unterstellen muß. Das andere Argument rekurriert daher speziell auf die christologische Begründung der Erwählungslehre

21. 192; »In diesem Frieden des dreieinigen Gottes ist er (sc. Jesus Christus) nicht weniger ursprüngliches Subjekt jener Wahl als er ihr ursprüngliches Objekt ist«, 112.
22. 186; »... die Werke des zulassenden, des als Verneinung kräftigen Wissens und Wollens Gottes«, 99. Charakteristisch in diesem Zuammenhang die emanatistische Terminologie (Überströmen, Trübung) und die Licht-Schatten-Metapher 184ff.
23. 99, 187. Die damit gestellte Aufgabe wird vor allem in KD III/3, § 50 (Gott und das Nichtige) und KD IV, §§ 60, 65, 70 (Sündenlehre) angegangen.

und nennt die *vorwegnehmende Aufhebung jeder faktischen Negation in Gott selbst.* Der ganze Bereich des Bösen einschließlich des dieses zulassenden Willens Gottes ist »in Jesus Christus ... aufgehoben in dem positiven Willen der überströmenden Herrlichkeit« Gottes (189). Mit der Annahme einer Negation in Gott selbst wird die Vorstellung einer *praedestinatio gemina* wieder aufgenommen, freilich nicht in der (kritisierten) Form eines abstrakt vorausgesetzten und auf das von Gott verschiedene andere projizierten doppelten Dekretes (12ff.), sondern als Interpretation des einheitlichen Willens Gottes in Jesus Christus (175ff.). Die Doppelheit von Ja und Nein rührt vielmehr daher, daß Gottes Bestimmung seiner selbst zugunsten eines andern nicht nur diesen zu sich, sondern vorher noch sich selbst zu jenem in ein bestimmtes Verhältnis setzt. Dieses erste bekommt dadurch einen negativen Charakter, daß es Gottes Selbsthingabe zugunsten des abgefallenen Menschen bedeutet. Der Bund mit dem nicht durch Gottes Bestimmung, aber faktisch negierenden Menschen bedeutet allerdings, daß Gott seine »Unangerührtheit von der ... Welt des Bösen« aufgibt und sich der schwersten, seine Gottheit gänzlich in Frage stellenden »Kompromittierung« aussetzt (177f.). Aber diese Kompromittierung betrifft Gott nicht in abstracto, sondern in Jesus Christus und seinem Leiden und Sterben (130ff., 175f.). Unter der Voraussetzung, daß Jesus Christus »an die Spitze und zugleich an die Stelle aller Anderen« gestellt ist, kann damit begründet werden, daß die Verneinung des Gott verneinenden anderen nicht diesen selbst, der vielmehr gerechtfertigt wird, sondern in Jesus Christus Gott und Gott allein betrifft[24]. Mit der Nichtverwerfung des Menschen begründet die christologisch gefaßte doppelte Erwählung aber zugleich, daß die Negation der Wahl Gottes durch den Menschen nicht mehr des Menschen, sondern allein Gottes Sache sein kann, der auch hinsichtlich seiner Selbsthingabe im Leiden Jesu »vor allem über sich selbst« bestimmt (176; 130). Die »Wahl Gottes zur Linken« hat gerade den Zweck, »die Auseinandersetzung mit dem Bösen sich selbst vor(zu)behalten« (188f.). Die als Erwählung Jesu Christi vollzogene Entäußerung Gottes (179) ist tatsächlich eine Funktion seiner Identität, und die Kompromittierung Gottes durch sich selbst, durch die der andere von der Kompromittierung Gottes befreit wird, ist nicht bloß die Rechtfertigung des Sünders, sondern »auch von vornherein *Gottes Rechtfertigung*« hinsichtlich der Tatsache von Negation[25].

c) Das Dilemma der christologisch durchgeführten Erwählungslehre zwischen

---

24. 132, 181f., 350f. »Darum ist der *gekreuzigte* Jesus das ›Ebenbild des unsichtbaren Gottes‹,« 132.

25. 180; »Es bleibt ... bei der Verantwortung, die *Gott selbst* damit übernommen hat, daß er den Menschen geschaffen und seinen Sündenfall nicht verhindert hat« 181; 358; »... und also die Güte der göttlichen Schöpfung und Bestimmung des Menschen nicht preiszugeben, sondern zu verteidigen ...«, 132.

ihrer conditio sine qua non (der andere des weiteren Bereiches) und ihrer ratio sufficiens (der unbedingten Selbstbestimmung Gottes) wird also auf zwei Wegen ausgeglichen. Einerseits wird das andere des weiteren Bereiches, insofern es das von Gott gewählte andere ist, als die in der Wahl Jesu Christi eingeschlossene Setzung Gottes erklärt. Andererseits wird das andere, insofern es die Wahl Gottes negiert, auf die in der Wahl Jesu Christi eingeschlossene Selbstverneinung Gottes zurückgeführt. Der »in Jesus Christus ... durch sich selbst bestimmte Gott« bestimmt daher als ihr einziger Faktor die gesamte Wirklichkeit, sich selbst und das von ihm verschiedene andere total. Das regnum Christi ist das weder durch ein selbständiges »Reich der Natur« noch durch ein selbständiges »Reich der Sünde« relativierte, sondern unbegrenzte und damit göttliche (!) »Reich aller Reiche«[26].

Die Gotteslehre, die in der christologisch modifizierten Erwählungslehre entwickelt wird, könnte die *Theorie einer abgeschlossenen Ordnung der Wirklichkeit* genannt werden. Die noch offene Frage nach dem Status des Objektes der Erwählung aus der Perspektive des anderen selbst scheint dann gar nicht mehr beantwortet werden zu müssen; zumal nicht nur im eben berührten Zusammenhang die Folgerung schon feststeht: »... dann bleibt für den Menschen nur die Möglichkeit ...« (189; 33, 154, u. ö.). Im Gegenzug zu der Reduktion von Kontingenz, die die emanatistische Terminologie vermuten lassen könnte, ist es jedoch ausdrücklich die Absicht der Erwählungslehre als Versöhnungslehre, das Ereignis des Bösen, den gerechten Zorn Gottes und die Strafe des Sterbens Jesu Christi in ihrem ganzen Ernst zu formulieren, das Verhältnis von Gott und Mensch also nicht »in eine Art von gegensatzlosem Naturprozeß« aufgelöst vorzustellen[27].

2. Die Autonomie des anderen

a) In der Wahl Jesu Christi hebt Gott das von ihm verschiedene andere nicht einfach in seine Selbstbestimmung auf, sondern übernimmt auch dessen »ganze Andersheit«, d. h. wählt ihn »innerhalb seiner Grenzen« (185). Die Erwählungslehre unterstellt daher, daß dem anderen Gottes durch Gottes »Barmherzigkeit« ein eigener Raum bleibt (9, 184f., 195) und daß er nicht bloßes Mittel zum göttlichen Selbstzweck ist (153f.), sondern zu einem seinerseits freien, der Wahl fähigen »Subjekt« wird (196). Der »Theonomie«, wie die göttliche

26. 96f. Vgl. auch die Darstellung des Namens Jesu Christi als »die Sache selber«, als »Gottesfülle« und als Besonderes-Allgemeines schon in der Lehre von Gottes Wirklichkeit, 1ff.

27. 150; 131ff., 182. Hier übernimmt Barth ein Motiv der infralapsarischen Tradition, 149f.

Selbstbestimmung in diesem Zusammenhang bezeichnet wird, »folgt die Möglichkeit und Wirklichkeit der menschlichen Entscheidung«, somit die *»Autonomie des Geschöpfes«*, das der erwählende Gott zu seinem Gegenüber sich schafft (193f., Hervorhebung orig.). Diese Autonomie stellt den Menschen vor »Erkenntnis und Handlung«, die ihrer Begründung nach nicht nur in seinem Verhältnis zur übrigen Schöpfung nötig werden, deren »Sinn« er ist, sondern vorher schon hinsichtlich seiner selbst und Gottes: der Mensch »darf und soll ... sich selbst wählen« und den ihn dazu erwählenden Gott seinerseits wieder erwählen, »um in diesem Willen Gottes frei zu sein« (197f.).

Das in der Erwählung gesetzte Gegenüber zwischen Subjekt und Objekt erfordert demnach die Verwirklichung des Verhältnisses, das als »ursprüngliches Ereignis« in der Erwählung des Menschen legitimiert ist (194). Der Vollzug der Erwählung durch das autonome Geschöpf hat deshalb die »Gestalt einer zwischen Gott und dem Menschen stattfindenden *Geschichte, Begegnung* und *Ereignis*« (192). Denn die Erwählung ist nicht eine »leblose ewige Regel des zeitlichen Lebens«, aufgrund derer »eine Art von Tod das göttliche Gesetz des geschöpflichen Lebens wäre« (198), sondern eine in ihrem Vollzug bewegte Ordnung, innerhalb derer »mit neuen Entscheidungen gerechnet werden« muß (205). Die These des aktuellen, geschichtlichen Charakters der Erwählung gibt zunächst nur der Unterstellung der Bedürftigkeit des Menschen für seine Erhöhung bzw. für die Mitteilung des Guten Gottes ihren Ausdruck (8f., 184f.). Diese Bedürftigkeit bemißt sich jedoch an der in Jesus Christus überströmenden Herrlichkeit Gottes, und so impliziert sie den geschichtlichen Charakter der Erwählung auch in einem positiven Sinne: wegen der Wahl des »Einzigen« Jesus Christus wird in ihm der Mensch nicht als Glied menschlicher »Kollektivitäten«, sondern als *je einzelne Person* erwählt; dies ist daher ein besonderes Thema innerhalb der Erwählungslehre (§ 35; 344f.). Zwar wird die Wahl des einzelnen Individuums notwendigerweise durch die Erwählung der Gemeinde vermittelt, die insofern auch ein besonderes Thema der Erwählungslehre darstellt (§ 34); die Gemeinde ist jedoch ausschließlich »zum Zeugen dieser in der Erwählung Jesu Christi entschiedenen Bestimmung ... der Vielen« erwählt[28]. Die Vermittlung der Erwählung des einzelnen Individuums begründet aber die Legitimität der Frage nach der *»Selbstvergewisserung des Einzelnen«*[29], und zwar in dem Maße, daß die

---

28. 357.; sie »führt ihren Gliedern gegenüber kein Eigenleben«, 341. »Gemeinde« bedeutet dabei »die Umgebung des erwählten Menschen Jesus von Nazareth« (226ff., 286ff., 350), umfaßt also in freilich unterschiedlicher Weise Israel und die Kirche (215ff.). Die Nähe dieser Auffassung zu den methodischen Anforderungen der Erwählungslehre als Schriftauslegung ist ebenso deutlich wie ihr Abstand von der ekklesiologischen Vermittlung in der Tradition Schleiermachers.

29. 373 (Hervorhebung v. Verf.), in Aufnahme eines Motivs des traditionellen Syllogismus practicus, 367ff.

Sicherheit dieser Vergewisserung geradezu den Rang eines Kanons für die Erwählungslehre erhält. Die überdeutliche Betonung der Beständigkeit der Erwählung und ihrer Unabhängigkeit von irgendeinem ihr äußerlichen Faktor, d. h. eben ihre christologische Begründung hat die Absicht, die Vertrauenswürdigkeit des erwählenden Gottes zu erhärten. »Das ist also die entscheidende Veränderung der Prädestinationslehre, wenn die Erwählung Jesu Christi an die Stelle des decretum absolutum zu stehen kommt: wir können dann erst zeigen und sagen, daß man die göttliche Erwählung wirklich *glauben* darf und kann.«[30]

Diese »Bedingung« des Glaubenkönnens scheint sogar die theologische Reduktion des verneinenden anderen wieder aufzuheben. Denn Gottes Wahl des Menschen nicht nur innerhalb der Grenze seiner Geschöpflichkeit, sondern »innerhalb der Grenze seiner Sünde« bedeutet in dieser Perspektive geradezu die »Bestimmung zu einer Gefährdung und Not«, d. h. zum Mißbrauch seiner Autonomie[31]; sie realisiert sich, wo die Verkündigung der Erwählung »faktisch scheide(t) zwischen ... Glaubenden und Nicht-Glaubenden« (358). Wenn die Erwählung des einzelnen in Jesus Christus notwendig Glaube fordert, nämlich dessen eigene Wahl des von Gott Gewählten und Ausschluß des Ausgeschlossenen, so »mußte dieser Mensch mit dem von Gott Verneinten auch selber wirklich konfrontiert werden«. Für ihn kann die Überwindung des seiner Herkunft nach ihm überlegenen Bösen »nicht jene Selbstverständlichkeit haben, die sie für Gott hat. Sie muß für ihn Ereignis, der Inhalt einer *Geschichte* werden« (152). Wegen des Zusammenhanges zwischen Erwählung und Glaube kann die Erwählungslehre also nicht umhin, einen eigenen, gegensätzlichen Richtungen offenen geschichtlichen Weg des anderen anzunehmen, den anderen daher, insofern er Objekt der Wahl Gottes ist, als *homo creabilis et labilis* (136) zu definieren.

b) Daß es eben der Zusammenhang von Erwählung und Glaube ist, der die Diskussion der alten Kontroverse über das obiectum praedestinationis im Votum gegen die infralapsarische und für die von ihren problematischen Voraussetzungen »gereinigte supralapsarische Lehre« beendet, hat für die Autonomiethese allerdings grundlegende Bedeutung: dadurch wird die Voraussetzung des homo labilis »in christologischer Richtung präzisier(t)« (153f.). Denn das Erwähltsein des homo labilis in Jesus Christus besteht »konkret in (seinem) Glauben an ihn« (135), seine Selbstvergewisserung also in der Vergewisserung über die Erwählung Jesu Christi, welche die Gemeinde bezeugt (256ff., 373ff.). Die

30. 175; »Gottvertrauen« a. a. O., »sicheres Heil« 177. »Darum heißt Glaube an Gottes Praedestination an sich und *per se*: Glaube an die Nicht-Verwerfung des Menschen, Nicht-Glaube an seine Verwerfung« 182. »Daß wir im Glauben unmöglich unsere Verwerfung glauben können, das ist die Einsicht ...«, 183.

31. 28; 185. »Es war also der Gefahrenpunkt seiner Versuchlichkeit und der tote Punkt seines Sündenfalls in den Ratschluß Gottes miteinbezogen«, 185. Vgl. auch 131f.

»Bedingung« des Glaubenkönnens ist also nicht von außen an seinen Gegenstand herangetragen, die Erwählung des einzelnen geschichtlichen Individuums in Jesus Christus fordert vielmehr durch sich notwendig Glauben[32]. Der Zusammenhang von Erwählung und Glaube wird allein von der Theonomie gesetzt, deren Initiative sich die Autonomie des Geschöpfes vollständig verdankt (191, 195f.). Die darin gegebene Wahlfähigkeit ist daher aufs genaueste als die Fähigkeit bestimmt, für Gott zu sein, Gottes Wahl wieder zu wählen und als der erwählte Mensch sich so zu bewähren; jede andere, selbständig auftretende Fähigkeit könnte nur die zum Bösen sein, ist also kraft Gottes Wahl eo ipso keine Fähigkeit. Mit anderen Worten, die Erwählungslehre definiert den *Glauben als die einzige Möglichkeit* des einzelnen Menschen (358). Dessen Autonomie, als Entsprechung zur Selbstverpflichtung Gottes, des Menschen Gott zu sein, kann der Theonomie also nicht nur nicht konkurrieren, sondern kann die unbedingte Souveränität Gottes nur bestätigen.

Die christologische Modifikation des Supralapsarismus läuft dann aber auf seine Erneuerung hinaus. Sie nimmt das Gewicht der *gelebten Geschichte* in die Erwählungslehre auf, um es als ein *Moment der Theonomie* zu erklären. Die übernommene Formel des homo creabilis et labilis bringt für das Objekt der Erwählung nur zum Ausdruck, daß die Aktualität ihres Vollzugs eine Handlung ihres Subjekts ist (202), ihre Bewegtheit eine durch Gottes Leben bewegte Ordnung (205) und ihre Geschichtlichkeit ein Weg, den Gott gehen will (191). Die Erwählungslehre begründet auf diese Weise den Umstand, daß der Mensch Gott gegenüber sich in den Grenzen seiner Geschöpflichkeit und seiner Sünde befindet, als ein Faktum der Freiheit Gottes (28). Als Erklärung der unbedingten Selbstbestimmung Gottes muß die Erwählungslehre den schlechten Gegensatz zwischen einem starren Sein als Anfang aller Dinge und einer ihrerseits göttlichen geschichtlichen Lebendigkeit vermeiden (205f.). Er wäre aber unvermeidlich, wenn die durch die Erwählung bestimmte zeitliche Geschichte als lebendige Gegenwart von der bestimmenden Erwählung als perfektem Dekret des Anfangs unterschieden würde, denn hinsichtlich der »ewigen Vergangenheit« dieser ruhenden Ursache wäre der Geschichte ein subjektiv eigenständiges Leben zugestanden (198ff.). Zur Konkurrenz zwischen Theonomie und Autonomie kommt es nur dann nicht, wenn die Bestimmung der Geschichte selber ein Akt der Lebendigkeit Gottes ist. Der »intime Zusammenhang von Theonomie und Autonomie« ist deshalb »ein Geschehen und schlechterdings kein systematischer Zusammenhang ..., weil dieser Zusammenhang nur der Gegenstand und Inhalt eines Gesetzes sein kann, das als solches selber Geist und Leben, das konkrete Geschichte ist« (202).

Das Gesetz, das selber »Akt des göttlichen Geisteslebens« ist und daher nie Ver-

32. 175. Vgl. die parallele Zusammenordnung von Erwählung und Glaube, Gott und Glaube (Luther) usw., 175.

gangenheit wird, sondern immer Ereignis bleibt, ist die Erwählung Jesu Christi. Die »konkrete Geschichte« des Zusammenhangs von Theonomie und Autonomie ist also die *Geschichte Jesu Christi*, und zwar ausschließlich (7f., 195ff., 205f.). Denn allein Jesus Christus ist das autonome »Subjekt«, das als reines Objekt der Wahl Gottes vollständig entspricht, d. h. als Moment der Subjektivität Gottes existiert; der betende und glaubende Jesus ist der einzige autonome, mit echtem menschlichem Selbstbewußtsein begabte und in »Geschichte, Begegnung und Entscheidung« lebende Mensch[33].

Die Geschichte Jesu Christi ist aber wegen des in ihr realisierten Zusammenhangs von göttlicher Souveränität und menschlichem Glauben »nicht nur zeitliches *Ereignis* ..., sondern der in diesem Ereignis zeitlich gewordene und offenbarte *ewige* Wille Gottes« (197; 176); als Akt des göttlichen Geisteslebens ist sie »als ganze anfänglich bei Gott« gegebene »ewige Geschichte, Begegnung und Ereignis« (202). Wenn aber die konkrete Geschichte Jesu Christi den »Inhalt der Ewigkeit vor der Zeit« darstellt, so daß »der Anfang aller Dinge bei Gott selbst Geschichte, Begegnung und Entscheidung« ist, »dann kann diese Ewigkeit nicht vor der Zeit zurückbleiben, dann ist sie *per se* in der Zeit wie vor der Zeit, dann kann sie auch in der Zeit nur Geschichte sein«[34].

c) Die Begründung der Aktualität der Erwählung als Geschichte ausschließlich in der Erwählung Jesu Christi (205ff.), d. h. die konsequent Zeit und Ewigkeit gleichschaltende christologische Reduktion des Geschichtsbegriffes auf die Erwählungslehre erlaubt nun, die durch den Zusammenhang von Erwählung und Glaube erforderte Autonomiethese radikal theo-logisch zu formulieren. Wenn die Erwählung Jesu Christi die durch Gottes »Unveränderlichkeit« charakterisierte ewige Bestimmung über die Zeit und ihre Inhalte bedeutet (168, 203), dann haben die »zeitlichen Geschichten, Begegnungen und Entscheidungen«, die als menschliche Erfahrungen gegeben sind, kein Geheimnis mehr. Das Geheimnis der allgemeinen Weltgeschichte, das in der besonderen Heilsgeschichte als solcher offenbar wird, ist vielmehr die ihr ewig vorangehende Entscheidung Gottes, in der *alles Zeitliche vorweggenommen* ist. Denn diese ewige Geschichte ist nicht die ruhende Voraussetzung der zeitlichen Geschichten, durch die sie gleichsam ersetzt würde, sondern sie geschieht selbst (57, 203f.). Jene haben keinerlei selbständigen Sinn und eigene Bedeutung; ihre inneren Gründe, Jesus Christus

---

33. 196f., 192. »Man kann das Alles (sc. Autonomie etc.) gar nicht anders zu Gesicht bekommen, als indem man die lebendige Person Jesu Christi zu Gesicht bekommt« 198. Vgl. auch die Beschreibung der Geschichte als die »eines Todes und einer Auferstehung«, 152; Golgatha 130f., 182.

34. 206; 203. »Es ist der *vorzeitliche* ewige Wille Gottes kein anderer als der *überzeitlich* ewige, der sich als solcher in der Zeit selbst enthüllt und in ihr wirksam ist« 170. – Ein solches Ergebnis reproduziert freilich die Methode, »aus der Mitte des göttlichen Werkes in der Zeit heraus auch dessen ewige Voraussetzung zu verstehen« 162; vgl. auch 107.

als ihre »Substanz« (56ff., 63) und der Modus der Ewigkeit als ihre »Form«
(197, 214), liegen ihnen tatsächlich voraus. Die zeitliche Geschichte wird
eben darin konstituiert durch die Ewigkeit und um dieser willen, um sie als
Urgeschichte »in der Zeit sichtbar und wirksam« zu machen (6f., 56ff., 203
u. ö.). Die *Unmittelbarkeit der Geschichte zu ihrer Urgeschichte* begründet sie
als deren zeitliche Form, »und es gibt in dem allen keine Eigengesetzlichkeit,
keine Lösung des Zeitlichen vom Ewigen, keine Selbstbehauptung menschlicher
Tat und Erfahrung ...« (203).

3. Der andere als der Zeuge Gottes

a) Die christologische Begründung der Erwählungslehre als Lehre von der Theonomie führt die Aktualität der zeitlichen Geschichte auf die ewige Lebendigkeit
ihres sich selbst bestimmenden Subjektes zurück. Es ist nur folgerichtig (schon
weil Gottes Ewigkeit in der Erwählungslehre nicht als unbedingt bewegende
Substanz, sondern als das »wahrhaft Unveränderte« (203) eines alles bewegen-
den und als solches in sich selbst bewegtes *Subjektes* aufgefaßt ist), daß die korrespondierende theo-logische Vorstellung, Sein und Handeln Gottes nach außen
sei »nur das *Überströmen* seines inneren Seins und Handelns«, auch hier zugrunde gelegt wird (192, 195). In der Metapher, die ihre Nähe zu einem freilich
»biblisch-christliche(n) Monismus«[35] nicht verleugnen kann, kommt die Absicht der Erwählungslehre zum Ausdruck, die Geschichte als Vollzug der Erwählung gegen ihren »logisch-empirisch(en)« Verlauf vorweg zu definieren (108f.,
135f., 146). Sie stellt sich nicht die Aufgabe, die gegebene geschichtliche Erfahrung in ihrer Widersprüchlichkeit zu erklären, sondern die Aufgabe, solche *Erfahrung aufzuheben*; sie deutet keinen gegebenen Tatbestand (40), weil sie selbst
die Setzung von »Tatbestand« zum Inhalt hat.
Welche Rolle weist die Erwählung dem anderen zu, dessen zeitliche Erfahrungen in der ewigen Erwählung Jesu Christi aufgehoben sind? Der »entscheidende
Akt der Geschichte, in der das Überströmen der inneren Herrlichkeit Gottes Ereignis wird«, hat seinen Sinn in der »Einheit (des) göttlichen und menschlichen
Beharrens«; der im Gebet vollkommen gehorsame Jesus ist der von Gott gewoll-
te Mensch (134f., 197). Das zu seiner Autonomie bestimmte Geschöpf »kann und
will hier nur beten, folgen und gehorchen«[36]. Der *Gehorsam* ist daher die Form
des menschlichen Selbstbewußtseins, das der Wahl Gottes entspricht. Wie das
Überströmen des inneren Lebens Gottes ein Moment seiner *Ruhe* ist, so wird das

---

35. So charakterisiert Barth das eher antispekulative Motiv der supralapsarischen Konstruktion, den Deus ipse von vornherein als den Gott der Gnadenwahl und insofern
gerade nicht im schlechten Sinne absolut zu verstehen, 145.
36. 194; »völlige Ohnmacht« 19, »sich fügen« 31ff., »nicht eigenwillig« 191 u. ö.

Geschöpf dadurch zwar in Bewegung, aber (wie durchaus in Korrektur der metaphysischen Differenz von quies und inquietudo gefolgert wird) nicht in Unruhe versetzt, sondern endgültig »in die Ruhe der Entscheidung und des Gehorsams« (32). In dieser »Ruhe« ist die Geschichte der Erwählung als ein Moment ihres Objektes vorweg bestimmt. »... Das Gesetz seines Lebens (ist) nicht nur aufgerichtet, sondern zugleich erfüllt ... Ihm bleibt nur übrig, eben das so bestimmte Leben zu leben und also ruhig zu leben« (33).

b) Die definierte Bestimmung der Geschichte des anderen bedeutet nach der negativen Seite die Unmöglichkeit, daß im Vollzug seiner Erwählung in Jesus Christus ein Faktor auftritt, der ihre Bestimmung durch Gott seinerseits bestimmen würde, so daß diese in seiner Hinsicht nicht unbedingt, sondern reagierend sich verhielte. Der Vollzug der Erwählung ist auch dort ein einziger, »unaufhaltsam sich vollziehende(r) göttliche(r) Regierungsakt«, wo er durch seinen Zusammenhang mit dem Glauben an Jesus in sich differenziert verläuft. Dem Menschen, der »in keiner Schöpfungshöhe, aber auch in keiner Sündentiefe außerhalb des Bereiches der ewigen göttlichen Entscheidung« steht (97), ist deren Negation nicht nur in der Form unmöglich, seine Bejahung durch Gott nicht zu wollen[37], sondern auch in der Form, sie dauernd und endgültig nicht glauben zu wollen. Als Objekt der Erwählung in Jesus Christus kann der Mensch sich ihrem Subjekt gegenüber nicht so vereinzeln, daß er wenigstens dessen Verneinung provozieren und darin eine durch sich selbständige, subjektive Existenz hätte. Der Mensch »an sich und als solcher«, der in seiner geschöpflichen Freiheit nicht seinerseits verwerfen kann, was Gottes Freiheit verwirft, ist eben als Sünder erwählt (13f., 153, 349). Die Wahl Jesu Christi als des einzigen wirklich verworfenen Menschen nimmt endgültig vorweg, daß die übrigen Menschen ihre Verwerfung niemals »erreichen« können[38]. Die Unmöglichkeit eines wirksamen Widerstandes, der nicht immer schon durch seine gegensätzliche Bestimmung überholt wäre, läßt jede Selbst-Tat als schauspielerische »Un-Tat« erscheinen, die in Unwissenheit ihrer selbst nur der vergeblichen Gebärde, nicht aber des Seins fähig ist (348f.).

Die Metaphorik des Theaters bietet sich in diesem Zusammenhang nicht zufällig an. Das äußere Überströmen der inneren Lebendigkeit Gottes ist ja auch dann reine Selbstoffenbarung, wenn sie den Charakter der Selbsthingabe an den ver-

---

37. 18f., 27ff.; dies wäre, da die Erwählung die Schöpfung, d. h. den »echten Lebensanspruch« präjudiziert, die Unvernunft des Selbstwiderspruches, 35.

38. 27f., 28f., 346ff. Zur Frage nach der Bestimmung des Verworfenen wird abschließend festgestellt: »Er hat vor ihm keine selbständige Existenz als Verworfener«, 563. Hier ist auch Barths Diskussion der Apokatastasis panton zu vergleichen. Als »Theorie« wird sie selbstverständlich verworfen (462, 528f.), aber hinsichtlich der Erwählung Jesu Christi »kann also an eine Beharrungskraft des menschlichen Unglaubens nicht geglaubt werden« (325); in dieselbe Richtung weisen die »realen Grenzüberschreitungen zugunsten des Reiches Gottes« in jedem einzelnen Glaubenden (461ff.).

neinenden anderen hat; sie ist immer »äußere Kundgebung eben der Entscheidung, in der er in sich selber ist, der er ist« (192; 151, 184). Die definitive Bestimmung der Geschichte als Geschichte der Urgeschichte bedeutet deshalb nach der positiven Seite, daß die in ihr gesetzte Bestimmung des anderen im schweigenden Hören, bewundernden Staunen und überzeugten Glauben besteht (31ff., 171). Sein autonomes »Leben als Zeuge der überströmenden Herrlichkeit Gottes«, in der die »ewige Selbstunterscheidung« Gottes als Gott in der Zeit und im Raume der Schöpfung zur Darstellung kommt, ist der zureichende Grund dafür, daß die Urgeschichte der Erwählung Jesu Christi überhaupt Geschichte werden und der andere als homo labilis gewollt, als Sünder *zum Zeugen bestimmt* werden mußte[39]. Weil das Mehr, das Gott über seine eigene, trinitarische Lebendigkeit hinaus will, nur dessen Überströmen und Offenbarung sein kann, definiert das Subjekt der Erwählung des Anderssein ihres Objektes in dieser seiner Zeugenschaft (184f., 197). Ein anderer, der selbst mehr wäre als der Zeuge Gottes, wäre ein »zweiter Gott«.

IV. Die Theononomiethese und ihre Problematik

1. Das dogmatische Interesse der Erwählungslehre

Das Programm der theo-logischen Revision der Erwählungslehre, die unbedingte Selbstbestimmung Gottes für einen anderen als die Erwählung Jesu Christi zu erklären, wird für das Subjekt und für das Objekt der Erwählung vollständig durchgeführt.

a) Die Bedingtheit Gottes durch ein anderes wird als ein Moment seiner *unbedingten Freiheit* verstanden, nicht als die unbegreifliche Akkomodation einer an sich absoluten Freiheit an ein abstrakt subjektives anderes unterstellt. »Erwählung Jesu Christi« ist der Begriff Gottes, der »sich selber zum Überströmen bestimmt«, so daß er »im Größten wie im Kleinsten schlechterdings sich selber will, vollbringt und offenbart«[40]. In diesem »Begriff Gottes selbst«, der die Modifikation der Freiheit Gottes durch etwas ihr Äußerliches und »nachträglich« Auftretendes ausschließt, findet jede mögliche und wirkliche Besonderung des schlechthin Allgemeinen, das sie darstellt, ihre völlige Rechtfertigung. Die Erklärung der ewigen Selbstbestimmung Gottes in Jesus Christis als die Offenbarung der »Sinnhaftigkeit« des Tuns Gottes (35) macht die Erwählungslehre zu einer Theorie nicht nur der umfassenden Ordnung des Wirk-

---

39. 151f., 153; nach Analogie zu dem erwählten Menschen Jesus Christus, 471. Das Zitat begegnet 185, 8, 10 u. ö.
40. 195; als bleibende trinitarische Voraussetzung 184. Vgl. die christologisch begründete Rezeption des supralapsarischen »ommia fecit propter seipsum« 138, 145.

lichen, sondern auch zu einer *Theorie des Sinnes der Wirklichkeit*. Sie ist in einem radikaleren Sinne Theodizee als die überlieferte Konstruktion, in der die Autonomie des Menschen als zweites Subjekt substituiert und der Schein einer Synthese möglich war. Im Begründungszusammenhang der Erwählungslehre ist dieser Schein aufgelöst, weil die Polarität von Kläger und Beklagtem zurückgeführt ist auf ein notwendigerweise einziges Subjekt, dessen »Theonomie« nicht mehr klagbar ist[41].

b) Die innere Logik der Erwählungslehre läßt die theo-logische Beschreibung des sich selbst durch sich selbst bestimmenden Subjektes angemessen erscheinen. Dies reduziert jedoch den Begriff des andern, den die Erwählungslehre ihrer vortheoretischen Herkunft verdankt und den sie (dogmatisch gesprochen) als Versöhnungslehre unterstellt, in problematischer Weise. Die auf das reine Überströmen begrenzte Entäußerung des Subjektes der Erwählung läßt ihrem Objekt kein konstitutives Vermögen, weder positiv noch negativ »den Charakter eines selbständigen Geheimnisses«[42]. Die Transzendenz seines Seins jenseits seines Lebens (352) nimmt dem andern die Erfahrung und das Bewußtsein seiner selbst als für Gott anderem, d. h. *macht den anderen als solchen sich selbst gegenstandslos* (33, 348ff.). Es ist deshalb nicht erstaunlich, wenn der totalen Bestimmtheit des Seins des Erwählten, der als solcher kein Subjekt ist, die *reine Unbestimmtheit seines Lebens als je eines Subjektes* korrespondiert; denn gerade weil in der »Belehrung« über seine Erwählung »auf alle Fälle die Wahrheit« gesagt wird, ist über seine subjektive Entscheidung in ihr, ungeachtet der Folgen, nicht entschieden[43]. Die Erwählungslehre vermag ihre praktische Verwendung nicht mehr selbst zu erfassen.

Das Argument für die Erwählungslehre als radikale Theo-Logie ist, daß Jesus Christus ihre Sache selbst ist[44]. Die Feuerbach'sche Kritik nunmehr überholend, aber gegen ihren Sinn als Versöhnungslehre tendiert sie daher zur *Auflösung*

---

41. 35; »... wir würden uns also gegen das Wesen und gegen die Existenz Gottes selber auflehnen, wenn wir auch nur die Frage nach dem Sinn und Recht dieser Wahl aufwerfen, wenn wir nicht anerkennen wollten, daß sie damit im voraus beantwortet ist, daß es Gott ist, der hier entscheidet und wählt«, 20.

42. 213 (gegen die lutherische Überlieferung); die Freiheit Gottes ist weder durch die Sünde noch durch das Gebet, also durch keine menschliche Entscheidung begrenzt und bedingt, a. a. O.; der Mensch kann »keine die Wahl Gottes aufhebende Tatsache schaffen«, 348. Vgl. andererseits 181 (Verantwortlichkeit), 342 (Geheimnis des Einzelseins).

43. 353ff., hier 356. Vgl. auch den Rollenwechsel: »Du bist hier nicht im Zuschauerraum, sondern mitten auf der Bühne«, a. a. O., und die im Zusammenhang der Frage der Selbstvergewisserung des einzelnen beschriebene »geheimnisvolle Korrespondenz (ja Identität!) ... zwischen der Erwählung Jesu Christi und dem Wunder des faktischen Vollzuges seines Glaubens«, 374.

44. 2; vgl. die Beschreibung der Erwählung Jesu Christi als das eigentlich Vollkommene in Gottes Vollkommenheit, 96.

des Unterschiedes zwischen der Christologie und der Anthropologie. Die Erklärung der Wahl Jesu Christi »an der Stelle« aller andern unterstellt den »Kreislauf«[45] einer vollständigen Proportion zwischen dem Subjekt und dem Objekt der Erwählung als einzigen und allgemeinen Gegenstand der Theorie der Theonomie. Die instrumentelle Beschreibung der Erwählung Jesu Christi »zugunsten einer offenen Vielzahl anderer Menschen« realisiert nur die Prämisse, daß deren Wirklichkeit in Jesus Christus eindeutig bestimmt sei[46]. Die eigentümliche These, daß der Mensch »an sich und als solcher« eben durch seine Erwählung in Jesus Christus als solcher verworfen und gottlos sei[47], formuliert dogmatisch, daß die Erwählungslehre als Theo-Logie den Gegenstand der allgemeinen Anthropologie aufhebt. In der *Verinnerlichung der Entäußerung Gottes in der Erwählung Jesu Christi* ist das geschichtliche Subjekt nur der »Durchgangspunkt« im »Triumph der Gnade« (159; 152, 214) – in einem Triumph, den die Identität des sich selbst wählenden Gottes schon am Anfang feiert.

2. Der theoretische Anspruch der Erwählungslehre

Es bleibt noch im Bereich ihrer dogmatisch-inhaltlichen Entwicklung, wenn man die Barth'sche Erwählungslehre als ein Muster der *theologischen Explikation des Themas »Selbstbestimmung«* bezeichnet. In gleicher Weise läßt sie sich als Bemühung darum beschreiben, das *Subjekt der Theologie* zu identifizieren. Wenn sie sich dabei bewußt ist, den überlieferten dogmatischen Inhalt einer »Totalrevision« zu unterziehen, so gilt ihre theoretische Anstrengung aber zugleich Aufgaben, die nicht selber mehr in Gestalt dogmatischer Inhalte (deren Bereich durch die gegenständliche Unterscheidung zwischen dem subjectum inhaesionis und dem subjectum tractationis, dem »Subjekt« und dem »Objekt« der Theologie definitiv begrenzt war), sondern nur in deren Kritik angegangen werden können. Die wichtigsten dieser Aufgaben scheinen die folgenden zu sein.

a) Die Radikalität der dogmatischen Neuerung, die in der Erwählungslehre

---

45. 132f., 182; 204; Tausch 189. Die Abgrenzung gegen den Begriff des Führers, der »nicht für die übrigen, sondern an ihrer Stelle (sic!) der Erwählte ist« 341f., ist von hier aus gesehen nicht in jedem Punkte überzeugend. – Vgl. auch die »supralapsarische« Polemik gegen die heilige Selbstsucht des Individuums, der die Teilnahme am Heil des anderen (Christus) zu wenig ist (154), mit dem positiven Votum für die infralapsarische Behandlung theologischer Themen, die »mit dem Gedanken an unser eigenes Interesse in keiner direkten Beziehung« stehen bzw. mit der Feststellung der Nähe der supralapsarischen Calvinisten zum Cartesianismus, 147f.
46. 465ff. »Christus hat ... keinen Kain ... neben sich; er bedarf keines solchen Gegenspielers«, 465.
47. 131f., 336; massa perditionis 349, 361f. Der »homo labilis« ist tatsächlich »homo lapsus«.

durchgeführt wird, hat ihren methodischen Ansatz in der kritischen Anwendung der Bibel auf die dogmatische Überlieferung und ihre kirchliche Handhabung. Die Erwählungslehre folgt damit einer Methode, die für die evangelische Theologie überhaupt und, in der absichtlichen Anwendung der Kritik auf deren »objektiven« biblischen Stand, auch für die theologische Aufklärung charakteristisch ist. Ihre Durchführung ist aber als Antikritik der Aufklärung, die als »Ermüdung des Denkens aus dem Glauben« (156) beurteilt wird, gedacht. Die hermeneutische Entscheidung, in der die völlige Übereinkunft des methodischen und des inhaltlichen Interesses reguliert wird, erreicht ohne Zweifel das kritische Niveau des Kritisierten. Die Kritik wird aber, und dies ist das Neue, nochmals vertieft, indem die reformatorische Kategorie des »Wortes Gottes« auf die aufklärerische Dogmenkritik angewandt, d. h. indem der abstrakt subjektive Standpunkt der Kritik selber als kritisierbar erklärt wird. In der Erwählungslehre realisiert sich die Perspektivik, der »nur der Konflikt des Glaubens mit sich selber« als ernsthafter Gegenstand gilt (z. B. I/1, 3), in der umfassenden *Kritik aller dogmatischen Standpunkte als solcher*. Denn sie verfolgt das Ziel, sie am Maß der »Selbstoffenbarung«, materiell also der »Selbstbestimmung« Gottes zu revidieren – das bedeutet aber: sie *christologisch aufzulösen*[48]. Der Neubau der Erwählungslehre als einer Theo-Logie, in der die Unbedingtheit der Freiheit Gottes christologisch zu Ende gedacht ist, baut alle jene Voraussetzungen der überlieferten Standpunkte ab, die nicht selbst Momente der »Sache selber«, d. h. der »Theonomie« des einzigen theologischen Subjektes darstellen und deren gegensätzlicher Modifikation vorausliegen. Darauf zielt die Kritik der dogmatischen Überlieferungen als »Konstruktion«, und in bezug darauf braucht sich die Erwählungslehre gerade nicht als Neuerung zu exponieren, sondern kann sich als Wiedergutmachung der »alten Willkür« verständlich machen[49]. Ihre christologische Kritik an der theologischen Aufklärung ist tatsächlich deren theo-logische Peripetie.

b) Der wichtigste traditionskritische Aspekt der christologischen Revision des Dogmas ist wohl die souveräne, den authentischen Sinn des historischen Kontextes auflösende Verknüpfung lutherischer und reformierter Überlieferungselemente. Die supralapsarische Erklärung der Bestimmtheit der Wirklichkeit aus der ursprünglichen Bestimmung Gottes wird zugleich mit der lutherischen Auszeichnung der Gewißheit des Glaubens an Jesus Christus als Kriterium des dogmatischen Inhaltes übernommen; in polemischer Wendung: die Bestreitung der Absolutheit eines seinem Gegenstand unvermittelten Dekretes zugleich mit der

48. Hierzu vgl. T. Rendtorff, a. a. O. 173f.

49. 165; 167. »Eine möglichst integrale Darstellung einer der klassischen Gestalten der überlieferten Prädestinationslehre ... kann darum nicht die Aufgabe sein ... Es erwächst uns vielmehr auch der besten Überlieferung gegenüber eine *kritische* Aufgabe ... aus der Sache selber«, 82.

Bestreitung eines seis negativ seis positiv die Freiheit Gottes bedingenden Faktors. Denn in der christologischen Begründung der sich selbst bestimmend bestimmten Freiheit Gottes ist die die traditionellen Antithesen begründende alternative Annahme eines absolut bestimmenden »Deus nudus absconditus« oder aber eines durch des Menschen Sünde bzw. Glauben relativ bestimmten Gottes aufgehoben. Diese Alternative hatte sich ja dadurch selbst als abstrakt desavouierte, daß die gegensätzlichen Annahmen jeweils selbst ihren Gegensatz nochmals hervorbrachten: reformierterseits die Hypothese einer Bestimmtheit des Menschen für sich (»syllogismus practicus«), lutherischerseits die Hypothese einer Unbestimmtheit Gottes hinsichtlich des Menschen für sich (»benevolentia universalis«)[50].

In der als Erwählung Jesu Christi begriffenen Unbedingtheit der Selbstbestimmung Gottes fallen diese Antithesen in eins zusammen. Denn christologisch wird die Erwählung eines anderen durch Gott nicht als das irrelevante Moment einer absoluten Freiheit, sondern als die irreversible Bestimmtheit des Seins Gottes selbst, diese Bestimmtheit aber nicht als eine äußerlich zukommende oder bedingte, sondern als die sich selbst bestimmende Freiheit und so gewählte Bestimmtheit Gottes beschrieben. In der christologischen Fassung der subjektiven Selbstbestimmung werden Freiheit und Bestimmtheit als »zwei Seiten der einen Wahrheit« (7) formuliert, so daß das »theo-logische« und das »anthropologische« Interesse notwendigerweise in ihr als dem *einzigen theologischen Thema* konvergieren.

Die christologische Kritik der traditionellen Antithesen hebt mit der Polarisierung des Theo-logischen und des Anthropologischen die Besonderung solcher Motive überhaupt auf. Die Zurückführung der dogmatischen Inhalte auf ein einziges Motiv betrifft daher nicht bloß die historische konfessionelle Projektion jener Polarisierung, zumal diese selbst sich nicht bloß in dogmatischen Gegensätzen, sondern, in beiden Konfessionen vielfältig vermittelt, auch im Gegensatz zwischen der vermeintlich auf das theologische Interesse beschränkten »dogmatischen« Tradition im ganzen und dem »aufgeklärten« anthropologischen Interesse reproduziert hat. Die christologische Aufhebung des Gegensatzes zwischen »Theonomie« und »Autonomie« innerhalb der Dogmatik stellt in der Konsequenz die Aufgabe, den Gegensatz zwischen der Theologie als Dogmatik und der in Antithese zu ihr erhobenen Autonomieforderung aufzulösen[51].

---

50. Vgl. bes. 99f., 119ff., 150ff., 213 (oben S. 51ff.); die Polemik gegen den Deus
    absconditus Luthers (70; die *Offenbarung* Gottes nur seine *relative* Wahrheit« 71)
    und Calvins (119), d. h. gegen einen nicht christologischen Gottesbegriff (157, 162, 170;
    »die eine Hand Gottes« 97); die Ablehnung des reformierten Dekretenparallelismus
    (17f. u. ö.) und der lutherischen Vorstellung des fides praevisa als Motiv des Ratschlusses Gottes (77ff.; der Wille Gottes ist »an entscheidender Stelle durch ein Wissen
    bedingt«, 80).
51. Barth selbst deutet dies selbst mit den Stichworten der »reformierten Mystik« bzw. der

73

c) Die Theonomiethese des christologisch »gereinigten Supralapsarismus« der Barth'schen Erwählungslehre expliziert ein solches Subjekt von Selbstbestimmung, das die Wirklichkeit definitiv setzt. Als Momente der schlechthin allgemeinen Urgeschichte sind alle geschichtlichen Realisierungsprozesse vorweg entschieden; das objektiv bestimmte andere ist nur als deren »Zeuge« selbst subjektiv besondert. Alle *Inhalte und Subjekte von geschichtlicher Erfahrung als solcher bleiben theo-logisch anonym.* Die christologische Revision des Dogmas und die Ausscheidung aller nicht christologisch erklärbaren Elemente aus der Theologie erzeugt daher das Problem, ob und wie die empirischen Gegenstände theologisch noch erfaßt werden können.

1) Ein erster Aspekt dieses Problems zeigt sich dort, wo die Theonomiethese den anderen als Subjekt von Erfahrung außerhalb ihres theoretischen Zusammenhangs gegeben unterstellen muß, ohne ihn darin aufnehmen zu können. Ist diese Konstellation unvermeidlich, so stellt die Theonomieforderung tatsächlich die Aufgabe, die überlieferte *Identifikation des Subjektes von Selbstbestimmung im individuellen, sich und seine Welt erfahrenden Menschen aufzulösen* – und zwar nicht bloß die aufklärerische Forderung »selbstherrlicher« Subjektivität, deren Kritik die Theonomiethese anmeldet. Aufgelöst wird die Annahme von Subjektivität auch in ihrer religiösen, sowohl in der reformierten als auch in der lutherischen Dogmatik unverzichtbar vorausgesetzten Gestalt: des eben durch die Allgemeinheit des Anspruches Gottes im Gegenüber zu Gott schlechthin subjektiv konstituierten Seins des einzelnen Menschen. Die christologische Korrektur des decretum absolutum beendet nämlich genau jene Funktion, die der traditionellen reformierten Prädestinationslehre, in ihrer wenn auch ambivalenten Identifizierung der vielen einzelnen, und ihrem lutherischen Widerpart und dessen Verknüpfung einer unbestimmt universalistischen Erwählungslehre mit dem »Gesetz« einer bestimmten und unvertretbaren Beanspruchung der vielen einzelnen, gemeinsam war. Barths Konzession der particula veri des Individualismus, die ja ihrerseits christologisch begründet ist (344f.), ändert nichts an der prinzipiellen Einheit von Anthropologie und Theo-logie, in der die Theonomieforderung ihre theoretische Ausprägung findet. Die Erwählungslehre steht dann aber vor dem Problem, daß die nicht begreifbare religiöse Subjektivität sich durch ihre Praxis im »Leben«, i. U. zum Sein als Erwählter bzw. (scheinbar) Nicht-Erwählter, *selber* identifizieren muß; daß sie diese überschüssige Praxis aber, obwohl sie sie voraussetzt, nicht mehr erfassen und in ihrer möglicherweise negativen Funktion für sie selbst nur dementieren kann. Es scheint also, dogmatisch formuliert, nicht möglich zu sein, die Theono-

»innerweltlichen Askese« (119ff.), mit dem Hinweis auf die Verwandtschaft zwischen Supralapsarismus und cartesianischer Metaphysik und auf den Übergang der infralapsarischen bzw. lutherischen Position in die aufklärerische Theodizee (147ff.) an. Vgl. Rendtorff, a. a. O. 175ff.

miethese der Erwählungslehre zugleich einer Versöhnungslehre zugrunde zu legen.

Zweitens: wenn die christologisch revidierte Erwählungslehre die vom Subjekt von Selbstbestimmung unterschiedene Wirklichkeit als Medium der Selbstdarstellung seiner Subjektivität definiert, dann ist eine »Metaphysik der Geschichte« (462) in der Tat unnötig geworden. Indem sie aber ihre Identifizierungsabsicht nur an sich selbst durchführt, gerät zugleich die »metaphysische« Aufgabe in Wegfall, dasselbe »Sein« als anderes und vieles Seiendes zu begreifen. Die Ablehnung der Vorstellung einer fides praevisa bringt traditionskritisch zum Ausdruck, daß die geschichtliche Verwirklichung, die sich in der Erfahrung der individuellen Subjekte darstellt, theologisch nicht mehr erfaßt werden kann. Die Reduktion der Erklärung des Empirischen auf seine Kritik nötigt die Theonomiethese, den theoretischen Status der Theologie, deren einziges Thema sie ist, zu definieren. Dies dürfte unter Barths Voraussetzungen aber schwierig werden. Denn wenn die Wahrnehmung der erfahrenen Wirklichkeit, welche die Grenze der Theologie bildet, eine eigene Aufgabe bedeutet und die Theologie ihre Darstellung des »wahren Gottes und des wahren Menschen« in »realen Grenzüberschreitungen« (55; 461), d. h. die empirische Funktion ihrer Kritik, verifiziert wissen will, dann erfordert Theologie mehr als sich selbst in ihrer theo-logischen Gestalt.

Friedrich Wilhelm Graf

Die Freiheit der Entsprechung zu Gott

Bemerkungen zum theozentrischen Ansatz der Anthropologie Karl Barths

Das Ganze der Kirchlichen Dogmatik Karl Barths ist allein *Theo-Logie* im strengen und engen Sinne des Wortes. In ihr können keine neben der eigentlichen Theo-Logie eigenständigen Lehrstücke identifiziert werden. Denn die traditionell außerhalb der Theo-Logie dargestellten Loci werden im Vollzug der Kritik ihrer herkömmlichen Gestalt in die Theo-Logie selbst eingeholt. Diese Einholung der ehemals außer-theo-logischen Lehrstücke (wie De Homine, De principiis salutis ...) in die Theo-Logie selbst geschieht vermittels ihrer christologischen Begründung. Die überkommene Differenz von »theologia« und »oikonomia« wird zugunsten der Theo-Logie selbst eingezogen.

Der die Barth-Interpretation bestimmende Satz von der sein theologisches Denken kennzeichnenden christologischen Konzentration muß deshalb in theo-logischer Hinsicht präzisiert werden. Denn ohne die christologische Konstruktion der kirchlichen Dogmatik überhaupt als auch die christologische Begründung einzelner dogmatischer Gehalte unmittelbar negieren zu müssen, kann gezeigt werden, daß die christologische Bestimmtheit aller Lehrstücke selbst nur als Funktion ihrer theo-logischen Gestaltung anzusehen ist. Insofern nämlich der durch die Christologie benannte Grund (Jesus Christus) zum Beispiel der Anthropologie selbst noch in einem solchen Grund gründet, dem selbst kein weiterer Grund als ihn begründend vorausgesetzt ist bzw. vorausgedacht werden kann, verweist die Christologie an sich selbst auf denjenigen einzigen Begründungsort aller dogmatischen Gehalte, der auch als die Christologie selbst begründend als dieser vorausgesetzt gedacht werden muß. Allein dem Grund, in dem auch jede christologische Aussage gründet, ist die logische Bestimmung Grund adäquat. Nur von ihm kann gesagt werden, daß er als Grund alles Gegründeten Grund seiner selbst ist und also sich nicht einem anderen verdankt. Er erweist sich als durch sich selbst gegründeter Grund gerade darin, Gegründetes gründen, d. h. aus sich entlassen zu können. Denn im Gründen des Gegründeten bestimmt sich der Grund als Grund und also auch dazu, als Grund durch das von ihm Gegründete bestimmt zu sein; indem er sich als Grund (Bestimmendes) bestimmt, bestimmt er sich als durch das Bestimmte (Gegründetes) Bestimmtes.

Gott als Grund aller Theo-Logie wird *an sich* in der Lehre von der immanenten Trinität zur Darstellung gebracht. Diese primäre Darstellung Gottes entspricht

[handschriftliche Randnotiz: Graf legt ein eigenes Vorverständnis von Theologie an Barths Dogmatik an. Das ist aber kein wirkliches Sich-Einlassen auf Barth selbst.]

seiner Selbstbestimmung als Grund nur insofern, als sie sich in eine neuerliche Darstellung Gottes im Medium des Gegründeten aufhebt. Denn da Gott als Grund des Gegründeten sich im Gegründeten selbst bestimmt, vindiziert die Explikation Gottes als Grund die Explikation seiner im Medium des gesetzten Seins des Gegründeten. Im Denkraum der dogmatischen Tradition war diesem Entsprechungsverhältnis von innerer und äußerer Theo-Logie durch die Lehrstücke von der immanenten und ökonomischen Trinität Geltung verschafft worden, welche auf solche Lehrstücke verwiesen, in denen das Außerhalb Gottes und dessen Bestimmung zum Heil verhandelt wurde. Innerhalb der Barthschen Dogmatik wird dieses Außerhalb in die Theo-Logie selbst eingebracht, um dessen nicht hintergehbare einzige Bestimmtheit durch Gott auszudrücken, in der Gott sich selbst bestimmt. Demgemäß muß jenes Außerhalb als die durch seine Selbstbestimmung vermittelte Bestimmtheit Gottes selbst theo-logisch entfaltet werden. Indem nämlich Gott als Subjekt in seinem Handeln sich selbst entspricht[1], entspricht die Dogmatik nur dann ihrem Erkenntnisgegenstand, wenn sie die in der Selbstadäquanz Gottes gründende Adäquanz des Gegründeten inner-theo-logisch expliziert, um damit auch im Vollzug dogmatischer Erkenntnis zu erweisen, daß außerhalb des Denkens der Theo-Logie das Gegründete gar nicht angemessen gedacht werden kann.

Die Einholung ehemals außer-theo-logischer Lehrstücke in die Theo-Logie, durch welche die Möglichkeit einer die Gottheit Gottes negierenden Bedingtheit seiner durch ein apart gesetztes Bedingendes ausgeschlossen werden soll, wird durch die christologische Bestimmtheit aller Loci konstruktiv realisiert[2]. Denn indem

1. Vgl. E. Jüngel: Gottes Sein ist im Werden, 2. Aufl., Tübingen 1967.
2. Die die Barth-Deutung beherrschende These von der *christologischen Konzentration* der Kirchlichen Dogmatik als auch im Besonderen der Anthropologie folgt Barths Selbstverständnis, der selbst von der »Begründung der Anthropologie auf die Christologie« spricht (KD III/2, 50). – Dementsprechend stehen die »methodischen Grundlagen der streng christologisch begründeten Anthropologie Karl Barths« (VI u. ö.) im Zentrum der Darstellung von E. H. Friedmann O. S. B.: Christologie und Anthropologie, Methode und Bedeutung der Lehre vom Menschen in der Theologie Karl Barths, Münsterschwarzacher Studien, Bd. 19, Münsterschwarzach 1972. Friedmann verstellt sich allerdings die Einsicht in den Begründungszusammenhang einer christologischen Gestaltung der Anthropologie, wenn er die Christologie zur »*Methode*« (9 u. ö.) der Anthropologie Barths erklärt, die sich dann am anthropologischen Material zu bewähren habe. Denn da für die Prüfung der Christologie als – geeigneter oder zu verwerfender – Methode einer theologischen Anthropologie immer schon ein vorgängiges Wissen um Anthropologie vorausgesetzt ist, wäre mit Barth selbst der der KD äußerlich bleibende Interpretationsgedanke der christologischen »Methode« daraufhin zu befragen, wie dieses Wissen der Anthropologie gewußt werden kann und gegen die christologische Gestalt soll gewendet werden können, wenn allein die Christologie fundiertes anthropologisches Wissen zu sichern vermag. – Auch E. Jüngel: Die Möglichkeit theologischer Anthropologie auf dem Grunde der Analogie. Eine Untersuchung

alle dogmatischen Gehalte unter die Bedingung ihrer einen christologischen Bestimmtheit gerückt werden, verweisen sie an sich selbst nicht auf sich selbst, sondern auf die eine unbedingte Selbstbestimmung Gottes, die als die eine Bestimmung Grund aller Bestimmtheit ist. Die eine unbedingte Selbstbestimmung Gottes[3] gelangt am Ort des Bestimmten christologisch zur Darstellung, da außerhalb der Selbstbestimmung Gottes in Jesus Christus keine Bestimmung seiner selbst gedacht werden kann. – Indem die dogmatischen Bestimmungen traditionell außer-theo-logischer Lehrstücke unter die Bedingung des Bezogenseins auf die in der Christologie manifeste Selbstbestimmung Gottes gestellt sind, können sie als Vollzüge der Selbstbestimmung des Seins Gottes selbst entfaltet werden. Die christologische Konstruktion der einzelnen Loci dient somit einer Darstellung der absoluten Subjektivität Gottes in Vollzug und Gestalt des dogmatischen Erkenntnisprozesses selbst. Demgemäß entspricht die Dogmatik ihrem Erkenntnisgegenstand darin, daß sie die dogmatischen Gehalte im Akt ihrer christologischen Gestaltung als (theo-logische) Bestimmungen der absoluten Subjektivität Gottes zu erweisen vermag, für welche aufgrund ihrer Unbedingtheit ein sie bedingendes Außerhalb nicht angesetzt werden kann.

Für die Einsicht, daß das Ganze der Dogmatik Barths als Darstellung allein der Theo-Logie anzusehen ist, sprechen signifikante Differenzen zwischen Barth und der dogmatischen Tradition. Als geradezu klassisches Beispiel sei auf die Verhandlung der Erwählungslehre in der Theo-Logie verwiesen. Denn die Praedestinationslehre als Theo-Logie bringt die Selbstbestimmung des freien Gottes so zur Darstellung, daß Gottes freie Urentscheidung für den Menschen in ihrer Bestimmtheit für das Sein Gottes selbst thematisiert wird. Doch muß angesichts der expliziten Einholung der Praedestinationslehre in die Theo-Logie gefragt werden, ob die These der exklusiv theo-logischen Gestalt der Kirchlichen Dogmatik nicht an der relativen Eigenständigkeit von Schöpfungs- und Versöhnungs-

zum Analogieverständnis Karl Barths, in: Ev. Theol. 22 (1962), 535–557, sieht in der christologischen Fundierung der Anthropologie die »entscheidende Neuerung« Barths gegenüber der »Tradition der bisherigen Dogmatik« (537). Angesichts dieser Neuerung müßte aber nicht nur nach den dogmatik-immanenten Begründungen der Traditionskritik Barths gefragt werden, da zwischen der Sache der Dogmatik und bestimmten Dogmatiken ja nicht wie Kern und Schale unterschieden werden kann. Die Neuerung müßte somit nicht nur in Hinblick auf die dogmatische Tradition, sondern an sich selbst betrachtet werden, was nach der *Funktion* zu fragen impliziert, die diese Neuerung im Kontext der Barthschen Theologie gewinnt. Denn was immer man an Differenzen zwischen Barth und vorgängiger Dogmatik zitieren mag – seine durch die Traditionskritik vermittelte Konstruktion der Dogmatik war offensichtlich von dem Interesse geleitet, der unbedingten Souveränität Gottes auch im Erkenntnisvollzug der Dogmatik ihr Recht einzuräumen.

3. Vgl. T. Rendtorff: Radikale Autonomie Gottes, in: ders.: Theorie des Christentums, Gütersloh 1972, 161ff. Vgl. auch 182ff.

lehre scheitert. Vor allem in der Schöpfungslehre wird sich die dargelegte These zu bewähren haben, weil diese streng anthropologisch ausgeführt wird. Daß aber die *Anthropologie* einer Dogmatik als Moment der Theo-Logie selbst anzusehen ist, scheint nicht nur in Hinsicht auf die Tradition, sondern auch angesichts des theologischen Protests der Barthschen Theologie verwunderlich, insofern diese gerade in Kritik einer schlecht-theologischen Ineinssetzung von Theo-Logie und Anthropologie ihren Ausgang nahm.

I. Die Schöpfungslehre als Moment der Theo-Logie

Mit der »Lehre von der Schöpfung«, die sich an die Darstellung der expliziten »Lehre von Gott« anschließt, wendet sich die Dogmatik nicht einem neuen, anderen, gar gegenüber dem Erkenntnisgegenstand der Theo-Logie eigenständigen Erkenntnisobjekt zu. Vielmehr geht es auch in der Schöpfungslehre ausschließlich um die Erkenntnis Gottes, wodurch von vornherein das Bemühen um eine vom Schöpfungshandeln Gottes ablösbare Darstellung der Schöpfung bzw. der Geschöpfe als theologisch illegitim ausgeschlossen ist. Daß auch die Schöpfungslehre als Theo-Logie im strengen Sinne anzusehen ist, zeigt schon an sich selbst der Begriff der Schöpfung, da in ihm Schöpfer und Geschöpf als zusammengehörig wie Tun und Tat, Bestimmen und Bestimmtes, Subjekt und Objekt gesetzt sind. In der Schöpfungslehre kann das Geschöpf selbst also nur insofern Gegenstand dogmatischer Reflexion sein, als es Ergebnis des Schöpfungshandelns des Schöpfers ist, welchem sein Tun und das Resultat dieses Tuns nicht äußerlich sein können. Denn indem Gott sich selbst als Schöpfer bestimmt, bestimmt er sich selbst auch dazu, durch das Geschöpf bestimmt zu sein.

Die Schöpfungslehre ist also Theo-Logie, weil hier Gott und zwar in der Bestimmtheit seiner Selbstbestimmung als Schöpfer das Erkenntnis gründende Erkenntnisziel der Dogmatik bleibt. In der Hinwendung zum Geschöpf geht es, wenn auch in einer durch Gottes Selbstbestimmung selbst geforderten neuen Perspektive, allein um die Erkenntnis Gottes, eben weil er sich selbst in Schöpfung und Geschöpf zur Darstellung bringt, Gott im Geschöpf »sein eigenes innerstes Wesen«, sich selbst »offenbart« (1)[4]. *Die Schöpfungslehre ist folglich Theo-Logie im strengen Sinne.* Daß sie primär Theo-Logie und nur sekundär auch Darstellung von geschöpflicher Wirklichkeit ist, gründet in der Struktur des göttlichen Schöpfungshandelns selbst, insofern Gott im Setzen des Geschöpfs und seiner fortdauernden Zuwendung *sich selbst* manifestiert.

Die für die Kirchliche Dogmatik bedeutsame Kritik der dogmatischen Tradition und die Absage an die herkömmliche Darstellung der Schöpfungslehre als Kos-

---

4. Im Folgenden geben die in Klammern gesetzten Ziffern nach Zitaten die Seitenzahl in KD III/2 an.

molologie gewinnen dementsprechend die Funktion, die theologische Bestimmtheit der Schöpfungslehre auch im Aufbau ihres Erkenntnis*objekts* zur Geltung zu bringen. Denn wäre die geschöpfliche Wirklichkeit überhaupt Gegenstand einer theologischen Bestimmung, so wäre eodem actu mit der (noetischen) Konstruktion des Kosmos als des Erkenntnisobjekts der dogmatischen Schöpfungslehre die prinzipielle Einsicht in dessen theo-logische Bestimmtheit, das (ontische) Bestimmt-Sein aller Wirklichkeit durch Gott als Schöpfer verfehlt. Ist nämlich in jeder kosmologischen Spekulation⁵ die Totalität der Geschöpfwelt als ein Drittes zwischen Gott und Mensch gesetzt, so könnte für dieses tertium die fundamentale Bestimmung des Geschöpfes durch den Schöpfer aufgrund der dem Kosmos als Totalität eignenden Logizität nicht mehr gedacht werden. Die kosmologisch-spekulative Erkenntnisaktivität eignete dem Kosmos die Eigenständigkeit eines Erkenntnisobjekts zu, das als ein aus sich selbst begründetes Sein und also unter Abstraktion seines Gesetzt-Seins sich selbst darstellte. Mit der aus sich selbst begründeten Reflexion auf die als sich selbst begründend gesetzte Totalität der Geschöpfwelt wäre aber die Unbedingtheit des Schöpfers hintertrieben und die der Absolutheit Gottes korrespondierende theo-logische Bestimmtheit auch der Schöpfungslehre verfehlt. Somit muß die Kritik der dogmatischen Tradition in eine dem Begriff Gottes adäquate Konstruktion der Schöpfungslehre überführt werden. Die nicht hintergehbare Bestimmtheit des Geschöpfs durch den Schöpfer gelangt nur dann zur adäquaten Darstellung, wenn die Schöpfungslehre exklusiv als Anthropologie entfaltet wird. Denn in der Schöpfungslehre als Anthropologie ist jede noetische und ontische Selbstsetzung des Geschöpfs (Mensch) verunmög-

5. Der Begriff *Spekulation* repräsentiert für Barth paradigmatisch und in ausgezeichneter Weise die neuzeitliche Erkenntnisaktivität schlechthin und fungiert somit als Gegenbegriff eines theologisch legitimen Erkenntnisvollzuges. Ist für jene die Selbstsetzung des erkennenden Ich und Begründungsfähigkeit überhaupt konstitutiv, so daß auch alle theologischen Gehalte als der Konstruktion des sich in seinen Konstrukten auslegenden Subjekts sich verdankend gedacht werden müssen, so ist dieser durch eine stringent gedachte Passivitätsstruktur ausgezeichnet, angesichts derer auf seiten des erkennenden Subjekts kein »Rest« von Spontaneität soll Bestand haben können. In Kritik spekulativ-autonomer Erkenntnis wird deshalb eine im christologischen Konstrukt des ontologischen und neotischen Vorgeordnetseins des Wortes Gottes gründende Erkenntnispassivität aufgebaut, so daß im Medium der Theo-Logie das Thema neuzeitlicher Erkenntnisspontaneität erneut Geltung erlangt, sofern die Erkenntnis aus Offenbarung als die Erkenntnis aus der sich selbst setzenden Erkenntnis Gottes zu denken ist. Aufgrund des konstruktiven Charakters der Spekulation erweist sich für Barth diese als theologisch illegitim, weil im Gedanken des konstruierenden Theologen als des Subjekts der Einheit theologischer Gehalte ein reales Außerhalb der unbedingten Selbstbestimmung Gottes gedacht wäre. Die an sich selber gedachte Subjektivität Gottes ist erst dann im theologisch-dogmatischen Erkenntnisprozeß adäquat zur Darstellung gelangt, wenn im theologischen Erkenntnisvollzug Gott selbst sich zum Inhalt der Erkenntnis hat.

licht, weil hier die Schöpfung bzw. das Geschöpf allein in ihrem (seinen) unauf-
löslichen Zusammenhang mit Gottes Bund (der Mensch als Gottes Bundesge-
nosse) gesehen werden kann. Die Hinwendung allein zum geschöpflichen Menschen ist theo-logisch gefordert, weil *dogmatische* Anthropologie an sich selbst
auf ihren theo-logischen Grund verweist. Denn die theologische Reflexion auf
den Menschen als *Geschöpf* führt im denkenden Nachvollzug seiner Geschöpflichkeit zu »Gott in dessen Verhältnis zu den unter dem Himmel auf der Erde existierenden Menschen« (7). Die Schöpfungslehre muß also um ihrer theo-logischen
Stringenz willen *anthropozentrisch* konstruiert werden, ohne jedoch diese Zen-
trierung auf den Menschen als in dessen Sein, Wesen, Selbstbestimmung gründend denken zu können.

Der konsequente Anthropozentrismus der Schöpfungslehre korrespondiert der
Bewegung des Selbstexplikation Gottes, insofern dieser sich nicht mit der Welt
der Geschöpfe, sondern diesem bestimmten Geschöpf, dem Menschen verbündet
hat. *Um Gottes willen* ist die Schöpfungslehre Anthropologie, da Gott als Schöpfer sich selbst nicht einfach als Geschöpf, sondern als dieses bestimmte Geschöpf
(Mensch) bestimmt hat. In Gottes Selbstbestimmung als Mensch (Inkarnation)
gründet die Erkenntnismöglichkeit und Erkenntnisnotwendigkeit der theologischen Anthropologie, weil in Gottes Selbstbestimmung qua Menschwerdung die
Offenbarung des menschlichen Wesens notwendig inkludiert ist. In der Identifizierung mit dem Menschen Jesus schließt Gott die Möglichkeit seiner Menschenlosigkeit von sich aus[6], mit welcher eine außerhalb der göttlichen Selbstbestimmung liegende Bestimmtheit Gottes gesetzt wäre. Indem er sich als ein auch
menschlicher Gott in seiner Absolutheit selbst entspricht, kann ein außerhalb
Gottes und seiner Menschlichkeit gesetzter Mensch als Erkenntnisobjekt der
theologischen Anthropologie gar nicht gedacht werden. Denn da durch Gott
selbst die Gottlosigkeit des Menschen prinzipiell verunmöglicht ist[7], entspricht
die theologische Anthropologie der göttlichen Selbstentsprechung qua Menschwerdung, sofern sie sich allein als in Gottes Selbstoffenbarung gründende Bestimmung des durch Gott bestimmten Menschen bestimmt. Die Theo-Logie verlangt somit als Theo-Logie nach einer stringent theo-logisch konstruierten Anthropologie, die als »Ontologie dieses besonderen Geschöpfs« (13) durchgängig auf
dessen Seins- und Erkenntnisgrund zurückweist. In Entsprechung zur göttlichen
Selbstentsprechung denkt die Anthropologie den Menschen als Geschöpf exklusiv von Gott her; der Mensch ist nur insofern Erkenntnisobjekt der Dogmatik,
als er das von Gott gesetzte und demzufolge auch im Ausgang von Gott aus zu
bestimmende Wesen ist, in dessen Bestimmung Gott sich bestimmt. Somit kann
gesagt werden, daß die Theo-Logie ihrem Erkenntnisgrund kongruent ist, wenn

---

6. Vgl.: E. Jüngel; ... keine Menschenlosigkeit Gottes ..., Zur Theologie Karl Barths zwischen Theismus und Atheismus, in: Ev. Theol. 31 (1971), 376–390.
7. Vgl. KD II/2, 346ff., KD III/2, 162f., 166f. u. ö.; KD III/4, 749ff.

sie als Theo-Logie eine theo-logisch begründete und also christologisch gestaltete Anthropologie in sich einschließt.

Die konsequent theo-logische Strukturiertheit der Barthschen Schöpfungslehre kann nicht nur in der materialen Ausarbeitung der Anthropologie, sondern auch in Hinsicht auf deren Formalstruktur gezeigt werden. Denn in Hinblick auf die Gestaltung der Anthropologie nach dem Grundsatz der *analogia fidei seu relationis*[8] ist es evident, daß alle relationalen Analogien als Entsprechungen von Entsprechungsverhältnissen in Entsprechung zu dem einen Grund aller Analogien, der Entsprechung Gottes zu sich selbst zu denken sind. Alle in der Kirchlichen Dogmatik immer wieder begegnenden Analogien entsprechen vermittels einer Reihe von Entsprechungen der grundlegenden Analogie des göttlichen Seins zu sich selbst. Durch die analogia relationis ist es möglich, alle Analogate auf das eine Ereignis der alle Analogie gründenden »Uranalogie« (261), der Entsprechung Gottes zu sich selbst zurückzubeziehen, sodaß alle Analogien und Analogate als durch die »Urentsprechung« bestimmt angesehen werden können. Insofern nämlich den Beziehungen im innergöttlichen Sein die Beziehung Gottes zum Menschen Jesus entspricht, ist der Mensch Jesus nur als Entsprechung zu den Beziehungen im innergöttlichen Sein. Und indem der Beziehung Gottes zum Menschen Jesus die Beziehung des Menschen Jesus zu den Menschen überhaupt entspricht, ist auch die Beziehung des Menschen Jesus zu den Menschen als eine vermittelte Entsprechung zur Entsprechung des göttlichen Seins anzusehen. Da die Beziehung zwischen dem Menschen Jesus und den Menschen der vorgängigen Beziehung zwischen dem Menschen Jesus und Gott entspricht, entspricht die Beziehung zwischen den Menschen der Beziehung zwischen dem Menschen

8. Zum Folgenden vgl. den schon genannten Aufsatz E. Jüngels zur Analogielehre. Gegen ihn ist darauf hinzuweisen, daß das »mit dem theologischen Begriff der analogia fidei (relationis) zur Sprache gebrachte Phänomen« nicht so von seiner begrifflichen Explikation unterschieden werden kann, »daß das in diesen Sätzen zur Sprache gebrachte Phänomen selbst und nicht primär der es ausweisende Begriff bedacht sein will« (a. a. O. 536). Denn daß auch theo-logische Begriffe nicht einfach dem im Begriffe Gedachten inkongruente Chiffren (nomina) sind, an denen vorbei man zum Phänomen selbst zurückgehen kann, zeigt sich schon daran, daß für die Opposition von Begriff und Phänomen ein nicht durch den theologischen Begriff selbst vermitteltes Wissen um das Phänomen in Anspruch genommen ist. Dieses ursprüngliche Wissen um das in einem Begriffe ausgewiesene Phänomen müßte aber seine Genesis und Geltung dadurch erweisen, daß es sich als Wissen, das gewußt werden *kann*, zeigt und also sich in einem Begriff manifestiert. Jüngel's Sorge, daß im Vollzug des Denkens der die Barthsche Dogmatik bestimmenden theologischen Begriffe »die Offenheit des Verstehens dem Diktat einer sich im Begriffsspiel erschöpfenden Konstruktion« (536) weicht, könnte nur unter der wenig sinnvollen Voraussetzung geteilt werden, daß das offen zu Verstehende auch außerhalb argumentativ-begrifflichen Denkens verstanden werden kann bzw. immer schon verstanden worden ist.

Jesus und den Menschen überhaupt. So ist auch die Beziehung zwischen den Menschen ausschließlich als eine vermittelte Entsprechung zu der Beziehung Gottes zu sich selbst anzusehen: »Die Beziehung zwischen den Menschen überhaupt entspricht den Beziehungen im innergöttlichen Sein und Wesen.«[9] Und weil auch alle die Verfaßtheit des menschlichen Seins bestimmenden Ordnungsanalogien vermittels des Beziehungsgefüges der analogia relationis auf die eine Beziehung Gottes zu sich selbst zurückweisen, muß gesagt werden, daß wie alle dogmatischen Aussagen so auch alle ontologischen Sachverhalte vermittels der analogia relationis in Entsprechung zu Gottes Selbstentsprechung gebracht sind. Um der absoluten Subjektivität des sich selbst entsprechenden Gottes willen muß deshalb auch jeder Versuch einer analogia entis als theo-logisch unmöglich erachtet werden. Denn indem durch die analogia entis eine seinsmäßige participatio des gesetzten Seins am setzenden Sein behauptet wird, verhalten sich qua participatio entis Schöpfer und Geschöpf wie Relate einer Relation, die unter dem tertium comparationis ens zusammengedacht werden. Das Subjektsein Gottes ist in der analogia entis nicht adäquat zur Darstellung gelangt, insofern Gott selbst nicht als Grund jener Relation gedacht ist[10]. Weil vermittels der Analogie nichts als außerhalb des In-Entsprechung-Seins zu Gottes Selbstentsprechung gesetzt werden kann, muß gesagt werden, daß die analogia relationis als ein solches *Konstrukt* fungiert, durch dessen Einführung alle dogmatischen Gehalte als in Entsprechung zu Gott gesetzt sind[11]. Denn indem durch die analogia relatio-

9. E. Jüngel, a. a. O. 542.

10. E. Jüngel formuliert (a. a. O. 546): »Die analogia relationis Barths unterscheidet sich also darin von der analogia entis, daß sie nicht Seiendes in seinem Sein mit anderem Seienden in seinem Sein vergleicht, sondern das dem geschöpflichen Sein vorausgehende, ja das geschöpfliche Sein in sein Sein rufende Ja Gottes in Entsprechung zu dem sich selbst sein Sein zusprechenden Ja Gottes sieht.«

11. E. Jüngel bestreitet den Konstruktionscharakter der analogia relationis, indem er zu zeigen versucht, »daß nur auf dem Grunde der Analogie eine theologische Anthropologie möglich wird« (a. a. O. 545). Doch kann von der analogia relationis als dem *Grund* der Anthropologie nur uneigentlich geredet werden, insofern die Analogia selbst nicht in sich selbst gründet. Sie muß vielmehr als eine Funktion dieses Grundes angesehen werden, insofern sie um der Darstellbarkeit des Grundes auch am Ort des Gegründeten willen bewußt eingesetzt wird, da dieses qua analogia relationis in eine alle Nicht-Identität des Gegründeten ausschließende Entsprechung zum Gründenden gebracht wird. Daß nur dann von der Analogie als »Grund« der Anthropologie gesprochen werden kann, wenn man sie selbst als Konstrukt um der dem Grund gemäßen Darstellung des Grundes im Gegründeten weiß, zeigt E. Jüngel trotz der häufigen Rede von der Analogie als Grund, wenn er darauf hinweist, daß »die Analogie als der eine theologische Anthropologie ermöglichende Grund ... ihrerseits theologisch von einem sie ermöglichenden Grunde bedingt« ist (539). Als diesen der Analogie als Grund vorausgehenden Grund bezeichnet Jüngel die »Erwählung Jesu Christi« (549), in der »der Grund erreicht (ist), in dem das ihre Struktur ... bestimmende Wesen der

nis Gott als ratio essendi et cognoscendi ohne Widerspruch auch am Ort des Geschöpfs zur Darstellung gelangt, kann im dogmatischen Denken der geschöpflichen Realität keine außerhalb ihres In-Entsprechung-Gestellt-Seins eigenständige Wirklichkeit zugeeignet werden. E. Jüngel bringt dies zum Ausdruck, wenn er die analogia relationis als eine solche Beziehung interpretiert, »die als Beziehung sich dem Ja Gottes verdankt, daß Seiendes *nur so* sein läßt, daß es in dieser Beziehung und durch diese Beziehung ist und *so diesem Ja entspricht*«. »Barths anlogia relationis ist eine Entsprechung von Beziehungen, die durch ein Ja konstituiert sind, das so das Sein des Seienden, zu dem Ja gesagt wird, allererst ermöglicht. Es ist das Ja der freien Liebe Gottes, das der dreieinige Gott *zu sich selber* spricht, das er *dann* auch zu seinem Geschöpf spricht, und *das sich so seine Entsprechung schafft.*«[12]

Indem die dogmatische Schöpfungslehre als relational-analogische Anthropologie ausgearbeitet wird, entspricht sie der Dogmatik im Ganzen. So wie diese Gott als das Subjekt des Verhältnisses von Gott und Mensch darstellt, thematisiert jene im Besonderen den Menschen als dasjenige Wesen, welches durch Gottes Beziehung als in Entsprechung gestellt ist. Da unter allen Geschöpfen primär der Mensch Objekt des göttlichen Beziehens ist, entspricht die Dogmatik der Selbstexplikation Gottes, indem sie die Schöpfungslehre als relational-analogische Anthropologie um der Theo-Logie willen und als Moment der Theo-Logie entfaltet.

In dieser theo-logischen Strukturiertheit soll nach Barth der unbedingte Wahrheitsanspruch der theologischen Anthropologie gründen. Im Unterschied zu allen anthropologischen Einzelwissenschaften, die auf die Deskription vielfältiger Bestimmungen und Bestimmtheiten des Menschen abheben, zielt sie auf die eine Bestimmtheit des Menschen und kann, prinzipiell gesehen, diese *eine* (wesentliche) Bestimmtheit, nämlich das Wesen des Menschen als sein Bestimmt-Sein durch Gott darstellen, eben weil sie als theo-logische Anthropologie um ihren Grund in Gottes Selbstoffenbarung weiß. Sie soll deshalb nicht wie alle menschlich begründeten Erkenntnisbemühungen des Menschen auf bestimmte menschliche *Erscheinungen* fixiert sein, sondern vermag für Barth im denkenden Nachvollzug ihrer theo-logischen Begründung des *Wesens* des Menschen ansichtig zu werden.

analogia relationis gründet«. Doch muß auch diese Rede von Jesus Christus als Grund noch einmal theo-logisch präzisiert werden, insofern die der christologischen Darstellung selbst vorausgehende Selbstdifferenzierung Gottes zur Geltung gebracht werden muß. Jesus Christus als der erwählende Gott und der erwählte Mensch (vgl. KD III/2, 110 u. ö.) kann dann als Grund gedacht werden, wenn ihm als dem Grund z. B. der Analogie ein solcher Grund vorausgedacht wird, der erst die gründenden christologischen Aussagen gründet. Als dieser schlechthin unüberbietbare Grund wird in der Barthschen Dogmatik das Ja Gottes zu sich selbst gedacht, in Ausgang von dem erst so etwas wie das Ja Gottes zu etwas anderem konzipiert werden kann.

12. E. Jüngel, a. a. O. 547 (Hervorhebungen vom Verf.).

Da ihr *allein* die »Wahrheit des menschlichen Wesens« (21f.) zugänglich sein soll, können einzelwissenschaftlich exakte oder philosophisch-spekulative Anthropologien nur scheinbar zu ihr in Konkurrenz treten, weil diese in der Analyse oder Systematisierung der bloßen Phänomene sich erschöpfen. Doch gerade angesichts des theo-logisch unverzichtbaren Anspruchs auf die durch die göttliche Selbstoffenbarung ermöglichte Erkenntnis der »wahrhaften Innenseite« des Menschen scheint die theo-logische Anthropologie in einer nicht vorschnell aufzuhebenden grundsätzlichen Aporie zu enden. Denn geht es in ihr um eine Erkenntnis des Menschen nach seinem Grunde und Wesen, welche allein im Bezogensein auf die göttliche Selbstoffenbarung möglich und wirklich werden kann, so scheint sie sogleich in eben ihrem Ermöglichungsgrund verunmöglicht, da ja der Mensch in seinem Offenbarsein in Gottes Selbstoffenbarung nicht in seiner von Gott ursprünglich gesetzten Geschöpflichkeit, sondern als Sünder und als Rebell gegen Gott und also nur in der Perversion seines von Gott geschaffenen Wesens erscheint. Gerade weil die Perversion des menschlichen Wesens durch den Menschen nicht als ein bloßes Accidens, sondern die »theologische Form der menschlichen Substanz« (30) gedacht werden muß, kann ein Ausgang aus der Aporie nicht im Ausgang vom Menschen selbst erfolgen. Allein im Rekurs auf die Selbstoffenbarung Gottes als der Hinwendung zu ihrem Erkenntnisgrund zeigt sich der dogmatischen Anthropologie, daß das Subjekt-Sein Gottes als des Subjekts der Schöpfung und des Bundes durch keine menschliche Aktivität tangiert werden kann. Im Worte Gottes drängt sich die Erkenntnis auch der Begnadigung des Sünders als des sich selbst setzenden Menschen auf. Da diese Begnadigung des Sünders die Tat Gottes ist, kann gerade die dogmatische Anthropologie der Einsicht in die Aufhebung der Sünde sich nicht entziehen. Sie hat der Verunmöglichung menschlichen Sich-Selbst-setzens zu entsprechen, da auch für sie als theologische Erkenntnis gilt, was ontologisch unbedingt gültig ist: »Gegen Gottes Treue kann er (der Mensch) wohl anstürmen, aber nichts ausrichten.« (38) Die theologische Anthropologie kann demgemäß die Sünde als den Versuch des Selbst-Setzens und Sich-auf-sich-Beziehens des Menschen um der Realisierung der Unbedingtheit der absoluten Subjektivität Gottes willen nicht gegen die göttliche Depotenzierung der Sünde selbst fest-stellen. Denn würde die Sünde als ein gegenüber Gott selbständiges Prinzip angesetzt, wäre sie ein reales Außerhalb der Gnade Gottes, dessen Absolutheit an der nicht depotenzierten Macht des Sünders und seiner Sünde zugrunde gehen müßte[13]. Die dogmatische Anthropologie *muß* deshalb mit der Absolutheit Gottes ernst machen, welcher Gott selbst gerade in der Hamartiologie entspricht, wenn *er* die Sünde zum Nichtigen, ihm gegenüber Nicht-Existenten zu erklären vermag. Er erweist gerade angesichts des sündigen Versuchs des Selbst-Setzens des Menschen seine Kontinuität mit sich selbst, da er sich als mit sich identisch darin erweist, daß kein

13. Vgl. dazu: T. Rendtorff, a. a. O. 176f.

menschliches Agieren seine Selbstbestimmung als gnädiger Gott zu tangieren vermag. In der Verunmöglichung der menschlichen Möglichkeit des sündigen Sich-Selbst-Setzens entspricht Gott seiner eigenen Selbstbestimmung, deren Unbedingtheit er gegen jeden Selbstaufbau eines Bedingenden zur Geltung bringt. Die ungebrochene Kontinuität der Entsprechung zu sich selbst realisiert er, indem er den menschlichen Versuch der Nicht-Entsprechung nichtet. Denn da die »Verhältnisse des menschlichen Seins ... in ihrer Struktur« durch die Sünde zwar »bestimmt«, aber nicht »verändert« sind, zeigt sich die Adäquanz Gottes zu sich selbst auch darin, daß die ihm adäquate *Struktur* menschlichen Seins, eben in Entsprechung zu Gottes Selbstentsprechung gestellt zu sein, durch den aussichtslosen Versuch menschlicher Inadäquanz nicht tangiert werden kann. Die Erwählung des Menschen Jesu demonstriert somit die Kontinuität der Selbstentsprechung Gottes, welche sich auch als Macht in der Ohnmacht menschlichen Selbst-Setzens darzustellen weiß. Demgemäß hat auch die theologische Anthropologie der nicht destruierbaren Identität Gottes als der Identität in der Erwählung des Menschen Jesu zu entsprechen, was heißt, daß sie in ihrem Erkenntnisvollzug der Selbstbestimmung Gottes in seinem Verhalten zum Menschen Jesus nachdenkt.

So wendet sie sich in der Erkenntnis des menschlichen Wesens exklusiv Jesus Christus als dem Worte Gottes zu, da die durch die Sünde nicht tangierbaren Verhältnisse des von ihm geschaffenen menschlichen Seins im Verhalten Gottes zu dem Menschen Jesus offenbar sind. Allein in Ansehung dieses erwählten Menschen können dogmatisch-anthropologische Sätze gebildet werden[14]. Mit dieser »Begründung der Anthropologie auf die Christologie« (50) »ist im Gegensatz zur Tradition der Einsatz in die Anthropologie bei dem *Ecce homo* genommen, das auf den Menschen weist, in dem als dem Menschensohn der Gottessohn, und *das heißt Gott selbst, an des Menschen Stelle tritt.*«[15] Damit unterstellt sich der Erkenntnisvollzug der theologischen Anthropologie der vom Geschöpf aus nicht tangierbaren Selbstexplikation des Schöpfers, von dem ausgehend eine Erkenntnis des Geschöpfs allein den theo-logischen Sachverhalten kongruiert. Insofern Gott in Schöpfung und Bund, im Geschöpf und in der Nichtig-Setzung der Sünde sich entspricht, kann eine dogmatische Anthropologie nur dann als ihrem Gegenstand adäquat gelten, wenn sie dem absoluten Vorrang des Schöpfers vor dem Geschöpf in allen ihren Erkenntnisakten angemessen zur Darstellung zu bringen vermag. Sie entspricht der Selbstentsprechung Gottes, wenn sie allererst und ausschließlich dem Menschen Jesus als ihrem Erkenntnisobjekt sich zuwendet,

---

14. KD III/2, 181: »Die Frage nach einem anderen Vorher unseres Seins als unseres Aufgerufenseins würde nur dann in Betracht kommen, wenn wir zu dem Versuch zurückkehren wollten, uns aus uns selbst, statt aus unserer konkreten Konfrontation mit Gott verstehen zu wollen.«

15. H. Vogel: Ecce homo. Die Anthropologie Karl Barths. Referat und Gegenfrage, in: Verkündigung und Forschung, 1949/50, München 1951/52, 104.

da allein in ihm das Wesen des Menschen und die Realität des Menschseins identisch sind. Nur im Ausgang von ihm als der manifesten Einheit von Wesen und wesensgemäßen Verhalten vermag sie zur Bildung von Sätzen über das menschliche Wesen fortzuschreiten, wie es das Wesen eines jeden empirischen Menschen ist. Somit ist in der durch Gottes Negation der Sünde gesetzten Identität des Wesens des Menschen Jesu mit dem Wesen eines jeden Menschen die prinzipielle Nicht-Identität der als identisch Gesetzten gesetzt, aufgrund deren eine *unmittelbare* Deduktion anthropologischer Sätze aus christologischen ›Obersätzen‹ verunmöglicht ist. Die theologische Anthropologie wird der grundsätzlichen Nicht-Identität zwischen dem Menschen Jesus und den Menschen, welche in der exklusiv im Menschen Jesus realisierten Identität von Wesen des Menschen und Menschsein selbst gründet, nur dann gerecht, wenn sie die Ausschließlichkeit des Verhältnisses zwischen dem erwählenden Gott und dem erwählten Menschen nicht unmittelbar allgemein setzt. Sie entspricht der Selbstbestimmung Gottes, wenn sie die nicht hintergehbare Nicht-Identität zwischen dem bestimmten Menschen Jesus und den Menschen auch im Erkenntnisvollzug nicht einzieht. Insofern sie die menschliche Natur als erstens »zuerst urbildlich in ihm und nur abbildlich in uns« (58), zweitens allein in ihm bewahrt und nicht verkehrt und deshalb drittens allein in ihm erkennbar und offenbar *weiß*, entspricht sie der prinzipiellen Nicht-Identität Jesu darin, daß sie sich primär ihm zuwendet und erst sekundär den von ihm unterschiedenen Menschen im Allgemeinen. Denn da der Mensch Jesus als der Träger der menschlichen Natur *zugleich* »ihr Herr, der ihn ihr handelnde Schöpfer Gott selber war« (60), kongruiert ihm als dem erwählten Menschen und dem erwählenden Gott die theologische Anthropologie vor allem deshalb, weil sie sich in ihrem Erkenntnisvollzug als Funktion der Theo-Logie *weiß*. Die dogmatische Anthropologie entspricht somit ihrer Stellung als Funktion der Theo-Logie in der materialen Durchführung nur dann, wenn sie als die Erkenntnis des durch Gott bestimmten Menschen nicht bei *dem* Geschöpf, sondern bei dem bestimmten Menschen Jesus als des Menschen für Gott einsetzt. Indem das Wesen des Menschen Jesus als die durch den Menschen Jesus bestimmte Geschichte sich zeigt, erweist sich die Identität von Sein und Tun, von Menschsein und Amt Jesu. Jesus *ist* nur als das Subjekt der Vollziehung seines Amtes. Somit kann die Frage nach seinem Sein nur als die Frage nach der inhaltlichen Bestimmtheit seines Tuns gestellt werden. Insofern allein er »in Unterlassung aller anderen Werke Gottes Werk« tut (72f.), muß dieses Tun als das die Identität des Menschen Jesu Bestimmende gedacht werden, welche also darin gründet, »daß er Gottes Werk tut und in diesem Tun mit Gott *Eins* ist« (74). *Jesu Identität gründet ausschließlich in seiner Entsprechung zu Gott.*

Da im Vollzug seines Werkes allein der Mensch Jesus in Identität mit Gott ist, können die in Hinblick auf den Menschen Jesus gewonnenen Aussagen nicht unmittelbar verallgemeinert werden. Um der Nicht-Identität zwischen dem Menschen Jesus und den Menschen gerecht zu werden, können die auf den Menschen

Jesus abhebenden Bestimmungen aber als *Kriterien* einer jeden anthropologischen Wesensaussage gesetzt werden. Diese Kriterien zentrieren in der Bestimmung, daß *des Menschen Wesen nur als des Menschen Entsprechung zu Gottes Selbstentsprechung* gedacht werden kann. Denn sofern der Mensch Jesus nur als der Mensch *für* Gott ist, vermag man auch das Wesen des Menschen nicht außerhalb dieses Für-Bezuges überhaupt zu konzipieren. So ist zu folgern, daß auch die Existenz eines jeden Menschen »ein Geschehen ist, in welchem er *Gottesdienst* darbringt, in welchem er seinerseits darum für Gott ist, weil Gott sich ihm zuerst verpflichten wollte ...«. Weil der Mensch Jesus »nur ist, damit in ihm Gottes Werk geschehe, Gottes Reich komme, Gottes Wort laut werde« (86), kann auch das Wesen des Menschen nicht außerhalb von Gottes Selbstbestimmung gedacht werden, so daß gesagt werden muß: Die Identität des Menschen gründet allein in der Identität Gottes mit sich. Insofern es in dem im Menschen Jesus statthabenden »göttlichen Handeln zugunsten aller und jeden Menschen zugleich um die Freiheit, Souveränität und Ehre Gottes geht«, kann des Menschen Wesen nicht als »Selbstzweck«, sondern allein als Gott-Zweck bestimmt sein, was heißt, daß jeder Mensch ausschließlich »in der *Ehre Gottes* ... seine eigentliche *Bestimmung* hat« (85). Indem der Mensch Jesus allein im »Vollzug der Herrschaft Gottes existiert, nicht anders (nicht irgendwo außerhalb dieses Geschehens!)«, muß auch das durch Gott den Herrn Beherrscht-Sein als jedem Menschen »wesenhaft eigentümlich« (85) gedacht werden, woraus dann folgt: Die Freiheit des Menschen kann nur als die Freiheit der Entsprechung zu Gottes unbedingter Herrschaft konzipiert werden. Da der Mensch Jesus nur ist, sofern Gott sich selbst in ihm entspricht, kann das *Wesen des Menschen* nur als *von Gott gesetzte Entsprechung zur sich in allem entsprechenden Selbstentsprechung Gottes* gedacht werden.

II. Die Kritik der Zirkelhaftigkeit des Selbstbewußtseins als Medium der Konstruktion einer in sich konsistenten Selbstbewußtseinstheorie

Die um des theo-logischen Nachvollzugs der Selbstentsprechung Gottes willen angeführten christologischen Kriterien einer dogmatischen Anthropologie ermöglichen Barth die ihm erforderliche Kritik aller in menschlicher Selbsterkenntnis gründenden Anthropologien. Diese Kritik soll möglich sein, da die dogmatische Anthropologie um den Seins- und Erkenntnisgrund des Menschen weiß; für Barth ist sie gefordert, da die dogmatische Anthropologie ihre Wesens-Bezogenheit gerade im Durchgang durch die bloßen Phänomenbeschreibungen mit diesen zu vermitteln hat. Denn soll der theo-logischen Anthropologie prinzipiell die Möglichkeit eignen, nicht der Fixierung auf bloße Erscheinungen menschlichen Seins zu unterliegen, muß sie ihre Wesentlichkeit in der Kritik der in der Selbstgewißheit des Menschen gründenden autonomen Anthropologien erweisen, weil um der Bestimmtheit des Menschen durch Gott als der *einen* Bestimmung seines Wesens willen kein bloßer chorismos von Wesen und Erscheinung behauptet sein darf. Denn im chorismos von Wesen und Erscheinung käme den Phänomendeskriptionen die Dignität einer neben dem Wesen eigenständigen Position zu. Deshalb ist es notwendig, die in der sich selbst setzenden Erkenntnis des Menschen gründenden Theorien der Erscheinungen nicht als *gegen* die in der sich selbst setzenden Erkenntnis Gottes fundierte dogmatische Anthropologie gestellt zu denken. Jene Theorien müssen sowohl formal als auch material aus der theologischen Theorie des Wesens des Menschen ableitbar sein, soll diese nicht an der von ihr beanspruchten Wesentlichkeit zugrunde gehen, sofern sie Bestand nur hätte im negativen Bezug auf die Erscheinungen.

Der Forderung der prinzipiellen Ableitbarkeit autonomer Anthropologien wird die dogmatische Anthropologie gerecht, indem sie um deren unaufhebbare Aporie weiß. »Menschliche *Selbsterkenntnis*«, d. h. die Erkenntnis des Menschen durch den Menschen, »muß von allen unseren Kriterien her als ein *Zirkel* bezeichnet werden, in welchem wir an den wirklichen Menschen niemals herankommen können« (87). Die Zirkelstruktur menschlicher Erkenntnis, in welcher der Mensch als Subjekt und Objekt der Erkenntnis seiner selbst die Möglichkeit einer Selbstbeziehung unausgewiesen in Anspruch nimmt, wird von der theologisch begründeten Anthropologie als die Ursache für die Fixierung auf Phänomene des Menschlichen behauptet. Die dogmatische Anthropologie sucht den Erkenntnisansatz autonomer Anthropologien zu destruieren, indem sie zeigt, daß die Erkenntnis des sich aus sich erkennenden Menschen von vornherein zirkelhaft und somit aporetisch ist. Denn da der Mensch, der sich aus sich erkennen zu können meint, sich in der Erkenntnis seiner selbst immer schon als sich selbst setzend voraussetzt, vermag die autonome Anthropologie das Implikat der unausgewiesenen Selbstmächtigkeit selbst nicht mehr zu befragen.

Erhebt man diese religiös-vorstellungshaften Aussagen von der Eigenmächtigkeit des sich erkennen wollenden Menschen auf argumentative Weise, zeigt sich als *Grundstruktur der von Barth theologisch begründeten Kritik autonomer Anthropologien der Rekurs auf die Zirkelhaftigkeit des Selbstbewußtseins.* Barth rezipiert den geradezu klassischen Einwand gegen die neuzeitlich-philosophische Theorie des Selbstbewußtseins, die angesichts ihrer theo-logischen Kritik zur Chiffre aller suisuffizienten Erkenntnisspontaneität des sich autonom setzenden Subjekts wird. Der Verweis auf die Zirkelstruktur des Selbstbewußtseins fungiert als Leitgedanke einer umfassenden Kritik der neuzeitlichen Erkenntnisaktivität, die als Theorie des Selbstbewußtseins ihre begrifflich-logische Selbstreflexion entfaltet hat. Da im Folgenden die (theo-)logische Struktur der im Medium von Dogmatik ausgearbeiteten Kritik des Selbstbewußtseins expliziert werden soll, ist es gefordert, die für das Denken von »Selbst-Bewußtsein« offensichtlich unaufhebbare Aporie seiner Zirkelhaftigkeit eigens thematisch zu machen[16].

16. Zur Zirkelhaftigkeit des Selbstbewußtseins vgl. D. Henrich: Fichtes ursprüngliche Ein-

sicht, Frankfurt 1967; ders.: Selbstbewußtsein, Kritische Einleitung in eine Theorie, in: Hermeneutik und Dialektik I, hg. von R. Bubner, K. Cramer, R. Wiehl, Tübingen 1970; U. Pothast: Über einige Fragen der Selbstbeziehung, Frankfurt 1971.

Die Einsicht in die Zirkelstruktur des Selbstbewußtseins ist der sachliche Grund für mehr (U. Pothast) oder weniger (D. Henrich) deutlich herausgestellte Abkehr von der Theorie des Selbstbewußtseins selbst bei denjenigen Philosophen, die sich um die Darlegung der historischen Problemlage verdient gemacht haben. Die die Philosophie und Theologie unseres Jahrhunderts kennzeichnende explizite und implizite Abkehr vom Denken des die Einheit aller Wirklichkeit gründenden Ich kann die Theologie nur um den Preis ihrer Selbstverabschiedung mitvollziehen, will sie nicht auf ein vorneuzeitliches und de facto unglückliches Bewußtsein regredieren. Denn insofern das *Konstitutionsproblem* von Freiheit *das* Grundproblem aller neuzeitlichen Theologie ist, muß die gegenwärtige Theologie im Interesse ihrer eigenen Genese die Einsicht in das *Problem* der Selbstbegründung des Selbstbewußtseins zumindest *produktiv festzuhalten* versuchen. Damit wird nicht eine unmittelbare Repristination vergangener Theoriegestalten abstrakt postuliert, sondern auf eine theoriefähige Bewahrung des Problems der an sich selber gedachten Freiheit abgehoben. Denn gegenwärtige theologische Theoriebildung kann sich nur dann als frei zur Geltung bringen, wenn sich das Verhältnis zur theologischen Tradition nicht einfach unter dem Vorzeichen von Kritik, Verdrängung oder subjektiver Auswahl vollzieht, insofern gerade darin die jeweils eigene Theologie vom Kritisierten, Verdrängten und Nicht-Aktualisierten negativ bestimmt wäre. Meint die gegenwärtige Theologie, durch die einfache Antithese von aporetischer Selbstbegründung und faktischem Gegebensein des Selbstbewußtseins sich von der Aufgabe seiner reinen Erfassung entlasten zu können, hält sie implizit den größten Teil des Weges der neuzeitlichen Theologie und Philosophie für einen Irrweg, von dem dann allerdings zu zeigen wäre, wieso er überhaupt beschritten werden konnte. Der bloße Hinweis auf die Aporien des Kantisch-Fichteschen Lösungsversuches ist zumindest solange theologisch wenig überzeugend, als die Theologie sich nicht um ein solches Denken bemüht, das den für einen Begriff von Freiheit unaufgebbaren Gedanken der Selbstbegründung als auch einen produktiven Umgang mit der damit gegebenen Aporie zu denken vermag. Fungiert aber der Hinweis auf die Zirkelstruktur als Entlastung (so bei W. Pannenberg: Wissenschaftstheorie und Theologie, Frankfurt 1973, 434, Anm. 820), so muß die Theologie um ihrer selbst willen auf die mögliche Gefahr hingewiesen werden, im Vollzug einer berechtigten Kritik der titanischen Freiheit des absoluten Ich nicht wahre Freiheit, sondern eine schlecht-theologische Unfreiheit zu denken. Man vgl. dazu nur die Selbstverständlichkeit, in der nicht nur bei den Schülern Karl Barths dessen Rede vom »*Geschenk der Freiheit*« Schule machte, ohne daß überhaupt noch bedacht wurde, wie sich der Gedanke der Freiheit und das Bild des Geschenkes zusammendenken lassen. – Einer (theologischen) Theorie des Selbstbewußtseins wird es angesichts der allgemeinen Abkehr vom Problem des Selbstbewußtseins darum gehen, die für die Philosophien und Theologien des 20. Jahrhunderts bei aller inhaltlichen Verschiedenheit kennzeichnende Kritik des Selbstbewußtseins noch als dessen Vollzug einsichtig zu machen. Gezeigt werden muß, daß noch die Kritik der Theorie des Selbstbewußtseins sich diesem verdankt. Dabei müßte evident gemacht werden, daß der Aufweis der Zirkelhaftigkeit des Selbstbewußtseins kein hinreichender Grund sein kann, sich von der Selbstbewußtseinstheorie abzuwenden. Bedacht will

Die Zirkelstruktur des Selbstbewußtseins ist evident in denjenigen reflexions-philosophischen Theorien, die Selbstbewußtsein als Prinzip der Begründung alles Wissens als im Modell der Reflexion erfaßbar dachten. Denn Ich wird konstruiert als jener *Akt*, in welchem das Subjekt des Wissens durch Abstraktion von allen Gegenständen sich auf sich selbst bezieht, sich selbst zum Gegenstand wird. Im Vollziehen des Sich-auf-Sich-Beziehens oder im Selbstbezug des Ich als Subjekt auf dies Subjekt als sein Objekt produziert sich das Ich (Selbstbewußtsein) als die Bedingung der Möglichkeit von Gegenstandsbewußtsein. Sofern aber Selbstbewußtsein als Einheit von Subjekt und Objekt als erst im Vollzug der Reflexion konstituiert gedacht wird, setzt die Reflexionstheorie des Ich sich wissende Subjektivität, deren Ursprung sie doch erklären will, immer schon voraus. Sie macht sich damit einer petitio principii schuldig, die z. B. so dargestellt werden kann: Gerade weil Ich derjenige sein soll, der *sich* reflektierend auf sich bezieht, muß das Ich-Subjekt als das die Reflexion tätigende Ich immer schon als die (ursprüngliche) Identität von Ich-Subjekt und Ich-Objekt, als Ich = Ich vorausgesetzt werden, um die Identität der Relate der Reflexion: Ich-Subjekt und Ich-Objekt gewährleisten zu können. Denn wie sollte das Ich-Subjekt die Identität von wissendem und gewußtem Ich wissen können, wenn nicht dadurch daß es *sich* als Identität, als Ich = Ich weiß? Gerade weil das Ich im Selbstbewußtsein *sich selber* erfassen soll, muß beim *sich* reflektierenden Ich ein Wissen darum vorausgesetzt werden, daß es selber dasjenige ist, was es erfaßt. Diese Voraussetzung ist aber nicht statthaft, insofern das, was erklärt werden soll, zu seiner Erklärung immer schon als unerklärt in Anspruch genommen wird.

Diese Einsicht in die Zirkelhaftigkeit der Theorie vom Ich als Reflexion ist als »Fichtes ursprüngliche Einsicht« (D. Henrich) das die immer von neuem ansetzende Ausarbeitung der verschiedenen Wissenschaftslehren provozierende Grundproblem gewesen. Denn mit dem Programm der Wissenschaftslehre intendierte Fichte, eine Theorie des *ursprünglichen* Selbstbewußtseins zu geben, in welcher sollte gezeigt werden können, wie Ich zu seinem Wissen von sich als Ich kommen kann[17]. In Überbietung Kants, der das nicht an sich selbst zu erfassende Selbstbewußtsein als die Einheit für Anderes konstruierte, beabsichtigte Fichte um der Vermeidung der petitio principii willen, Selbstbewußtsein als Einheit für sich selbst zu denken, aus welcher dann die für Kant nicht deduzierbare Differenz von Denken und Anschauung soll deduziert werden können. Ich muß

sein, daß das Argument des Zirkels immer schon Einheit des Selbstbewußtseins negativ in Anspruch nimmt. Das aber wäre nur legitim, wenn dem Wissen um die Zirkelhaftigkeit des Selbstbewußtseins ein solches Wissen vorausginge, das selbst nicht zirkelhaft sein kann.

17. Vgl. dazu: J. G. Fichte: Grundlage der gesammten Wissenschaftslehre (1794); ders.: Erste Einleitung in die Wissenschaftslehre (1797); ders.: Zweite Einleitung in die Wissenschaftslehre (1797), in: Fichtes Werke, hg. von Immanuel Hermann Fichte, Berlin 1845/46, Nachdruck Berlin 1971, Bd. 1.

zum Prinzip dieser Differenz werden, so daß es selbst als absolut gedacht werden muß, insofern es als Prinzip der Differenz durch nichts außer ihm bestimmt (=beschränkt) sein kann[18].

Doch kann gezeigt werden, daß der in der Wissenschaftslehre von 1794 ausgearbeitete Versuch Fichtes, kein Ich-Subjekt dem Selbstbewußtsein vorauszudenken, sondern das Subjekt als eodem actu mit dem Bewußtsein seiner selbst sich selbst setzend aufzuzeigen, der Aporie der Zirkelhaftigkeit des Selbstbewußtseins unterliegt[19]. Denn offensichtlich kann auch Fichtes Konstruktion des Ich als Tathandlung nicht umhin, im Ich die Differenz von Tun und Tat, Produzieren (Grund des Sich-Wissens) und Produkt (Wissen des Ich von sich selbst) anzusetzen, welche als die im Vollzug der Selbstsetzung gründende Selbstdifferenzierung des Ich gedacht werden müßte. Insofern das Ich qua Selbstsetzen Selbstbewußtsein begründen soll, für dieses aber Fürsichsein konstitutiv ist, müßte für das Ich-Setzen (Aktivität) als Bedingung der Möglichkeit, *sich selber* qua Setzen zu wissen, immer schon Empfänglichkeit (Passivität) vorausgesetzt werden, so daß für das Ich als bloße Ich-Erzeugung schon *beide* Momente, Spontaneität und Rezeptivität in Anspruch genommen werden. Auch Fichte kann also nicht zeigen, wie es zu Fürsichsein des Ich (ursprüngliches Selbstbewußtsein) kommen kann, wenn nicht für das produzierende Ich immer schon die erschlichene Identität von Aktivität und Rezeptivität, Ich-Subjekt und Ich-Objekt angesetzt wird. Auch die Fichtesche Theorie des sich selbst setzenden Ich als Tathandlung bleibt zirkelhaft.

Fungiert der Hinweis auf die Zirkelstruktur des Selbstbewußtseins als *das* theologische Argument einer Kritik philosophischer Anthropologien (neuzeitlicher Selbstbewußtseinstheorien), so ist von der Theologie ein Doppeltes gefordert: Sie muß nicht nur im jeweils Kritisierten die unausgewiesen in Anspruch genommene Subjekt-Objekt-Identität als solche zeigen können, sondern vor allem selbst eine Denkfigur kommunizierbar machen, aufgrund derer die Zirkelhaftigkeit aller Theorie, die Selbstbewußtsein in Anspruch nimmt, ausgesagt werden kann. In Hinsicht ihres Wahrheitsanspruchs müßte die Theologie (dogmatische Anthropologie) im Vollzug der Kritik aporetischer Selbstbewußtseinstheorien sich selbst als die gelungene Theorie des Selbstbewußtseins erweisen können, wenn ihrer Kritik ein theo-logisch begründetes Interesse am Gedanken des Selbstbewußtseins selbst zugrunde liegt. Insofern der Aufweis der Zirkelstruktur ein Wissen um einen als nicht zirkelhaft gewußten Fall von Selbstbewußtsein impliziert, muß die als Kritik der Selbstbewußtseins-Aporie auftretende Dogmatik selbst als ein solches Denken zu verstehen sein, in Verfolg dessen das als Selbstbewußt-

---

18. »*Dasjenige, dessen Seyn (Wesen) bloß darin besteht, daß es sich selbst als seyend setzt,* ist das Ich, als absolutes Subject« (Fichte, a. a. O. Bd. 1, 97).

19. Vgl. dazu: F. Wagner: Der Gedanke der Persönlichkeit Gottes bei Fichte und Hegel, Gütersloh 1971, 38ff.

sein aporetisch Bestimmte ohne Aporie gedacht werden kann. Da nämlich qua Kritik der Zirkelstruktur die Differenz von zirkelhaftem Selbstbewußtsein – in sich konsistentem Selbstbewußtsein implizit vorausgesetzt ist, weil am Ort des Zirkels der Zirkel nicht gewußt werden kann, so daß das Wissen des Zirkels nur von einem Ort außerhalb des Zirkels begründet zu werden vermag, muß die Theologie (dogmatische Anthropologie) als Kritik des Zirkels den Ort ihrer Kritik angeben können. Unter den Bedingungen neuzeitlichen Denkens kann als der Ort der Kritik der Zirkelhaftigkeit des Selbstbewußtseins nur eine solche Gestalt sich wissender Subjektivität gedacht werden, die sich als ein *bestimmter,* in sich widerspruchsfreier Gedanke von Selbstbewußtsein darzustellen weiß. Allein die Theorie dieses gelungenen Falls von sich wissender Subjektivität vermag die zirkulären Theorien des Selbstbewußtseins zu kritisieren, wenn die Kritik soll in Konstruktion überführt werden können. Allein in Überbietung bloßer Kritik durch eine dem Kritisierten überlegene Konstruktion des mit »Selbstbewußtsein« Gedachten kann z. B. die Tathandlung Fichtes als selbstbewußtlose, in sich kreisende Tätigkeit qualifiziert werden, mit welcher das Ich als Selbstbewußtsein nicht erklärt werden kann. Denn jede sonstige Kritik des Zirkels, wie immer sie im Einzelnen argumentiert, steht noch unter der Bedingung ihrer eigenen Kritik, da im Argument des Zirkels eine ebenso nicht begründete Identität des Selbstbewußtseins *via negationis* in Anspruch genommen ist. Der Aufweis des durch die Selbstkonstitution nicht zu begründenden Sich-selbst-Wissens setzt *negativ* immer schon ein Wissen um Sich-selbst-Wissen voraus. Der Gedanke der Nicht-Identität von sich wissender Subjektivität kann nur dann gedacht werden, wenn ein wie auch immer zu begründendes Wissen um die Identität sich wissender Subjektivität in das Denken des Gedankens der Nicht-Identität eingegangen ist. Soll in der Kritik der Zirkelhaftigkeit des Selbstbewußtseins das in dessen Theorie evidente Problem nicht ein für allemal verabschiedet werden, muß die dogmatische Kritik des Zirkels überboten und zugleich fundiert werden durch eine solche Konstruktion des in der Selbstbewußtseinstheorie Thematischen, die unter der Bedingung der Kritik des Zirkels nicht mehr stehen können soll.

Dieser Sachverhalt, daß der Aufweis der Zirkelstruktur des Selbstbewußtseins unter der Bedingung einer negativ in Anspruch genommenen Identität des Selbstbewußtseins steht, kann auch so dargestellt werden: Rekurriert die Kritik der Selbstbewußtseinstheorie, wie sie für die Barthsche Dogmatik konstitutiv ist, auf das klassische Argument des Sich-immer-schon-Gegebenseins des Selbstbewußtseins, so nimmt sie Selbstbewußtsein als sich wissende Subjektivität insofern in Anspruch, als im Wissen-*Können* des Moments des Nichtgesetztseins immer schon ein gelungener Fall der Selbstmitteilung des Selbstbewußtseins impliziert ist. Andernfalls könnte nur vom bloßen Gegebensein von Ich gesprochen werden. Doch wäre im argumentativen Bezug auf das bloße Gegebensein von Ich noch gar nicht erklärt, was nur eine Selbstbewußtseinstheorie erklären könnte, nämlich warum dieses Gegebensein vom Ich als *sein* Gegebensein gewußt werden kann. Gegebenes als *sich*-gegeben zu identifizieren und *sich* als gegeben zu wissen, setzt immer schon die Identität sich wissender Subjektivität voraus. Daß sich das Ich immer schon als Ich vorfindet, kann mit der Vorfindlichkeit von Gegenständen, die dem Ich äußerlich sind, nicht geglichen werden.

Soll also der von Barth als nicht hintergehbar behauptete Wahrheitsanspruch dogmatischer Anthropologie als auch seine Kritik autonomer Anthropologien nicht bloß den subjektiven Reflexionen des Dogmatikers Barth sich verdanken, so erweist sich die Produktion von Dogmatik nur dann als in sich schlüssig, wenn sie um der Darstellbarkeit einer nicht-zirkelhaften Gestalt von sich wissender Subjektivität willen geschieht. Will die theologische Kritik der die Identität des Selbstbewußtseins aporetisch begründenden Theorien nicht einem bloßen Meinen geschuldet sein, das sich angesichts dieser und jener Krisenerfahrungen autonomiekritisch und neuzeitdistanziert gibt, muß die Theologie im Interesse ihrer eigenen Theoriefähigkeit den als Bedingung der Möglichkeit der Kritik der Zirkelhaftigkeit gewußten in sich widerspruchsfreien Fall des Selbstbewußtseins im Vollzug ihrer Kritik zur Darstellung bringen können. Und genau dies geschieht implizit bei Barth im kritischen Durchgang dreier verschiedener Stufen autonomer Anthropologie und der durch die Kritik vermittelten Konstruktion einer Anthropologie sub specie Dei.

Der Darstellung einer einzelwissenschaftlich-empirischen Anthropologie schließt Barth die Kritik einer idealistischen Anthropologie an, welche einen Begriff des Wesens des Menschen nicht im Ausgang von dessen naturmäßiger Ausstattung und dem damit gesetzten Verhalten, sondern im Rekurs auf die praktische Vernunft zu entfalten versucht[20]. Auch wenn dieser Übergang von der naturalistischen zur idealistischen Anthropologie einen sachlichen Fortschritt darstellt, insofern in letzterer Betrachtung menschliche Freiheit nicht mehr nur im Gegensatz zu naturmäßiger Fremdbestimmtheit ausgesagt werden muß, stehen beide Theorien unter der Bedingung der Kritik der Zirkelhaftigkeit, da sie den Menschen als ein solches Subjekt unausgewiesen voraussetzen, »das sich selbst Objekt und als solches einsichtig, übersichtlich, sich selbst als Objekt prinzipiell verfügbar ist« (128). So können sie von einer existenzphilosophischen Anthropologie überboten werden, die bei Barth insofern als die höchste Möglichkeit autonomer Anthropologie fungiert, als sie gerade im Wissen um die Nichtobjektivierbarkeit und Nichtdefinierbarkeit des Menschen aufgebaut wird. Ihr scheint eine besondere Nähe zur dogmatischen Anthropologie zu eignen, wenn sie die menschliche Existenz als Situation des Bezogenseins und also in unaufhebbarer »Beziehung zu einem Anderen«, dem Menschen selbst Transzendenten beschreibt (130). Trotzdem und gerade deshalb unterliegt die existenzphilosophische An-

---

20. Barth bezieht sich bei der Darstellung einer »idealistischen« Anthropologie auf J. G. Fichte: Die Bestimmung des Menschen, in: Fichtes Werke, a. a. O. Bd. II, 165ff. Vgl. KD III/2, 113–128.

thropologie der theologischen Kritik, da auch sie als eine in sich zirkelhafte Gestalt der Selbstbewußtseinstheorie identifiziert werden kann. Denn weil das menschliche Subjekt der Erfahrung dieses Anderen die Transzendenzerfahrung gründet, nicht aber die Transzendenzerfahrung im Ausgang vom Transzendenten als Sich-zur-Erfahrung-Bringen des Transzendenten gedacht wird, kann das Bezogensein auf jenes Andere entschlüsselt werden als ein Sich-Beziehen auf ein solches Transzendentes, das offenbar als Konstrukt der Selbstauslegung des sich und das Konstrukt des Transzendenten setzenden Ich fungiert. Indem dem Menschen in der Situation der Transzendenzerfahrung die Wahlfreiheit der Entsprechung zum bzw. die Verweigerung gegen das Transzendente gegeben bleibt, zeigt sich die Theorie der Transzendenzerfahrung als eine Theorie des sich selbst setzenden Ich.

Denn ein streng theo-logisches Denken des Gedankens des Sich-zur-Erfahrung-Bringens des Transzendenten schließt den Gedanken einer freien menschlichen Wahl in dieser Erfahrung aus, so daß *allein* die Möglichkeit der Entsprechung *»unter Ausschluß jeder anderen (Möglichkeit)* sich dann dem Menschen *unwiderstehlich* aufdrängen würde« (138, vom Vf. gesperrt). Eine Verhaltensmöglichkeit menschlicher Adäquanz oder Inadäquanz zu Gott kann nach Barth theologisch gar nicht gedacht werden, insofern die Adäquanz des menschlichen Verhaltens zu Gott als von Gott gesetzt in der Selbstadäquanz Gottes gründet. Daß in der existentialphilosophischen Anthropologie dem Menschen ein Vermögen zur »Unbedingtheit der Hingabe« (140) an das Transzendente zugeeignet wird, verweist darauf, das in der Transzendenzerfahrung begegnende Andere als ein Produkt sich potenzierender menschlicher Subjektivität zu entschlüsseln. Denn offensichtlich leistet die sich selbst setzende Subjektivität den Aufbau ihrer selbst im Durchgang durch ein Transzendentes, um auch unter der Bedingung ihrer empirisch-individuellen Bedingtheit ihrer eigenen Unbedingtheit ansichtig werden zu können. »Des Menschen eigene Art ... ist offenbar gar keine andere als eben die Art der Transzendenz« (140). Daß der Mensch in der Erfahrung eines als transzendent Behaupteten von sich aus das Erfahrene als Transzendentes bestimmen kann, zu dem er sich dann in entsprechender Hingabe verhält, steht unter der Bedingung eines vorgängigen Wissens um das Transzendente, welches offensichtlich im Wissen der sich wissenden Subjektivität gründet. Auch in dieser Theorie zentriert also die Erkenntnis des Menschen in der unausgewiesen in Anspruch genommenen Identität des Selbstbewußtseins, was sich schon daran erweisen läßt, daß gerade in dem – durch den Rekurs auf die Transzendenzerfahrung vermittelten – Prozeß der Selbsterkenntnis des Menschen dessen Subjektivität sich desto mächtiger aufbaut.

Da auch in dieser Anthropologie die Struktur der Zirkelhaftigkeit sich selbst setzender Subjektivität identifiziert werden kann, verweist sie als Theorie des Selbstbewußtseins via negationis darauf, daß die Erkenntnis des Menschen nicht aus dem Menschen selbst zu begründen ist. Denn der Mensch kann als sich selbst setzend nur aporetisch gedacht werden, da er als Subjekt der Erkenntnis seiner selbst sich immer schon gegeben ist. Das in jeder menschlichen Erkenntnisaktivität immer schon vorausgesetzte Sich-gegeben-Sein des Menschen als Erkenntnissubjekt soll als apagogischer Beweis der Wahrheit der theo-logisch begründeten Anthropologie fungieren, welche davon ausgeht, einen Begriff des Wesens des Menschen nicht im selbstbegründeten Erkenntnisvollzug gewinnen zu können. Die Einsicht in die Aporie der Zirkelhaftigkeit des Selbstbewußtseins bestätigt den konsequent-theo-logischen Ansatz der dogmatischen Anthropologie. Für Barth vindiziert die Theorie des Selbstbewußtseins aufgrund ihrer zirkelhaften Struktur selbst den Übergang zur stringent theo-logischen Lehre vom Menschen: »Das menschliche Selbstverständnis müßte ... umgekehrt und neu begründet, es müßte aus einem autonomen in ein theonomes Selbstverständnis gewandelt werden« (148).

Die in der *immanenten* Kritik[21] autonomer Anthropologien geforderte Konstruktion einer theo-logischen Lehre vom Menschen, welche angesichts der Kritik der Zirkelhaftigkeit der dargestellten Anthropologien sich selbst als eine nicht-zirkelhafte Theorie des Selbstbewußtseins aufzubauen hat, beansprucht mit dem *Ausgang beim einzigen »oberhalb des Menschen« liegenden Punkt*, in sich widerspruchsfrei zu sein. Denn indem sie als Kritik selbst unter der Bedingung ihrer Kritik steht, sofern sie dem Kritisierten nicht soll identisch sein, muß sie im Interesse an einer nicht aporetisch-zirkelhaften Begründung menschlicher Selbsterkenntnis bei *Jesus Christus* einsetzen. Das Sein und Wesen eines jeden Menschen zeigt sich als durch das Faktum bestimmt, »daß in der Mitte aller übrigen Menschen *Einer* der Mensch Jesus ist« (158). Die Bestimmung des menschlichen Wesens liegt somit außerhalb einer jeden *unmittelbaren* Selbstbestimmung *des* Menschen, eben weil die Existenz dieses *einen* Menschen sich nicht einem Akt menschlicher Setzung verdanken kann[22]. Die Bestimmtheit des menschlichen Wesens gründet in der durch menschliches Sich-Beziehen nicht begründbaren Tatsache des Bezogenseins auf Jesus Christus, insofern der Mensch in diesem einen Menschen als vor sein *göttliches* Gegenüber gestellt bestimmt ist. Weil dieser eine Mensch Jesus Christus allein für Gott existiert, gründet er als die »kreatürliche Entsprechung, Wiederholung und Darstellung« (161) der unbedingten Souveränität Gottes die Erkenntnis des Menschen, der in ihm ab alio, durch das Faktum der Mitmenschlichkeit dieses einen Menschen bestimmt ist.

21. Vgl. dazu KD III/2, 144: »Wir haben also doch nicht nur postuliert und eine Kritik *a priori* durchgeführt, sondern wir haben das dem Postulat unserer theologischen Voraussetzung Entsprechende nun auch erkannt ...«

22. Daß die Bestimmung des menschlichen Wesens nicht in einem Akt menschlichen Sichselbstsetzens, sondern in dem Bestimmtsein durch die Mitmenschlichkeit des Menschen Jesus gründet, macht es einsichtig, daß für den *Menschen* Jesus Selbstsetzen nicht gedacht werden kann. Von hier aus sind die Aussagen Barths zur Jungfrauengeburt zu verstehen. Vgl. I/2, 189ff., IV/1, 226ff.

Der Göttlichkeit des Seins Jesu Christi gemäß kann die materiale Ausführung einer dogmatischen Anthropologie nur darin bestehen, das menschliche Bestimmtsein durch das Menschsein Jesu Christi als des göttlichen Gegenübers des Menschen und also die grundlegende und einzige Bestimmtheit des Menschen, nämlich mit Gott zusammen zu sein, des Näheren auszuführen. Im Bestimmtsein allein durch Jesus Christus kann das menschliche Sein als ein »Sein von Gott her« gewußt werden, für welches dieses ab-Deo-esse konstitutiv ist. Denn da das menschliche Sein als ein »schlechthin bestimmtes und bedingtes Sein« (107) zu denken ist, kann die Selbständigkeit des menschlichen Seins nur als die Selbständigkeit des vom Grund different gesetzten Gegründeten konzipiert werden. Im Bestimmtsein durch den ewig erwählten Jesus Christus[23] ist das Sein des Menschen als Sein des miterwählten oder hinzuerwählten Geschöpfes bestimmt (174), dem Erwähltsein allererst sekundär zukommt. Denn auch die Selbstbestimmung Gottes qua Erwählung bezieht sich allererst auf Gott selbst. Der Erwählung des Menschen Jesus entsprechend kann die durch die innergöttliche Erwählung dieses Menschen vermittelte Erwählung des Menschen nur als eine solche Erwählung gedacht sein, die als abgeleitete Erwählung immer schon auf ihren Seins- und Erkenntnisgrund im Erwähltsein Jesu Christi zurückweist. Als ein im Bestimmtsein durch Jesus Christus notwendig in Beziehung zu Gott gesetztes Sein ist das menschliche Sein nur als Hören des Wortes Gottes. Der Mensch *ist* nur, indem er von Gott *angeredet ist*. Der sich beziehende Gott setzt Beziehung und Bezogenes zugleich. Demgemäß ist auch die Wirklichkeit der menschlichen Existenz nur als die Wirklichkeit des durch das Wort Gottes Aufgerufenseins[24]. Der Gedanke eines selbständigen Außerhalb des Wortes Gottes kann dann aber nicht mehr gedacht werden, denn alle Wirklichkeit außerhalb des Wortes Gottes ist bloßer Schein. Nicht-Identisches ist nur, insofern es immer schon in die Adäquanz zum Worte Gottes gestellt ist. Denn indem auch die Wirklichkeit der menschlichen Existenz nur als Funktion des Wortes Gottes *ist*, eignet ihr Wirklichkeit nur als Wirklichkeit des In-Entsprechung-Seins zu Gottes Selbstentsprechung im Worte Gottes. Eine Wirklichkeit außerhalb des In-Entsprechung-Gebraucht-Seins zu Gott kann nur als nichtig gedacht werden.

23. Um der unbedingten Souveränität Gottes willen ist es gefordert, Erwählung und Erwähltsein Jesu als von Ewigkeit her beschlossen zu denken. Denn die Erwählung Jesu kann nicht als sekundäre Selbstbestimmung Gottes (Erwählen) reaktiv zum primären Sichselbstsetzen des Menschen (Sünde) gedacht werden, insofern es dem Gedanken der absoluten Subjektivität Gottes widerspricht, Gottes eine Selbstbestimmung in der Erwählung Jesu Christi als durch die Spontaneität des durch ihn bedingten Seins bedingt zu denken.

24. »Die Frage nach einem anderen Vorher unseres Seins als Aufgerufensein würde nur dann in Betracht kommen, wenn wir zu dem Versuch zurückkehren wollten, uns aus uns selbst, statt aus unserer konkreten Konfrontation mit Gott verstehen zu wollen« (KD III/2, 181).

Da die materialen Sätze der theo-logisch konstituierten Anthropologie im Rekurs auf das grundlegende Bestimmtsein des Menschen überhaupt durch das Sein Jesu Christi gebildet werden, ist es angesichts der für diese Konstruktion konstitutiven Kritik der Zirkelhaftigkeit der Theorie des Selbstbewußtseins gefordert, *die Christologie selbst als Theorie des Selbstbewußtseins zu interpretieren*[25]. Denn offensichtlich soll durch die konstruktive Bezugnahme auf das Sein Jesu Christi als des einen Ortes der Ableitbarkeit aller anthropologischen Sätze die dogmatische Anthropologie der Aporie der Zirkelhaftigkeit des Selbstbewußtseins entgehen. Mit dem Sein Jesu ist der Ort der dogmatischen Kritik der Zirkelhaftigkeit als auch der Ort der durch diese Kritik vermittelten Konstruktion erreicht, da die dogmatische Theologie mit dem Sein Jesu Christi ein in sich zirkelfreies, selbstsetzendes Selbstbewußtsein zur Darstellung bringt. Die dogmatische Anthropologie unterliegt nämlich nur dann nicht ihrer eigenen Kritik des Zirkels, wenn die sowohl theo-logisch als auch im apagogischen Beweis qua Kritik geforderte Hinwendung zum Sein Jesu Christi sich darin als begründet erweist, daß dieses Sein Jesu Christi als ein in sich konsistenter Fall von Selbstbewußtsein identifiziert werden kann. Nur unter der Bedingung, daß in der Nennung des Namens Jesus Christus die dogmatische Theologie auf ein solches Selbstbewußtsein abzuheben sich bemüht, welches als in sich zur widerspruchsfreien Selbstmitteilung fähig gedacht werden kann, war der kritische Aufweis der Zirkelhaftigkeit anthropologischer Selbstbewußtseinstheorien in sich stimmig, sofern nur qua Christologie die Kritik in Konstruktionen überführt worden ist. Angesichts der theo-logisch begründeten christologischen Gestalt der Barthschen Anthropologie muß deshalb gefolgert werden: Daß die Bildung anthropologischer Sätze von Barth bewußt unter die Bedingung ihrer christologischen Bestimmtheit gestellt wird, kann nur insofern als begründet angesehen werden, als der Hinweis auf das Sein Jesu Christi als des Begründungsortes aller anthropologischen Aussagen in verschlüsselter Form darauf abzielt, mit Jesus Christus die Möglichkeit einer in sich zirkelfreien Selbstbegründung und Selbstmitteilung des Selbstbewußtseins darstellen zu können.

Gemäß dieser an der christologischen Konstruktion der Barthschen Anthropologie gewonnenen Einsicht, daß die dogmatische Theologie mit der Christologie eine in sich widerspruchsfreie Gestalt sich wissender Subjektivität zur Darstellung bringt und also selbst als Theorie des Selbstbewußtseins sich etabliert, stellt sich die Frage des Verhältnisses von Christologie und Theo-Logie. Denn ist die Christologie selbst als theologische Theorie des Selbstbewußtseins anzusehen, kann das Verhältnis von Theo-Logie und Christologie nur im Kontext der Selbstbewußtseinsproblematik adäquat bestimmt werden. Arbeitet die Theologie in der »Christologie ... selber nichts anderes als die theologische Theorie der Sub-

25. Zur Interpretation der Christologie als Theorie des Selbstbewußtseins vgl.: F. Wagner: Systematisch-theologische Erwägungen zur neuen Frage nach dem historischen Jesus, in: KuD 19, 1973; T. Rendtorff, a. a. O. 173ff.

jektivität«[26] aus, kann auch die Theo-Logie selbst nur als eine solche Theorie des Selbstbewußtseins gedacht werden, in der in Entsprechung zur Produktion der Christologie das Selbstbewußtsein sich seine eigene Struktur transparent macht. Da die Theo-Logie sich wesentlich im Medium des Allgemeinen bewegt, hebt die Selbstdarstellung und Selbstdurchleuchtung des Selbstbewußtseins in den Vorstellungen und Gedanken der Theo-Logie auf die dem Selbstbewußtsein immanente Allgemeinheit, Unbedingtheit und Allgemeingültigkeit ab. Offensichtlich soll die am Ort des bestimmten Ich unaufhebbare Aporie seiner Selbstkonstitution dadurch einer Lösung zugeführt werden, daß mit der Konstruktion eines *allgemeinen* Selbstbewußtseins ein solcher Ort bezeichnet werden kann, auf den hinblickend das im Versuch des Sich-selbst-Setzens immer schon vorausgesetzte Sich-gegeben-Sein selbst als gesetzt gedacht werden kann. Im Gedanken Gottes als causa sui, Schöpfer, Herr denkt das Selbstbewußtsein als das Subjekt der Theologie ein solches allgemeines Selbstbewußtsein, welches in Differenz zu sich selbst nicht der Bedingtheit seines Sich-gegebenseins unterliegt, sondern als Grund aller Bedingtheiten sich selbst als unbedingt setzt und weiß. Die Problematik des Selbstbewußtseins, sich selbst als den Grund aller Wirklichkeit zu bestimmen und doch zur Begründung seiner selbst sich immer schon mitzubringen, soll in der Theo-Logie gelöst werden durch den Aufbau eines allgemeinen Selbstbewußtseins, in welchem auch das Moment des Sich-Gegebenseins unter die Bedingung des Gesetzt-Seins durch das sich setzende Selbstbewußtsein gestellt werden kann. Das Selbstbewußtsein leistet im Denken des Gedankens Gott eine Rekonstruktion seiner selbst, in welcher es seine Genese sich anschaulich machen kann. Denn das seinen Tätigkeitsvollzügen vorgegebene Moment seiner Vorfindlichkeit wird in der Konstruktion des allgemeinen Selbstbewußtseins transparent als ein solches Moment von Gesetztsein, das als in der Setzung des allgemeinen Selbstbewußtseins gründendes Gesetztsein zu denken ist. Demgemäß kann auch das Sichgegebensein des Selbstbewußtseins als Gesetztsein des allgemeinen Selbstbewußtseins und darin als durch das Selbstbewußtsein selbst gesetzt konzipiert werden. Im Denken der Theo-Logie erlangt somit der Gedanke des sich selbst setzenden Selbstbewußtseins die ihm immanente Unbedingtheit, insofern auch das dem Gedanken der Selbstsetzung des Selbstbewußtseins widerstreitende Moment seiner Vorfindlichkeit noch in den Vollzug des Selbstsetzens des (allgemeinen) Selbstbewußtseins einbezogen werden kann. Das Selbstbewußtsein baut so im Gottesgedanken die Identität seiner selbst auf, insofern es auch das ihm nicht-identische Moment seiner selbst in das Bedingen des alles bedingenden Selbstbewußtseins eingeholt hat. Demgemäß wird sich in der Entfaltung der Denkbestimmungen des Gottesbegriffs die sich selbst setzende Subjektivität ihrer eige-

---

26. H.-W. Schütte: Religionskritik und Religionsbegründung, in: N. Schiffers und H.-W. Schütte: Zur Theorie der Religion, Kleine ökumenische Schriften, Bd. 7, Freiburg 1973, 110.

nen Struktur bewußt. Praediziert sie z. B. Gott als *actus purus*, so fungiert diese Bestimmung für das in seinen Tätigkeitsvollzügen durch die Objekte seiner Tätigkeit bestimmte Selbstbewußtsein als Chiffre seiner eigenen Tätigkeitsstruktur, da im Gedanken Gottes als actus purus Tätigkeit an sich und also als unbedingtes sichselbsterzeugendes und objektsetzendes Sichselbstvollziehen gedacht ist. Indem das Selbstbewußtsein in der Vermittlung durch einen theo-logischen Begriff wie Gott als actus purus sich selbst als tätigen Selbstvollzug veranschaulicht, kann es auch die Restriktion durch empirisch-gegenständliche Bedingtheiten in die selbsttätige Realisierung seiner selbst einschließen. Die Objekte seiner Tätigkeit können als Manifestationen getätigten Tuns gewußt und also selbst der Bedingung der Selbsttätigkeit des Selbstbewußtseins unterstellt werden.

Im Aufbau des theo-logischen Begriffes Gottes als actus purus vermag Subjektivität sich somit von bloßer Subjekthaftigkeit zu unterscheiden. Denn kann sich die *abstrakte* Subjektivität (Subjekthaftigkeit) zwar als Entgegenständlichung aller Objektivität selbst bestimmen, sodaß alle Wirklichkeit als der Tätigkeit der Subjektivität sich verdankend konstruiert werden kann, so muß dennoch die als Entpositivierung definierte Subjekthaftigkeit unter die Bedingung der Kritik durch die sich wissende Subjektivität gestellt werden, welche in der Konstruktion eines theo-logischen Gedankens von Selbsttätigkeit geleistet wird. Insofern nämlich eine die objekthafte Wirklichkeit nur aufhebende abstrakte Subjektivität nur noch sich selbst als unmittelbare, also nicht mehr durch Anderes vermittelte Beziehung auf sich selbst vollziehen könnte, wäre sie selbst in ihrer Abstraktheit ein bloßes Kreisen um sich selbst und also zum Aufbau einer ihr adäquaten Wirklichkeit nicht imstande. Die Struktur der freien Subjektivität widerstreitet gerade solcher objektloser Subjekthaftigkeit, insofern für sie Objektivität als Medium der Selbstdarstellung des Subjekts konstitutiv ist. Im Unterschied zu bloßer Subjekthaftigkeit, die im Hinwegarbeiten von Gegenständlichkeit auf sich selbst regrediert, ist die Struktur von Subjektivität nicht vom negativen Bezug auf Gegenständlichkeit her gedacht und also nicht qua negativem Bezug fremdbestimmt. Subjektivität zeigt sich gerade als Überbietung der Opposition von Subjekthaftigkeit – Objektivität, insofern sie eodem actu mit dem Aufheben von Gegenständlichkeit den Aufbau neuer Manifestationen leistet, angesichts derer sie sich erst als frei wissen kann. Diese Freiheit der sich so als frei wissenden Subjektivität impliziert gerade die Möglichkeit, Wirklichkeit als Manifestation ihrer selbst als Manfestation anzuerkennen, ohne an das unbedingte Konservieren oder unbedingte Revidieren aller Objektivationen gebunden zu sein. Denn insofern jede ihrer Manifestationen unter der Bedingung der prinzipiellen Revidierbarkeit steht, ist Entgegenständlichung durch Selbsttätigkeit als möglich gedacht, ohne daß diese Selbsttätigkeit selbst noch als durch den Zwang zur Entgegenständlichung fremdbestimmt angesetzt wäre.

Diese Struktur wahrer Subjektivität expliziert die Theo-Logie im Begriff Gottes als des actus purus, indem sie Tätigkeit an sich selbst und somit in unbedingter Weise denkt. Denn im (theo-logischen) Konstrukt der sich selbst tätigenden Tätigkeit vermag die dogmatische Theo-Logie eine solche Tätigkeit zu denken, die nicht reaktiv zu den Bedingtheiten ihres Tuns vollzogen wird und darin bedingt wäre, sondern als Tun Getätigtes setzt und sich als Tätigkeit zugleich mit den Bedingungen ihrer selbst hervorbringt. Die an sich selber gedachte Tätigkeit ist demgemäß als Grund aller objekthaften Wirklichkeit nicht durch jene negativ bestimmt, sondern kann im Andern der Wirklichkeit sich zur Darstellung bringen, wodurch sie aber gerade zur Anerkenntnis des ihr anderen imstande ist. Eine entsprechende Funktion eignet dem Gedanken der *Trinität*. Konnte nämlich das Selbstbewußtsein die Genesis des Wissens seiner selbst qua Selbstsetzen nur vermittels einer petitio principii begründen, sofern für das setzende Ich eine ursprüngliche Einheit von wissendem und gewußtem Ich schon vorausgesetzt war, so kann es im Begriff des sich in sich differenzierenden Gottes einen solchen Fall von Selbstbewußtsein konstruieren, in welchem die Selbstbeziehung und durch sich selbst vermittelte Selbstmitteilung sich wissender Subjektivität adäquat expliziert ist. Denn für das Selbstverhältnis des sich in sich wissenden Gottes (der Vater weiß sich im Sohn, der Sohn weiß sich im Vater ...) kann ein wie auch immer bestimmter ontologischer Rest als des Ermöglichungsgrundes des Sich-selbst-Wissens nicht behauptet werden, insofern im dreieinigen Gott Selbstsetzen und Sichselbstwissen in eins fallen, ohne daß das Moment von Sich-Vorausgesetztsein noch in Anschlag gebracht werden könnte.

Eine vergleichbare Funktion, angesichts der Bedingtheit empirisch-individueller Subjektivität einen Begriff von deren Freiheit auszubilden, könnte für weitere Bestimmungen des Gottesbegriffs aufgezeigt werden. Im Denken des Gedankens Gottes als Subjekt wird sich das frei konstruierende Subjekt der Theo-Logie seiner eigenen Subjektivität so inne, daß Subjektivität als durch die Objekthaftigkeit von Lebenswelt nicht restringiert gewußt werden kann. Dann aber ist auch der sachliche Zusammenhang von Gotteslehre und Christologie im Kontext der Selbstbewußtseinsproblematik evident. Denn zielt die Darstellung des allgemeinen Selbstbewußtseins um der Freiheit auch des empirisch-individuellen Ich willen auf die Unbedingtheit und Allgemeingültigkeit des Selbstbewußtseins, so muß sie sich im Interesse dieser Freiheit und entsprechend dem Gedanken der Unbedingtheit des Selbstbewußtseins in eine Darstellung der Vermittlung des allgemeinen mit dem besonderen Selbstbewußtsein aufheben. Da nämlich die Allgemeinheit des allgemeinen Selbstbewußtseins im Denken nur dann adäquat zum Tragen gebracht ist, wenn sie nicht als Allgemeinheit *gegen* Besonderheit etabliert wird, muß in der Christologie die Selbstvermittlung des allgemeinen mit dem besonderen Selbstbewußtsein zur Darstellung gelangen, so daß in der dogmatischen Selbstvergewisserung des Selbstbewußtseins der Christologie die Funktion zukommt, einen die Freiheit des empirisch-individuellen Selbstbewußtseins negierenden Gedanken *abstrakter* Allgemeinheit des allgemeinen Selbstbewußtseins zu destruieren.

In den Vorstellungsgehalten der Christologie (Inkarnation, Kreuzestod, Auferstehung) wird die Vermittlung des Allgemeinen mit dem Besonderen als die *Selbstnegation* des allgemeinen Selbstbewußtseins in der Weise realisiert, daß zugleich mit dem Denken der Allgemeinheit des allgemeinen Selbstbewußtseins die Freiheit auch des besonderen Selbstbewußtseins Geltung erlangt. Die Christologie als die begriffliche Darstellung der Selbstnegation des Allgemeinen bzw. der Selbstentäußerung Gottes thematisiert die Freiheit ermöglichende Mitteilung des allgemeinen Selbstbewußtseins an das besondere Selbstbewußtsein. Da sie damit den Ort der Konstruktion, von dem aus das Sichgegebensein des Selbstbewußtseins in den Vollzug selbsttätiger Subjektivität selbst eingeholt werden kann, nun selbst am Ort des besonderen Selbstbewußtseins zur Darstellung bringt, eignet ihr als Theorie des Selbstbewußtseins die Funktion, die durch die Selbstnegation des Allgemeinen vermittelte Freiheit des besonderen Selbstbewußtseins nicht um eines Anderen (des allgemeinen Selbstbewußtseins), sondern um ihrer selbst willen zum Zuge zu bringen. Denn gilt für den Gedanken der Freiheit überhaupt, daß Freiheit nur als Selbstbegründung der Freiheit adäquat bestimmt ist, kann auch die Freiheit des besonderen Selbstbewußtseins nicht abstrakt aus der Freiheit des allgemeinen Selbstbewußtseins deduziert und nicht im Sinne einer *einlinigen* Vermittlung des allgemeinen mit dem besonderen Selbstbewußtsein konzipiert werden. Vielmehr muß in Kongruenz zur Selbstnegation des Allgemeinen die Freiheit des besonderen Selbstbewußtseins als selbstbegründet und demnach so gedacht werden, daß der Bewegung der Selbstnegation des Allgemeinen eine Bewegung im Ausgang vom Besonderen entspricht. Genau dies leistet das besondere Selbstbewußtsein in demjenigen aneignenden Vollzug der Selbstnegation des Allgemeinen, welcher durch die christologischen Vorstellungen von Verurteilung und Kreuzigung repräsentiert wird, da diese die Nichtanerkenntnis (Negation) des Allgemeinen zum Inhalt haben. Somit koinzidieren allgemeines und besonderes Selbstbewußtsein in der Negation des Allgemeinen und sind nicht mehr bloß negativ identisch bezogen (substantielle Allgemeinheit gegen accidentelle Besonderheit). Da nämlich die Selbstnegation des Allgemeinen als die Entäußerung an das ihm Andere als auch die Selbstsetzung des Besonderen in der Negation des Allgemeinen einander in Hinsicht des Aufbaus derjenigen Besonderheit korrespondieren, die sich durch die Negation des Allgemeinen vermittelt weiß und also nicht bloß accidentell gegen jenes bestimmt ist, kann die Christologie die Darstellung der Ermöglichung des Zusammenschlusses von allgemeinem und besonderem Selbstbewußtsein kraft Negation des Allgemeinen genannt werden.

Sie verweist damit auf die *Geistlehre,* in welcher entsprechend der christologischen Explikation der reinen Möglichkeit der Vermittlung nun die reale Vermitteltheit der Tätigkeit von allgemeinem und besonderem Selbstbewußtsein konstruiert wird. Die christologisch als möglich gesetzte Freiheit kann in der Pneumatologie als die im Lebensvollzug der empirisch-individuellen Subjekte realisierte Freiheit gedacht werden, insofern in der Geistlehre die der christologisch dargestellten Negation des Allgemeinen entsprechende Selbstnegation des Besonderen thematisch ist. Erst im Kontext der Pneumatologie kann dann von der gelungenen Vermittlung von Allgemeinheit und Besonderheit und demgemäß von *wahrer* Allgemeinheit und *wahrer* Besonderheit gesprochen werden. Denn in der Pneumatologie wird das in der Christologie *exemplarisch* zur Darstellung Gebrachte allgemein gesetzt. Indem nämlich in der Geistlehre die Vermittlung von Allgemeinheit und Besonderheit nicht im Hinblick auf *ein* Besonderes (der Mensch Jesus), sondern am Ort einer jeden Besonderheit ausgesagt werden kann, muß das Verhältnis von Christologie und Pneumatologie so bestimmt werden, daß in der Geistlehre der christologische Begriff zur Realität seiner selbst gelangt. Die Vermittlung von Allgemeinheit und Besonderheit ist in der Pneumatologie als eine solche Vermittlung thematisch, die in der Selbstnegation des Besonderen gründend als allgemein gewußt werden kann. So wie die Christologie die *Möglichkeit* dieser Vermittlung als die Selbstnegation des Allgemeinen und als die korrespondierende Aneignung dieser Selbstnegation durch das Besondere entfaltet, so stellt die Pneumatologie die Realität dieser Vermittlung dar als die Selbstnegation des Besonderen. Denn wird pneumatologisch die Vermittlung als das Vermitteltsein einer jeden Besonderheit gedacht, kann die zur Vermittlung fähige Besonderheit nicht als das negativ auf die Allgemeinheit bezogene Besondere der Christologie gedacht sein. Pneumatologisch ist das Besondere in seiner Selbstveränderung gesetzt, insofern es sich durch die Negation seiner selbst der Möglichkeit des Zusammenschlusses mit dem Allgemeinen öffnet. Innerhalb der Bestimmung der Pneumatologie, die Identität von Begriff und Realität der Vermittlung des allgemeinen und des besonderen Selbstbewußtseins zu sein, vermag das doppelt – durch sich und durch die Besonderheit (der Christologie) – negierte Allgemeine als mit dem qua Negation sich aufbauenden Besonderen zur wahren Allgemeinheit zusammengeschlossen gedacht zu werden, sofern nun das Besondere selbst nicht als das abstrakt Besondere der Christologie bestimmt sein kann. Denn das Besondere ist hier in seiner Entwicklung als ein solches Besonderes bestimmt, das in adäquater Anerkennung der von ihm vollzogenen Negation des Andern der Allgemeinheit seine eigene Negativität unter die Bedingung ihrer selbst stellt. Denn im Wissen um den Kreuzesmord als dem Bewußtsein der Negation des Allgemeinen weiß das sich qua Negation aufbauende Besondere als Negativität. Gemäß seiner Bestimmung der Negativität aber negiert sich das abstrakt Besondere. Indem das abstrakt Besondere sich aufgrund seiner Negativität selbst negiert, negiert es sich als Negativität und bestimmt sich dazu, in Negation seiner selbst zur freien Beziehung auf das Allgemeine imstande zu sein. Es bestimmt sich in der Vermittlung mit dem Allgemeinen als wahrhaft frei, worin die Möglichkeit der pneumatologischen Aussage wahrer Besonderheit und wahrer Allgemeinheit gründet. Denn ihre Wahrheit ist die »konkrete und positive Freiheit«[27], in dem als Anderes anerkannten Anderen qua Negation seiner selbst bei sich selbst zu sein.

Das Selbstbewußtsein als Konstruktionsmitte der Dogmatik ist damit in der Geistlehre bei sich selbst angelangt. Denn die in der Christologie beispielhaft explizierte Vermittlung von allgemeinem und besonderem Selbstbewußtsein wird in der Pneumatologie als die durch das besondere Selbstbewußtsein angeeignete Vermittlung gewußt. Die realisierte Vermittlung von Allgemeinheit und Besonderheit vermag dann auch in Hinblick darauf dargestellt zu werden, daß sich im Wissen der Pneumatologie das Subjekt der Dogmatik zur frei konstruierenden Tätigkeit befreit weiß.

Die im Kontext der Selbstbewußtseinstheorie erfolgte Bestimmung des Verhältnisses von Theo-Logie und Christologie führt zurück zum Problem der stringent theo-logischen Struktur der Barthschen Dogmatik. Dabei ist in Hinsicht auf die dogmatische Selbstrekonstruktion des Selbstbewußtseins eine erste *Problemanzeige* zur Interpretation der Barthschen Theo-Logie zu formulieren. Kann, wie gezeigt, gesagt werden, daß die christologische Bestimmtheit aller Lehrstücke um der Absolutheit der unbedingten Subjektivität Gottes willen durchgeführt werden muß, so wäre in Hinblick auf die durch die christologische Bestimmtheit geleistete Einholung aller Lehrstücke in die Theo-Logie selbst zu folgern, daß in der Kirchlichen Dogmatik Barths die Allgemeinheit des allgemeinen Selbstbewußtseins *in unmittelbarer und abstrakter Weise* zur Geltung gebracht ist. Denn da der Gedanke der Unbedingtheit des allgemeinen Selbstbewußtseins (Gott) vermittels der Kritik solcher Theorien etabliert wird, die eine Theorie des Selbstbewußtseins im Medium des Besonderen auszuarbeiten intendierten, zeigt sich Barths Konstruktion der absoluten Subjektivität durch das von ihm Kritisierte bedingt. Die für die Darstellung der unbedingten Subjektivität Gottes konstitutive Kritik positioneller Theologie[28], in welcher Selbstbewußtsein in seiner Besonderung als jeweils inhaltlich bestimmtes Selbstbewußtsein erfaßt wird, muß als negativer Bezug auf alle Besonderheit verstanden werden. In der Barthschen Theologie ist zwar der prinzipiellen Kritik aller Besonderheit Geltung verschafft, ohne jedoch die logische Struktur der kritisierten Besonderheit in einer adäquaten Konstruktion des an sich selber erfaßten allgemeinen Selbstbewußtseins vollgültig transzendieren zu können. Denn indem in der Kirchlichen Dogmatik Unbedingtheit *gegen* Bedingtheit und Allgemeinheit *gegen* Besonderheit gestellt wird, zeigt sich das Allgemeine selbst als Besonderes, insofern es Besonderes außer sich hat.

In bezug auf dieses als allgemein gesetzte Besondere kann aber auch begründet werden, warum in der Dogmatik Barths vermittels ihrer christologischen Be-

27. G. W. F. Hegel: Enzyklopädie der philosophischen Wissenschaften im Grundrisse (1830), Erster Theil, § 158 Zusatz. (Theorie-Werkausgabe, Bd. 8, Frankfurt 1970, 303).
28. D. Rössler: Positionelle und kritische Theologie, in: ZThK 67 (1970), 215–231; F. Wagner: Die erschlichene Freiheit, in: LM 10 (1971), 343–349.

stimmtheit alle Lehrstücke in die Theo-Logie selbst eingeholt und in eine unbedingte Entsprechung zur theo-logisch dargestellten Selbstentsprechung Gottes selbst gebracht werden *müssen.* Ist nämlich die im Gottesbegriff der Kirchlichen Dogmatik gedachte Allgemeinheit als eine sich allgemein setzende Besonderheit zu identifizieren, da sie im negativen Bezug Besonderheit noch außer sich hat, kann die Einholung aller Besonderheit in die Theo-Logie als die Gleichschaltung alles Außer-Theo-Logischen interpretiert werden. Die Einbringung alles Außer-Theo-Logischen muß verstanden werden als ein solcher Vorgang, in dem die abstrakte Allgemeinheit ihrer Bedingtheit durch das negative Bezogensein zum Trotz eine unbedingte Geltung zu etablieren sucht. Indem alle Besonderheit in Entsprechung zur sich negativ auf die Besonderheit beziehenden (abstrakten) Allgemeinheit gebracht wird, ist die abstrakte Allgemeinheit wesentlich dadurch bestimmt, sich Entsprechung verschaffen zu müssen, sich allererst als Allgemeinheit zu setzen, indem sie alle Besonderheit sich gleichmacht bzw. vernichtet. Dann aber wäre gegen die Kirchliche Dogmatik selbst der Gedanke wahrer Besonderheit stark zu machen, in Verfolg derer erst wahre Allgemeinheit gedacht werden kann. Denn erst diejenige Allgemeinheit kann als Allgemeinheit qualifiziert werden, die zur Negation ihrer selbst, zur Selbstdarstellung im Anderen, Besonderen imstande und zur Vermittlung mit dem ihr nicht immer schon Eigenen fähig ist. Und nur diejenige Besonderheit verdient wahrhaft Besonderheit genannt zu werden, die nicht bloßes Accidens zur substantiellen Allgemeinheit ist, für welche vielmehr eine angesichts der Allgemeinheit manifeste Besonderheit auch gedacht werden kann. Das Allgemeine der Barthschen Konstruktion zeigt sich aber gerade dadurch bestimmt, jede Eigenständigkeit eines realen Außerhalb dadurch zu kassieren, daß dieses Eigenständige vermittels seiner theologischen Bestimmtheit selbst depotenziert wird. So scheint sich das Barthsche Allgemeine gerade als ein Konstrukt abstrakter oder negativer Freiheit zu erweisen, insofern es als die Aufhebung aller Besonderheiten in die abstrakte Gleichheit der absoluten Subjektivität Gottes mit sich selbst bestimmt ist. Somit muß in Hinblick auf die materiale Ausarbeitung der Anthropologie Barths gefragt werden, ob im Denkraum seiner Konstruktion der sich absolut setzenden Subjektivität Gottes der Gedanke der realen Eigenständigkeit der Besonderheit und darin auch der Gedanke der positiven Freiheit Gottes gedacht werden kann.

III. Gottes abstrakte Freiheit als der Zwang des In-Entsprechung-Stellens

Die materiale Ausführung der Anthropologie Karl Barths ist von dem einen Gedanken bestimmt, das Wort Gottes als die menschliches Sein und menschliche Wirklichkeit allererst als Sein und Wirklichkeit qualifizierende absolute Bestimmung gegen jeden Versuch eines *unmittelbaren,* nicht theo-logisch vermittelten Aufbaus der Selbständigkeit menschlicher Subjektivität zum Zuge zu bringen.

Die Aussage des schlechthinnigen Bestimmtseins[29] des bestimmten Menschen impliziert am Ort des bestimmten Menschen die Fähigkeit zum Bestimmt-Werden und also Bestimmbarkeit, wenn Bestimmung nicht Gewalt gegen das zu Bestimmende sein soll. So könnte als eine durch sein Bestimmtsein nicht vermittelte Bestimmung des bestimmten Menschen die im Gedanken seines unbedingten Bestimmtseins in Anspruch genommene Fähigkeit zur Rezeptivität aufgesucht werden, insofern die Empfänglichkeit zum Bestimmt-Werden ja wesentlich als ein Eigenes des Menschen ausgesagt werden müßte. Denn daß zu Bestimmendes bestimmt werden kann, vermag aus dem Bestimmen des Bestimmenden nicht *unmittelbar* begründet zu werden. Doch auch diesen letzten Gedanken einer Selbstbegründung menschlicher Autonomie *muß* Barth abwehren, um der *Unbedingtheit* der absoluten Subjektivität Gottes Geltung zu verschaffen. Diese muß deshalb so konzipiert werden, die durch das Bestimmtsein nicht abzuleitende Bestimmbarkeit dann dem Bestimmtsein logisch gleichordnen zu können, um Bestimmbarkeit und Bestimmtsein als allein in der ausschließlichen Spontaneität des Bestimmenden gründend darzustellen. Um der Unbedingtheit der absoluten Subjektivität willen muß auch die durch deren Bestimmen nicht unmittelbar begründbare Möglichkeit zum Bestimmt-Werden als doch deren Bestimmen unterstehend angesetzt werden. Die Empfänglichkeit zum Bestimmt-Werden muß um der Absolutheit des Bestimmenden willen als durch die Bestimmung des Bestimmenden gesetzt gedacht sein. Das dabei aber entstehende Problem, wie die im unbedingten Bestimmen gründende Bestimmtheit zur Bestimmbarkeit gedacht werden kann, ohne daß das an der Unbedingtheit des Bestimmens interessierte Denken in einer Iteration von vorauszusetzenden Bestimmbarkeiten am Ort des Bestimmten – für die Bestimmtheit zur Bestimmbarkeit ist selbst wieder Bestimmbarkeit konstitutiv etc. – zusammenbricht, verweist noch einmal von einer anderen Seite auf die strukturelle Identität von dogmatischer Theologie und Selbstbewußtseinstheorie. Denn indem im Medium von Dogmatik nicht mehr eine inhaltlich bestimmte Selbsttätigkeit des Selbstbewußtseins zur Darstellung gelangt, sondern trotz der Vermittlung durch die Kritik der positionell-bestimmten Theorien des Selbstbewußtseins die an sich selber gedachte Selbstbestimmung in abstrakter Weise etabliert wird, muß Barth die eine unbedingte Selbstbestimmung Gottes in einer solchen Strukturiertheit denken, die mit der des Fichteschen Gedankens des sich selbst setzenden Ich identisch ist.

In der Struktur des Barthschen Gottesbegriffs können somit auch diejenigen Aporien identifiziert werden, welche die Fichtesche Theorie des absoluten Selbstbewußtseins prägten. Denn jede Theorie des absoluten oder »abstrakten« Selbstbewußtseins muß um der unbedingten Selbstbestimmung oder reinen Sichselbstgleichheit[30] des absoluten Selbstbewußtseins willen dieses als wesentlich

29. Vgl. dazu: KD III/2, 167ff.

30. Zum Begriff der *Freiheit in ihrer abstrakten (Verstandes-)Form* vgl. Hegels Kritik des absoluten, negativen Selbstbewußtseins, »welches allen Unterschied und alles Be-

negativ denken. Im Interesse an der Selbstgewißheit seiner selbst ist das abstrakte Selbstbewußtsein nur als der negative Bezug auf Anderes, weil jedes Andere
in Entsprechung zur Identität des einen abstrakten Selbstbewußtseins gebracht
werden muß. Insofern die an sich selber gedachte Subjektivität in Entsprechung
zu ihrer gesollten Unbedingtheit sich als die ursprüngliche Identität der *reinen*
Selbstbestimmung gesetzt und zugleich mit den Bedingungen ihrer Verwirklichung erzeugt haben soll, muß angesichts ihrer Selbstbestimmung alles Bestimmte als nur durch sie bestimmt ihr adäquat sein. Der Gedanke des unmittelbar-
absoluten Selbstbewußtseins erfordert es, die Realität eines jeden Gedachten
und alles Seienden als immer schon unter die Bedingung der reinen Selbstbestimmung gestellt zu denken. Dann aber steht die reine Selbstbestimmung selbst unter der selbstgesetzten Bedingung des ihr eigenen *Identitätszwanges*: sie muß sich
selbst in aller Bestimmtheit als reine Selbstbestimmung durchsetzen. Darin aber
geht sie als reine Selbstbestimmung an sich selbst zugrunde, insofern sie durch

stehen des Unterschieds in sich vertilgt. Als dieses ist sie (die absolute Freiheit) sich der
Gegenstand; der *Schrecken* des Todes ist die Anschauung dieses ihres negativen Wesens«
(G. W. F. Hegel: Phänomenologie des Geistes, hg. von Hoffmeister, PhB 114, 419).
Die Kritik Hegels an Fichtes Theorie des absoluten Ich bezieht sich auf die Sichselbstgleichheit des reinen Ich, aufgrund deren alles Nicht-Ich – so nennt J. G. Fichte »alles,
was als außer dem Ich befindlich gedacht, was von dem Ich unterschieden und ihm entgegengesetzt wird« (295) – unter die Bedingung der Entsprechung zum Ich gerückt
werden muß. Schon in der frühen Jenenser Vorlesung vom Sommer 1793 »Einige Vor-
lesungen über die Bestimmung des Gelehrten« (Erste Ausgabe: 1794, in: Fichtes Werke,
a. a. O. Bd. VI, 289ff.) führt Fichte über »die Bestimmung des Menschen an sich« aus:
»So gewiß der Mensch Vernunft hat, ist er sein eigener Zweck, d. h. er ist nicht, weil
etwas anderes seyn soll. – sondern er ist schlechthin, weil *Er* seyn soll: sein bloßes
Seyn ist der letzte Zweck seines Seyns ...« (295). Der »Charakter des absoluten Seyn«
als des »Seyns um seiner selbst willen« ist unter der Bedingung empirisch-individuellen
Selbstbewußtseins dann auszusagen in dem Satz: »*Der Mensch soll seyn, was er ist,
schlechthin darum, weil er ist,* d. h. alles was er ist, soll auf sein reines Ich, auf seine
bloße Ichheit bezogen werden« (296). Demgemäß läßt sich das absolute Ich »nur negativ vorstellen: als das Gegentheil des Nicht-Ich, dessen Charakter Mannigfaltigkeit
ist – mithin als völlige absolute Einerleiheit; es ist immer Ein und dasselbe und nie ein
anderes ... Nemlich, das reine Ich kann nie im Widerspruche mit sich selbst stehen ...«
(296f.). Somit ist die eine Bestimmung des absoluten Ich »absolute Einigkeit, stets Identität, völlige Übereinstimmung mit sich selbst. Diese absolute Identität ist die Form des
reinen Ich und die einzige wahre Form desselben ...« (297). Daraus aber folgt, daß
alles dem Ich Nicht-Identische unter die Bedingung der Identität zum absoluten Ich
gebracht werden muß: »Die vollkommene Übereinstimmung des Menschen mit sich
selbst, und – damit er mit sich selbst übereinstimmen könne – die Übereinstimmung
aller Dinge außer ihm mit seinen nothwendigen, praktischen Begriffen von ihnen, – den
Begriffen, welche bestimmen, wie sie seyn *sollen,* – ist das letzte höchste Ziel des Menschen.« D. H.: »Alles Vernunftlose sich zu unterwerfen, frei und nach seinem eigenen
Gesetze es zu beherrschen, ist letzter Endzweck des Menschen ...« (299).

sich selbst dazu determiniert ist, sich in den Erweis des Bestimmtseins des als durch sie bestimmt Bestimmten zu kontinuieren. Indem die unbedingte Selbstbestimmung ein jedes Außerhalb in Adäquanz zu sich bringen bzw. dasjenige vernichten muß, das ihr nicht gleichgeschaltet werden kann, steht die *unbedingt* sein sollende Selbstbestimmung selbst unter der Bedingung ihrer selbst; sie ist in Gleichschaltung oder Vernichtung vom zu vernichtenden Selbstsetzen außerhalb ihrer als auch vom gleichzuschaltenden Außer-Theo-Logischen bestimmt. Die Aporie, daß gerade im abstrakt-unmittelbaren Aufbau unbedingter Selbstbestimmung diese sich als bedingt zeigt, führt zum *Zwang der Iteration*. Denn da das als unbedingt gesetzte absolute Selbstbewußtsein im Vollzug seiner Identität, alles der Sich-selbst-Gleichheit abstrakter Subjektivität zu unterstellen, sich als durch das Beherrschen des zu Beherrschenden bestimmt erweist, muß diese Bedingtheit des absoluten Selbstbewußtseins selbst wieder unter die Bedingung seiner gesollten Unbedingtheit gestellt, auch diese Bedingtheit negiert werden und so fort. Sofern das abstrakte Selbstbewußtsein seiner eigenen Macht sich nur in der Ohnmacht bzw. Ohnmächtig-Setzung des als accidentell gesetzten anderen vergewissern kann, steht es selbst unter der Bedingung des anderen als des ohnmächtig zu Setzenden. Dann aber muß die Bedingtheit der Macht durch die Ohnmacht selbst wieder zur Macht der unbedingten Selbstbestimmung in Entsprechung gebracht und also als ohnmächtig erklärt werden: die Gleichschaltung ist als in sich progressiver Zwang zum Gleichschalten zu begreifen. Das Gleichschaltende muß sich auch die durch seine eigene unbedingte Selbstbestimmung gesetzte Notwendigkeit des Gleichschaltens gleichschalten. Auch die Tatsache, daß angesichts *unbedingt* konzipierter Selbstbestimmung gleichgeschaltet werden muß, ist gleichzuschalten.

Der Zwang der zunehmenden Vernichtung eines Außerhalb und also auch der in sich progressiven Depotenzierung menschlicher Subjektivität zeigt sich deutlich an der Konsequenz, mit der Karl Barth auch die den depotenzierten Subjekten eignende Fähigkeit zum Bestimmt-Werden noch in die Ermächtigung der alles depotenzierenden Subjektivität Gottes stellt[31]. Denn indem diese im Zwang der Entsprechung zu sich selbst sich ihre unbedingte Geltung dadurch erweisen muß, daß sie alles in Adäquanz zu sich selbst bringt bzw. die Möglichkeit aller Inadäquanz nichtet, eignet ihr Bestand nur als in sich kontinuierender Zwang: Da

---

31. »Das menschliche Sein ist ein Aufgerufensein, das außer Gott in seinem Wort *nichts vor sich,* das seinen Charakter als Sein allein Gott in seinem Wort zu verdanken hat. Es hat außer Gott in seinem Wort nichts vor sich: keine Potentialität, kraft deren es für sein Sein als Aufgerufensein disponiert wäre, auf welcher seine Aktualität, seine Geschichtlichkeit beruhen würde, keine Materie, aus der es in dieser Bestimmtheit erst gebildet werden müßte. Es ist nichts vor ihm, was zu dem, was es ist, beitragen, was das, was es ist, begründen, bedingen, vorbereiten würde, dem es zu Dank verpflichtet, dessen Gesetz es unterworfen wäre. Denn es beruht auch seine Ausstattung und Befähigung auf seinem Sein, nicht umgekehrt« (KD III/2, 182).

Herrschen als Bedingen des Beherrschten selbst unter der Bedingung des zu Beherrschenden steht, muß unmittelbar-abstrakt verstandenes Herrschen sein eigenes Bestimmtsein als den Zwang des Bestimmens dadurch zu vernichten versuchen, daß auch im Bestimmen des eigenen Bestimmtseins das Sollen der unbedingten Herrschaft sich erneut Geltung verschafft.

Der unverzichtbare Anspruch, nicht eine von außen an Barth herangetragene positionell-bedingte Interpretation oder Kritik seiner Anthropologie durchzuführen, sondern im immanenten Nachvollzug der dogmatisch-theologischen Denkstrukturen zu Aussagen über die tatsächliche Leistung des Barthschen theologischen Denkens zu gelangen, macht es unabdingbar, die Differenz zwischen den bisher vorgetragenen Erwägungen und dem Selbstverständnis des Dogmatikers Barth zu thematisieren. Soll nämlich die Interpretation eines theologischen Textes weder das unmittelbare Nacherzählen seines Inhalts noch die schlechte Selbstdarstellung der jeweils eigenen Meinung des Interpreten sein (dessen subjektives Vorstellen gerade in solchen »Interpretations«vollzügen nicht der Aporie entgeht, als Meinung immer nur im negativen Bezug auf andere Meinungen Bestand zu haben), so kann eine Interpretation nicht als Deskription des Selbstverständnisses der zu interpretierenden Position durchgeführt werden, da theologisch Beanspruchtes und faktisch Gedachtes nicht unmittelbar in eins fallen. Dennoch ist die jeweilige, zumeist durch Identifikation bzw. Negation bestimmter theologiegeschichtlicher Positionen aufgebaute Selbstdeutung der zu interpretierenden Theologie nicht einfach irrelevant. Vielmehr muß auch in Hinblick auf das jeweilige Selbstverständnis das Recht der Interpretation sich erweisen, was desto mehr dann gefordert ist, wenn angesichts der Interpretation des de facto Vollzogenen das Selbstverständnis einer bestimmten Theologie sich als das Selbstmißverständnis ihrer selbst erweist.

Barth selbst beansprucht emphatisch, einen solchen Begriff der Freiheit Gottes gedacht zu haben, aufgrund dessen der Gedanke der Freiheit des Menschen soll allererst adäquat gedacht werden können. Das Selbstverständnis seiner Anthropologie faßt Barth in dem Satze zusammen: »In Gott ist Freiheit, aber keine Willkür« (260). Nach der Begründung dieses Satzes der Barthschen Selbstinterpretation ist zurückzufragen. In Abwehr des Gedankens Gottes als eines Willkür-Gottes bestimmt Barth die Freiheit Gottes *negativ* als eine solche, »in der nun doch nichts Zufälliges, nichts Willkürliches ist«, und positiv als die Freiheit, »in der Gott vielmehr sich selbst treu bleibt«. Der Gedanke der Selbstentsprechung (›Treue‹) Gottes wird folglich als ein solcher Gedanke behauptet, aufgrund dessen der Gedanke eines Willkür-Gottes ausgeschlossen ist. Gott soll insofern als Willkür nicht zu bestimmen sein, als er sich selbst entspricht. Und da die Selbstentsprechung Gottes als die Erwählung des Menschen bestimmt ist, impliziert der Hinweis auf Gottes Beziehung ad extra die Abwehr des Gedankens göttlicher Willkür: »Gott *wiederholt* nämlich in dieser Beziehung nach außen eine Beziehung, die ihm selbst in seinem inneren göttlichen Wesen eigentümlich ist. Gott schafft, indem er in Beziehung tritt, ein *Nachbild* seiner selbst. Auch in seinem eigenen innergöttlichen Sein ist nämlich Beziehung« (260). Diese Begründung der Behauptung positiver, nicht als Willkür zu bestimmender Freiheit Gottes durch den Gedanken der Selbstentsprechung Gottes in der Entsprechung der Beziehung ad intra und ad extra verweist aber gerade darauf, daß innerhalb des relational-analogischen Denkens *die Freiheit Gottes nur als die Herrschaft des Herrscher-Gottes* gedacht werden kann. Indem Barth zu Recht aus Gott Willkür ausschließt, führt er den apagogischen Beweis unserer Interpretation, daß Gottes Freiheit als die Freiheit des unbedingten Herrscher-Gottes konzipiert ist. Für den Gottesbegriff Barths kann Willkür nicht gedacht werden, insofern der sich in allem entsprechende Gott konsequent selbst entspricht. Barths Begründung der konkreten, nicht-willkürlichen Freiheit Gottes erweist diese gerade als negativ und abstrakt. Denn daß Gott seiner immanent-trinitarischen Entsprechung zu sich selbst auch in der Beziehung nach außen entspricht, begründet nicht etwa den Gedanken eines solchen Gottes, dem in seiner positiven Freiheit die Fähigkeit zur anerkennenden Hinwendung zu anderem qua Selbstnegation eignete, sondern muß als Begründung des Gedankens eines abstrakten Herrscher-Gottes angesehen werden, der anderes nur in dem Sinne als anderes anerkennen kann, als jenes andere a priori unter die Bedingung abstrakter Gleichheit zu ihm gerückt ist. Die in der Erwählung des Menschen Jesus begründete Beziehung ad extra ist als eine bloße *Wiederholung* der Beziehung ad intra konzipiert. Barth versteht das göttliche Sich-Beziehen ad extra als die Stiftung einer solchen Beziehung, in der Bezogene immer schon in Entsprechung zum Beziehenden gestellt sind. Indem durch Gottes Beziehen das Bezogene gesetzt wird, ist es von vornherein in die Ausschließlichkeit der Entsprechung zur Selbstentsprechung des die Beziehung Gründenden gebracht. Die Beziehung ad extra verdoppelt die Beziehung ad intra, weshalb nach dem theo-logischen Begründungszusammenhang der Duplizität göttlichen Sich-Beziehens gefragt werden muß. Denn in der Verdopplung des Sich-Beziehens des sich auf sich und sich auf Anderes beziehenden Gottes gewinnt die Beziehung auf Anderes nicht eine solche Bedeutung, die im Rekurs auf die Andersheit des Anderen adäquat erfaßt werden könnte, sofern das Andere als Bezogenes immer schon in Entsprechung zum Sich-Beziehenden steht. Demgemäß muß die Begründung der Beziehung auf anderes am Ort der Theo-Logie selbst aufgesucht werden. Wiederholt die Beziehung auf anderes die innertrinitarische Beziehung Gottes auf sich, muß diese Verdopplung des Sich-Beziehens als Funktion des sich beziehenden Gottes verstanden werden, der sich in der Wiederholung seiner Beziehung ad intra qua Beziehung ad extra den Lebensraum neuer Selbstbezüglichkeit schafft. In der Beziehung ad intra entspricht Gott sich. In der Beziehung ad extra entspricht Gott der Selbstbeziehung ad intra. Die Beziehung ad extra ist somit als Funktion der Selbstbeziehung ad intra anzusehen. Daß Gott sich ad extra bezieht und darin ein Außerhalb seiner gründet, dient allein dazu, seiner Selbstentsprechung ad intra einen

Ort erneuter Geltung zu verschaffen. Das extra Gottes ist allein als Funktion der Sichselbstgleichheit Gottes bestimmt, so daß gesagt werden kann: Im Gründen des Gegründeten entspricht Gott seiner Selbstentsprechung, die sich im Gegründeten selbst einen die Selbstentsprechung ad intra überbietenden Ausdruck ihrer Macht verschafft. Daß die Beziehung ad extra als um der Darstellung der Macht des sich auch am Ort des extra entsprechenden Gottes willen konzipiert ist, zeigt sich auch an der inhaltlichen Näherbestimmung des Begriffs menschlicher Freiheit, in Ausarbeitung dessen die Selbstentsprechung Gottes sich neuerlich Geltung verschafft.

Die im Rekurs auf die in der Christologie thematische Entsprechung des Menschen Jesus zu Gott gewonnenen *Grundbestimmtheiten des menschlichen Seins: von Gott her, auf Gottes Erwählung beruhend, im Hören von Gottes Wort bestehend* zeigen das Sein des Menschen (Bestimmtes) als in Entsprechung zum Bestimmenden gebracht. Diese Analogie des menschlichen Seins zur vorgängigen Entsprechung Gottes zu sich selbst ist aber erst dann vollgültig zur Darstellung gelangt, wenn am Ort *beider* Analogate und also auch im Ausgang vom menschlichen Sein die Analogie erwiesen ist. Die Entsprechung des menschlichen Seins zu Gottes Selbstentsprechung, welche darin gründet, daß Gott alles gesetzte Sein vermittels seiner Selbstentsprechung in Entsprechung zu sich gebracht hat, ist nur dann als alle Inadäquanz ausschließende Entsprechung gezeigt, wenn auch am menschlichen Sein (dem in Entsprechung Gestellten) selbst sein In-Entsprechung-Sein zu Gottes Selbstentsprechung (In-Entsprechung-Stellen) dargestellt werden kann. Gerade weil Gott sich in dem In-Entsprechung-Sein des menschlichen Seins entspricht, muß im von Gott gegründeten Verhältnis von Gott und Mensch auch am *Verhalten* des menschlichen Seins selbst gezeigt werden können, daß es dem Verhalten Gottes entspricht und somit dessen Selbstentsprechung kongruiert. Der Wechsel von den Bestimmungen des menschlichen Bestimmtseins zu den auf das (Selbst-) Bestimmen des Menschen abhebenden Aussagen ist somit theo-logisch gefordert, um die Entsprechung Gottes zu sich selbst auch am Ort menschlichen Verhaltens zum Zuge bringen zu können. Die Darstellung menschlicher Subjektivität ist von vornherein als Funktion des theo-logischen Fundamentalsatzes von der Entsprechung Gottes zu sich selbst konzipiert, die sich auch in den spontanen Äußerungen menschlichen Subjektseins Geltung verschafft. Indem menschliches Sein als in Entsprechung Gebrachtes an sich selbst thematisiert wird, wird es nicht um seiner selbst willen dargestellt, sondern ein neuer Darstellungsbereich konstruiert, in dem noch einmal die Selbstentsprechung Gottes zu sich selbst triumphiert. Denn da das Sein des Menschen als von Gott her, auf Gottes Erwählung beruhend, allein im Hören von Gottes Wort bestehend bestimmt ist, kann die Bestimmtheit des menschlichen Seins als ein geschichtliches, nicht aber zuständliches Sein näher bestimmt werden. Gerade als geschichtliches Sein korrespondiert das Sein des Menschen der Selbstbestimmung Gottes, insofern es dem Geschenk seiner Gnade gemäß sich als ein »Sein im *Dan-*

ken« (198) erweist. Die dankende Spontaneität des Menschen ist nichts als »Komplement« der prävenienten Gnade Gottes. Da das Sein des Menschen als »von Gott her« bestimmt ist als »Objekt in reiner *Rezeptivität*«, entspricht es seiner vorgängigen Bestimmtheit, wenn es *sich* als *zu Gott hin,* als »Subjekt in reiner *Spontaneität*« bestimmt. Denn da diese Spontaneität des Menschen seiner Bestimmtheit von Gott her gar nicht widersprechen kann, insofern menschliches Sichselbstsetzen seinem Gesetztsein entsprechend immer schon theo-logisch definiert ist als Subjektsein hin zu Gott, kann menschliche Subjektivität als eine solche Verantwortung inhaltlich charakterisiert werden, in welcher der Mensch in seiner Selbstverantwortung allein verantwortlich gegenüber Gott ist. Des Menschen Selbstbestimmung ist als immer schon seinem Bestimmtsein von Gott her kongruent bestimmt. Menschliche Aktivität, Spontaneität, Selbstsetzung ist faktisch nur als eine solche Kompatibilität zum vorgängigen Bestimmtsein durch Gott, die als selbstsetzend gesetzt ist. Menschliches Verhalten außerhalb eines Gott gemäßen Verhaltens hin zu Gott kann nicht gedacht werden. »Kraft dieser seiner Herkunft *kann* es (das menschliche Sein) nur das tun. Und kraft dieser seiner Herkunft *tut* es gerade das« (211). Die Selbstbestimmung des Menschen wird somit theo-logisch gedacht als die als selbstbestimmt bestimmte Entsprechung zu Gottes Selbstentsprechung im Worte Gottes. Denn: »Ist der Mensch im Worte Gottes, dann kann er *das* und *nur* das, was dem Worte Gottes entspricht; es ist dann die Aktualität, in der er sein Sein und Wesen hat, von Haus aus in dieser und nur in dieser Richtung bestimmt: als die Aktualität des im Akte der Offenbarung Gottes und des menschlichen Gehorsams begriffenen Menschen« (156f.). Indem das menschliche Sein als selbstverantwortliches Sein allein in Verantwortung gegenüber Gott ist, erweist es sich an sich selbst als in Entsprechung zur göttlichen Selbstentsprechung. Insofern die Entsprechung des menschlichen Seins zu Gott am Ort des menschlichen Seins selbst ausgesagt werden kann als Entsprechung zum In-Entsprechung-Gestellt-Sein, vermag die dogmatische Anthropologie auf die Spontaneität und Aktivität des Menschen abhebende Sätze zu bilden, die dessen Beziehung zu Gott als Entsprechung zum In-Entsprechung-Gestellt-Sein durch Gott aussagen. Die Anthropologie kann fortschreiten zu solchen Sätzen, in denen der Mensch ein Subjekt genannt werden kann, da er seinem Bestimmtsein der Entsprechung zu Gott gerade im immer schon in Entsprechung gestellten Subjektsein entspricht. Denn da das menschliche Subjektsein bestimmt ist als *Erkenntnis Gottes, Gehorsam Gottes und Anrufung Gottes,* ist gerade das menschliche Sein als Subjektsein der göttlichen Selbstentsprechung adäquat. Als sich auf Gott beziehendes Subjekt zeigt der Mensch durch die Aktivität seines Subjektseins, daß er der in Gottes Selbstentsprechung gründenden Adäquanz seines Seins selbst entspricht. Für den Menschen als unter der Herrschaft Gottes stehendes Sein *muß* Subjektsein als konstitutiv gedacht werden, da der Mensch als Subjekt sich gemäß der Selbstentsprechung Gottes als Herrscher als Beherrschter weiß. Er erkennt gerade sein

Subjektsein als Funktion seines Bestimmtseins durch Gott. Denn ist der Mensch als Subjekt ein »entsprechend seiner Setzung durch Gott *im Setzen seiner selbst*« begriffenes Sein (233), so muß sein Sichselbstsetzen als die Entsprechung seiner selbst zu seinem unbedingten Bestimmtsein interpretiert werden. Denn seine Selbstsetzung ist als *gesetzte Selbstsetzung* seinem schlechthinnigen Gesetzsein kompatibel, da dieses qua Selbstsetzen hin zu Gott gerade bestätigt wird. So ist die dem Menschen »von Gott gegebene Freiheit« (230) bestimmt als die Freiheit, der absoluten Bestimmtheit durch Gott zu entsprechen. Gott entspricht in seinem »Verhalten, das selber ein freies, und zwar das Verhalten des *ursprünglich* und *eigentlich* freien Wesens ist« (231, vom Verf. gesperrt), sich selbst, insofern er den Menschen als frei setzt. Sofern des Menschen Bestimmtheit zur Freiheit nur ist als die dieser Bestimmtheit entsprechende Freiheit, Gott »seinerseits selbst zu erkennen, ihm selbst zu gehorchen, selbst nach ihm zu rufen« (230f.), kann die *abbildliche Freiheit* des Menschen nicht als eine Freiheit außerhalb der Entsprechung zur urbildlichen Freiheit Gottes gedacht werden. Als vom Urbild um seiner selbst willen gesetzte Freiheit ist die Freiheit des Menschen nur und ist der Mensch nur frei, indem er in seinem Freiheitsvollzug der urbildlichen Freiheit Gottes entspricht. Indem aber Gott in seiner urbildlichen Freiheit sich selbst entspricht, entspricht die abbildliche Freiheit des Menschen der urbildlichen Freiheit Gottes dadurch, daß sie der Selbstentsprechung Gottes in seiner Freiheit entspricht. So ist im Gedanken der Freiheit des Menschen nicht eine solche freie Selbstbestimmung gedacht, die die eine unbedingte Selbstbestimmung Gottes negieren könnte bzw. ihr zu widerstehen vermöchte. Denn muß die Freiheit des Menschen als die Freiheit des Gehorsams zu Gott gedacht werden, so ist sie als die Freiheit bestimmt, der Selbstentsprechung Gottes in seiner Freiheit zu entsprechen.

Auch der anthropologische Begriff der Freiheit impliziert also dies, daß Gott seiner Entsprechung zu sich selbst entspricht. Allererst dadurch, daß Gott sich selbst entspricht, kann die Entsprechung zwischen dem das menschliche Sein wesentlich bestimmenden Verhältnis- oder Entsprechungsbegriff der Freiheit und dem Verhältnis bzw. der Entsprechung Gottes zu sich selbst gedacht werden. Das zeigt sich deutlich an den positiven und negativen Bestimmungen dieser menschlichen Freiheit, die darauf abzielen, daß die *geschenkte Freiheit* von vornherein in den Rahmen der Entsprechung Gottes zu sich selbst eingespannt ist. Gott muß um der Entsprechung zu sich selbst willen gesetzte menschliche Freiheit setzen, damit die Adäquanz Gottes auch am Ort des gesetzten menschlichen Seins Geltung erlangt: »Was Gott damit will, daß er dem Menschen zum Gehorsam Freiheit gibt, ist dies, daß er den ihm in und mit seiner Erschaffung allein nahegelegten Gehorsam als solchen selber *wahr* mache, d. h. selber *bestätige*, in seiner eigenen Entscheidung *Ereignis* werden lasse.«[32] So ist die Freiheit

32. KD III/1, 301.

des Menschen die Freiheit, der unantastbaren Adäquanz Gottes zu sich selbst »nicht nur unterworfen« zu sein, »sondern sie in Gestalt einer eigenen Entscheidung *respektieren*« zu können. Der Mensch ist frei allein »für eben das, was von ihm erwartet und gefordert wird – frei dazu, nicht sich selbst, wohl aber Gottes in und mit seiner Erschaffung vollzogene Entscheidung seinerseits zu bewähren«[33]. Dann aber muß in negativer Bestimmung dieser Freiheit gesagt werden, daß sie nicht als Freiheit außerhalb der bzw. gegen die Entsprechung Gottes zu sich selbst gefaßt werden darf. Ein nicht durch das Gesetztsein durch Gott gegründetes Selbstsetzen des Menschen kann nicht als dieser Freiheit immanent gedacht werden. Die freie menschliche Selbstbestimmung ist immer schon dazu bestimmt, sich Gottes Selbstentsprechung gegenüber nicht inadäquat verhalten zu können. Verstünde man sie als die Freiheit der Wahl zur Entsprechung oder Nicht-Entsprechung zu Gottes Selbstentsprechung, so hätte man immer schon mißverstanden, daß sie allein in Gottes Selbstentsprechung gründet und von daher ihren Sinn, ihr Recht und ihre Bedeutung gewinnt. Denn die »Wahlfreiheit zwischen Gehorsam und Ungehorsam« wird dem Menschen »ja damit abgesprochen«[34], daß Gott sich in der einen Bestimmung seiner selbst entspricht. So kann die nicht aus der als freie Selbstbestimmung bestimmten Subjektivität des Menschen zu begründende inhaltliche Bestimmtheit dieser Freiheit interpretiert werden als die eine Bestimmtheit des Menschen: Indem Gott sich in seiner Selbstbestimmung entspricht, muß auch der Mensch als in Entsprechung Gestellter der Selbstentsprechung Gottes entsprechen. Deshalb: *»Gott spricht – der Mensch entspricht.«*[35]

Der Aufweis der immanenten Aporie dieses Freiheitsbegriffs darf nicht mit einer solchen Kritik verwechselt werden, die gegen jeden theo-logisch begründeten Begriff menschlicher Freiheit polemisiert. Solche antitheologische Kritik könnte die abstrakte Unmittelbarkeit der Barthschen Konstruktion nur, mit wenn auch anderem Vorzeichen, repristinieren. Die notwendige Kritik des Barthschen Gedankens menschlicher Freiheit begründet sich nicht darin, daß der Gedanke menschlicher Freiheit in Vermittlung mit der Konstruktion theo-logischer Gehalte gedacht wird. Zur Debatte steht allein, *wie* er gedacht wird. Daß der Mensch dem Sprechen Gottes entspricht, widerstreitet nicht eo ipso dem Gedanken menschlicher Freiheit. Aber damit ist nicht ausgesagt, welchem (Gedanken) Gott(es) der Mensch entspricht.

Muß die theologische Intention der Kirchlichen Dogmatik Barths als der »Versuch einer Theologie der Freiheit« charakterisiert werden, insofern die »Rede

---

33. KD III/1, 302. Von dieser Freiheit ist dann allerdings zu sagen: Sie »kann dem Menschen auch nicht verderblich werden«.
34. KD III/1, 300. Vgl. dazu: KD III/1, 303ff.; KD III/2, 234ff.
35. E. Jüngel: Die Möglichkeit theologischer Anthropologie auf dem Grunde der Apologie, a. a. O. 552.

von der souveränen Freiheit des gnädigen Gottes und von der verantwortungs-
vollen Freiheit des begnadeten Menschen«[36] als ihr Grundgedanke angesehen
werden kann, so ist es gerade um dieses Grundgedankens christlicher Theologie
willen gefordert, die Struktur des Barthschen Gedankens der Freiheit in die Mitte einer Interpretation der Kirchlichen Dogmatik zu stellen. Dabei zeigt sich,
daß die Entsprechung der Freiheit Gottes und der Freiheit des Menschen als die
Entsprechung der abstrakten Herrscher-Freiheit Gottes und der Unterordnungs-
Freiheit des Menschen gedacht ist. Der Mensch ist frei, indem er Gottes Herrschaft eigenständig anerkennt.

Der Gedanke solcher Freiheit ist aber doppelt aporetisch, insofern die Bestimmung menschlicher Freiheit dem Gedanken der Freiheit Gottes nicht äußerlich
bleibt. Denn ist die Freiheit des Menschen als bloße Entsprechung zum In-Entsprechung-gestellt-Sein zu Gottes Selbstentsprechung und durch Gottes Selbstentsprechung definiert, erweist sich auch die Freiheit Gottes als dem Gedanken
der Freiheit inadäquat gedacht. *Denn die Herrscher-Freiheit Gottes ist selbst
wesentlich als Zwang bestimmt*, insofern sie als Freiheit des unbedingt sich selbst
Bestimmenden nur als der Zwang der Identität zu sich selbst gedacht werden
kann, qua Gleichschaltung unbedingte Geltung zu erlangen. Die gesollte Unbedingtheit der Selbstbestimmung der absoluten Subjektivität Gottes ist dadurch
konzipiert, sich Unbedingtheit erst durch Vernichtung oder In-Entsprechung
Stellen des durch sie Bedingten verschaffen zu müssen. Die Unbedingtheit der
Selbstbestimmung Gottes steht selbst unter der Bedingung ihres Identitätszwanges. Sie ist gerade darin bedingt, ihre Unbedingtheit im Kampf um Lebensraum
etablieren zu müssen. In diesem Sinne muß der Gottesbegriff Barths als der Begriff eines solchen Allgemeinen bestimmt werden, das sich gegen Besonderes als
Allgemeines setzt. Indem Allgemeines sich gegen Besonderes setzt, setzt es sich
selbst als eine solche Besonderheit, die sich als allgemein bestimmt. Das Besonderheit vernichtende Allgemeine ist selbst als Besonderheit zu denken. Eine sich
verabsolutierende Besonderheit erweist ihre Besonderheit gerade darin, sich als
Allgemeines gegen Besonderheit setzen zu müssen. Die Verabsolutierung des an
sich Partikularen kann somit der theologische Begriff des Zwangs von Gleichschaltung und Vernichtung aller jener Besonderheiten genannt werden, die als
Besondere unter Besonderen der sich allgemein setzenden Besonderheit wider-
streiten. So heißt das Ermächtigungsgesetz der sich allgemein setzenden Besonderheit, alle Besonderheit in Adäquanz zu ihrer Selbstadäquanz zu bringen bzw.
zu vernichten. Demgemäß zeigt sich die Verabsolutierung einer an sich selbst
nicht absoluten Besonderheit – der *gegen* Besonderheit gestellten Allgemeinheit
der unbedingten Selbstbestimmung Gottes – in dem Zwang, alle Widerständlichkeit zu vernichten. Daß aber Widerständlichkeit vernichtet werden muß,
gründet in der *abstrakten* Allgemeinheit sich verallgemeinernder Besonderheit.

36. E. Jüngel: Karl Barth, in: Ev. Theol. 29 (1969), 625.

So weist gerade die faktische Existenz von Widerständlichkeit hin auf die Aporie einer solchen Konstruktion des Allgemeinen. Daß die *Sünde* als der Versuch unmittelbaren Sich-selbst-Setzens des Menschen als unmögliche Möglichkeit genichtet werden muß, beweist die Partikularität des nichtenden Allgemeinen. Die Sünde muß als für das Denken der Besonderheit irrelevant erklärt werden, ohne daß noch begründet werden könnte, warum angesichts des In-Entsprechung-gestellt-Seins Sünde selbst noch Objekt der Vernichtung sein muß. An ihrer faktischen Existenz zerbricht die Allgemeinheit der verallgemeinerten Besonderheit. Denn indem in Hinsicht aller Besonderheit deren unmittelbares Sichselbstsetzen (des Menschen Sünde) und schlechthinniges Gesetztsein durch das Allgemeine (der Gottes Gnade entsprechende Mensch) nicht mehr vermittelt werden können, so daß die »Vermittlung« nur konzipiert werden kann als die Hinwegerklärung eines der zu Vermittelnden, scheitert das Barthsche Denken des Allgemeinen daran, eine Vermittlung von Absolutem und Besonderem, Allgemeinem und Individuellem nicht denken zu können. Somit kann im Denkraum der Barthschen Konstruktion auch keine wahre, konkrete, aus sich selbst begründete Freiheit gedacht werden, sofern diese als eine solche Selbstdarstellung des Allgemeinen im Individuellen und des Individuellen im Allgemeinen zu denken ist, in der das Allgemeine und Individuelle abstrakte Gleichheit mit sich selbst zu negieren vermögen und so zur Anerkennung des anderen imstande sind. Indem Barth einen Begriff des Absoluten etabliert, im Kontext dessen das Allgemeine seine Allgemeinheit nur im negativen Bezug auf das Recht der Besonderheit zu erweisen vermag, kann er weder die Freiheit des Allgemeinen noch die des Besonderen angemessen zur Darstellung bringen.

Da in der Barthschen Anthropologie durch ihre Einbringung in die Theo-Logie das Absolute durch negativen Bezug auf alle Individualität und Besonderheit konstruiert wird, muß die Anthropologie der Kirchlichen Dogmatik in die für die Theoriebildung und Wirklichkeitsgestaltung des 20. Jahrhunderts kennzeichnende Kritik der unmittelbar selbstgewissen und sich selbst exklusiv etablieren wollenden individuellen Subjektivität eingereiht werden. Diese Kritik, in der die Denkstrukturen der dialektischen Theologie und Paul Tillichs, der Sozialphilosophie Arnold Gehlens und der politischen Theorie des Dezisionismus (Carl Schmitt, Ernst Jünger) als eben auch des deutschen Faschismus identisch sind[37], realisiert sich in der Konstruktion einer solchen Subjektivität, für welche Selbstbestimmung an sich selbst und d. h. nicht im Medium der sich auf sich negativ beziehenden individuellen Selbstbewußtseine gedacht werden soll. Doch steht

37. Vgl. dazu: F. Wagner: Politische Theorie des Nationalsozialismus als politische Theologie, in: Kritik der politischen Theologie, München 1973, bes. 44ff.; ders.: Absolute Positivität – das Grundthema der Theologie P. Tillichs, in: NZsystThRph 15 (1973); ders.: Gehlens radikalisierter Handlungsbegriff, in: ZEE 17 (1973), ders.: Ethischer Pluralismus? Erwägungen zu Arnold Gehlens »Moral und Hypermoral«, in: ZEE 18 (1974).

der diesen Theorien gemeinsame Aufbau einer allgemeinen Subjektivität unter der Bedingung des Kritisierten: Indem nämlich das Allgemeine vermittels der Negation des Individuellen konstruiert wird, erweist sich das Konstrukt der Allgemeinheit als selbst durch die Negation des Besonderen besondert. So ist die Theoriebildung des sich durch Kritik der Theorie der bürgerlichen Subjektivität des 19. Jahrhunderts aufbauenden Theorie des 20. Jahrhunderts nicht als dessen gelungene »Überwindung« zu erfassen, auch wenn sie die Einsicht in die Aporien empirisch-individueller Selbstbewußtseinstheorien prinzipiell formuliert hat. Das signifikante Gemeinsame der inhaltlich differenten Ausarbeitung dieser Kritik ist in einer »*Radikalisierung*«[38] der Problemstellung des 19. Jahrhunderts zu sehen. Im Komparativ Radikalisierung wird nämlich der inneren Struktur der Radikalisierungstheorien gemäß deren Aporie adäquat zum Ausdruck gebracht. Sie sind als Kritik der Theorien der bürgerlich-individuellen Subjektivität prinzipiell über diese hinaus und deren Überbietung; sie sind als Kritik zugleich noch wesentlich vom überbotenen Kritisierten bestimmt. Im Terminus Radikalisierung selbst spiegelt sich die Denkstruktur der Dialektischen Theologie und der ihr verwandten Theorien, insofern das Radikalere des Radikalisierten über das Radikalisierte nur bedingt hinaus ist.

Diese die Dialektische Theologie kennzeichnende Struktur unbedingt-abstrakter Durchsetzung einer verabsolutierten Besonderheit, die an sich selbst nicht allgemein ist, zeigt sich im Kontext der neueren und neuesten Theologiegeschichte dann auch in der um der »*Sache*« der Theologie willen geführten Kritik eines solchen theologischen Bewußtseins, das im Interesse am christlichen Grundgedanken der Freiheit sich auch im Medium dogmatischer Theologie an der Begründung des Selbstbewußtseins und seiner Freiheit orientiert. Wird um des Aufbaus der unbedingten Selbstbestimmung der an sich selber gedachten Subjektivität Gottes willen der Gedanke des freien Produktionssubjekts der Theologie im Hinweis auf die zumeist verdinglichte »Sache« negiert, kann diese Negation selbst nicht mit der Sache der Theologie unmittelbar identisch gesetzt werden. Der Ruf zur Sache hat sein Recht darin, auf die im Gedanken des frei konstruierenden Subjekts theologischer Gehalte in Anspruch genommene Voraussetzung hinzuweisen, diese Gehalte erzeugen zu *können*. Die sich der Sache der Theologie unterstellenden Theologien hintertreiben aber die Legitimität dieses Verweises auf die einem bestimmten theologischen Denken vorausgesetzten Gedanken der Tradition (»Sache«), wenn sie die *eigene* theologische Produktivität und »Sache« der Theologie identisch setzen. Genau diese unmittelbare Ineinssetzung von Sache der Theologie und der bestimmten eigenen Theologie kennzeichnet aber die Selbstauslegung der Dialektischen Theologie, die sich mit den kritisierten Theologien nur so zu vermitteln weiß, daß sie diese zur Nicht-Theologie erklärt. Daß im Vollzug der Kritik des Produktionsgedankens selbst Produktivität

38. T. Rendtorff, a. a. O. 161, 165 f., 183 ff. u. ö.

in Anspruch genommen ist, muß somit geleugnet werden, ohne selbst noch die Genesis und Geltung des eigenen Kritik-Gedankens begründen zu können. Den Gedanken, daß auch für den Gedanken der Kritik des Gedankens der Denkproduktion aller theologischen Gehalte das Denken dieses Gedankens konstitutiv ist, muß die Dialektische Theologie eskamotieren, weshalb sie notwendig im Streit um das Subjekt der Theologie von sich als einem Streitenden abstrahiert. Indem sie negiert, daß auch die Gedanken der Theologie sich dem Denken dieser Gedanken verdanken, negiert sie zugleich, daß diese ihre Negation sich dem Denken verdankt. So kann sich das Subjekt der dogmatischen Konstruktion nur insofern mit seinem Konstrukt in Übereinstimmung bringen, als es in Negation seiner eigenen Konstruktivität auch am Ort des konstruierenden Subjekts der Unbedingtheit des konstruierten allgemeinen Subjekts zur Darstellung verhilft. Das aber bedeutet: Auch in der Selbstauslegung der Dialektischen Theologie wird der abstrakt-unmittelbaren Herrscher-Freiheit der absoluten Subjektivität Gottes Geltung verschafft.

Trutz Rendtorff

Der ethische Sinn der Dogmatik

Zur Reformierung des Verhältnisses von Dogmatik und Ethik
bei Karl Barth

I. Der Ausgangspunkt: Barths Tauflehre

Zu den erstaunlichen Eigentümlichkeiten der Tauflehre von Karl Barth, dem
letzten Stück der Kirchlichen Dogmatik, das der Autor der theologischen Öf-
fentlichkeit selbst vorgelegt hat, gehört es, daß der Taufe im dogmatischen
Traktat ein »ethischer Sinn« beigelegt wird[1]. In keinem Ausdruck vermöchte
sich die radikale Tilgung eines sakramentalen Begriffs der Taufe nachdrückli-
cher aussprechen lassen als in diesem. Aber mehr noch: der Ausdruck ethischer
Sinn weckt wie der Vorgang einer ethischen Sinngebung für die Taufe überhaupt Assoziationen, die man begründetermaßen aus dem Munde Barths nur in
dezidiert kritischer Weise kommentiert erwarten dürfte. Auch ohne ausführli-
chen Beleg ist dem theologischen Zeitgenossen der Barthschen Theologie geläu-
fig, mit welcher Nachdrücklichkeit sich seine schärfste Polemisierung gegen eine
Ethisierung dogmatischer Sachverhalte dem von ihm bestimmten theologischen
Bewußtsein der Epoche mitgeteilt hat. Sicher, Ethik, ethische Sinngebung stehen
im Rahmen der Barthschen Entfaltung der Dogmatik und werden auch nur unter Schutz und Schirm dogmatischer Prämissen eigenes Thema. Aber über die
mit den Stichworten »Sakrament« und »Kindertaufe« bezeichnete Eigenwillig-
keit dieses Traktats hinaus ist es auffällig, daß Barth tiefgreifende Korrekturen
an dogmatisch-kirchlichen Selbstverständlichkeiten nun gerade mit einer ethischen Sinngebung der Taufe nicht nur verbindet, sondern auch begründet. Insofern ist es lohnend und aussichtsreich, dem Sachverhalt, »daß für Barth die
Ethik ein Kapitel der *Dogmatik* ist«[2], nicht nur mit der Frage nachzugehen,
»was das für die *Dogmatik* zu bedeuten hat«, sondern welches Licht von da aus
auf die Probleme fällt, die sich mit dem Zuordnungs- oder Abgrenzungsverhält-
nis von Dogmatik und Ethik verbinden. Denn die Verhältnisbestimmung von

---

1. Die Kirchliche Dogmatik (KD), IV. Bd., 4. Teil: Das christliche Leben [Fragment]).
   Die Taufe als Begründung des christlichen Lebens, Zürich 1967.
2. E. Jüngel: Karl Barths Lehre von der Taufe. Ein Hinweis auf ihre Probleme. Theol.
   Studien 98, Zürich 1968, S. 15.

Dogmatik und Ethik gehört zu den Kurzformeln, in denen sich die Neuorientierung der Kirchlichen Dogmatik und ihrer dramatischen Vorgeschichte mit allerlei epochalen Ober- und Untertönen zusammengefaßt hat.

Läßt man sich zunächst belehren durch die Gründe, die Barth dafür anführt, »die Tauflehre als Begründung des christlichen Lebens« so vorzutragen, daß sie der Sache nach eine Begründung der Ethik ist, so springt sogleich dieses ins Auge: Es geht darum, »daß der Mensch selbst auf Grund einer allein im Ermessen Gottes liegenden Möglichkeit *freies Subjekt* dieses Geschehens (scil. das Ereignis des christlichen Lebens) wird« (Hervorhebung von Barth)³. »*Menschliche Tat*«, »eigene freie Entscheidung«, der »Mensch selbst aus freien Stücken«, »der Mensch in seiner eigensten Subjektivität«, das sind die Töne, die gleich zu Beginn angeschlagen werden und aus denen sich letztlich auch der Akkord formt, mit dem Barth die Tonart bekanntgibt, nach der die Tauflehre insgesamt komponiert worden ist. Um in dieser Metaphorik zu bleiben: nicht, daß hier gegenüber früheren Bänden der Kirchlichen Dogmatik die Tonart gewechselt hätte; aber man könnte doch den Eindruck haben, daß hier eine unharmonische Verwechslung vorliege. Oder anders ausgedrückt: Handelt es sich bei dieser so überaus positiven Würdigung des selbständigen Subjekts und seiner Befreiung im Gange der Kirchlichen Dogmatik um so etwas wie einen Fortschritt des Glaubens im Rhythmus der Welt? Ist nun in der Durchführung der Kirchlichen Dogmatik endgültig ans Licht gekommen, daß und wie Barth auf seinem eigenen, dem dogmatischen Wege dorthin gelangt ist, wo er einst polemisch-kritisch seinen Ausgangspunkt genommen hat? Ist die *dogmatische* Ermöglichung der Ethik letzten Endes dann eben doch die Weise, wie die Überführung der Dogmatik in Ethik legitimerweise ins Werk gesetzt wird, nachdem die Dogmatik aus ihrem illegitimen Abseits herausgetreten ist?

II. Dogmatik und Ethik: Streit um die Grundwissenschaft

Die Bestimmung des Verhältnisses von Dogmatik und Ethik wurde von Barth in einer Fassung aufgenommen, die ihr Ernst Troeltsch zuvor und ausgestattet mit dem Gewicht einer Ortsbestimmung der Theologie überhaupt gegeben hatte⁴. Als Umkehrung der dort entwickelten Verhältnisse sollte und wollte sie bei Barth zugleich die Wiederherstellung der richtigen Rangordnung sein. Barth

---

3. A. a. O. 4ff.
4. Zum Verhältnis von Barth zu Ernst Troeltsch sei jetzt verwiesen auf die aufschlußreiche Analyse von Wilfried Groll: Der theologiegeschichtliche Zusammenhang von Ernst Troeltsch und Karl Barth, Diss. München 1975, bes. 69ff. Zum Thema vgl. auch die ganz auf den frühen Barth beschränkte Dissertation von H. Kirsch: Zum Problem der Ethik in der Kritischen Theologie K. Barths, Bonn 1972.

wollte die Dogmatik wieder als »theologische Grundwissenschaft«[5] einsetzen, eine Stellung, aus der sie durch »die grundsätzliche Überordnung der Ethik über die Dogmatik«[6] verdrängt worden war. Da Barth jedenfalls für Wilhelm Herrmann die Dogmatik als Prinzipienlehre in dem Sinne reklamierte, »die eigentlich theologische Grundwissenschaft« zu sein, der die Ethik zusammen mit der speziellen Dogmatik untergeordnet sei, bleibt als unmittelbarer Zeuge der zu bestreitenden Gegenposition Ernst Troeltsch. Er hatte in der Tat die These formuliert, »daß die Ethik die übergeordnete und prinzipiellste Wissenschaft« sei[7], genauer: geworden sei. Das Modell, demzufolge der neue, prinzipielle Rang der Ethik identisch ist mit der Entwicklung der neuzeitlichen Theologie- und Philosophiegeschichte, stammt jedenfalls eindeutig von Troeltsch und gibt in dieser Fassung den Gegenstand der Bestreitung für Barth ab. Solchen Fragen der Problemhierarchie, der Rangordnung, haben beide, Troeltsch wie Barth über die enzyklopädische Domestizierung hinaus und diese beiseite schiebend eine sehr grundsätzliche Bedeutung beigemessen. Die neue Rangordnung, die sich für Troeltsch mit Notwendigkeit aus der neuzeitlichen Bewußtseinsgeschichte ergeben hat, gilt Barth als Folge dessen, daß hier »das Thema der Theologie offen oder heimlich preisgegeben wird«[8]. Für Troeltsch stellte die Überordnung der Ethik als prinzipiellste Wissenschaft der Theologie die Aufgabe, die »entschlossene Einstellung auf die Gesamtlage der heutigen Kultur«[9] zu vollziehen mit der Folge, »ihre eigentlichsten religiösen Grundlagen und Impulse neu gestalten zu müssen«. Wir nennen jetzt nur in Kürze einige der Gründe, die Troeltsch für seine Ortsbestimmung der Ethik anführt, um damit die Frage vorzubereiten, was es bedeutet, daß und wie bei Barth die Ethik ein Problem der Dogmatik wird.

Troeltsch formulierte die Grundprobleme der Ethik angesichts einer *Krise der Ethik*, die mit dem Namen Nietzsche exemplarisch benannt wird. Erst Nietzsche zeige »die vollen Konsequenzen der Beseitigung Gottes und aller überempirischen und überindividuellen geistigen Ordnungen aus der Welt und damit aus

5. KD I/2, 875. Die gleiche Formulierung steht bereits in dem in Anm. 17 genannten Aufsatz über W. Herrmann.
6. A. a. O. 879; dies gelte jedenfalls für die »führenden Theologen der Neuzeit«. Die enzyklopädische Theorie hat natürlich immer auch andere, vor allem differenziertere Urteile vertreten. Als Beispiel für einen wohl nicht führenden Theologen, etwa F. A. B. Nitzsch: Lehrbuch der evangelischen Dogmatik, 2. Aufl. 1896, der über die enzyklopädische Bedeutung der Dogmatik sagt, sie sei »die allerwesentlichste Disziplin«, 15.
7. Grundproblem der Ethik (1902), Ges. Schr. 2. Bd., Neudruck 1962, 553.
8. KD I/2, 882.
9. A. a. O. 668. Der Ton liegt dabei auf *Gesamtlage*, nämlich im Unterschied zu der Festlegung auf »bürgerliche Leistungsfähigkeit«, »ständische Gesellschaft« u. a. historische Bedingtheiten. Troeltsch war wohl bewußt, daß man eine Theologie darauf ansprechen kann, sie sei z. B. »bürgerlich«, um mehr von ihr zu fordern!

der Ethik«[10]. Um der Objektivität der Grundlagen von Ethik, um einer objektiven Sittlichkeit willen sucht Troeltsch von der ethischen Problematik her den Zugang zur Religion und darin zum objektiven Zweck des Christentums zu finden. Nicht die formalen Bestimmungen der Selbständigkeit der Ethik und der religiösen Gesinnung, das ist die Kritik an Herrmann, sondern »das eigentümliche inhaltliche Wesen des christlichen Ethos« ist es[11], worauf sich alle Anstrengungen der wissenschaftlichen Arbeit konzentrieren müssen. Die Funktion der Religion für die objektive Sittlichkeit ist es, durch die »bestimmte Verhältnisse zur Gottheit die Hauptgebote und Hauptgüter« werden[12]. Im Rahmen dieser Fragestellung soll eine solche Selbständigkeit des christlichen Ethos gewonnen werden, die aus den kulturellen und historischen Vermischungen erst einmal herausgelöst und in Freiheit als sie selbst, und das heißt eben in prinzipieller Allgemeinheit und Objektivität aufgewiesen werden müsse. Also: nicht die selbstverständliche Sicherheit und Problemlosigkeit der Ethik charakterisieren deren Grundprobleme, wie es später in der Barthschen Bezugnahme erscheint[13], sondern umgekehrt, die Krise solcher objektiven Grundlagen und Ziele, wie sie in der philosophisch-theologischen Tradition mit der Lehre vom höchsten Gut anvisiert worden sind. Und diese Krise soll nach Troeltsch in Richtung auf eine Vereinheitlichung religiöser und innerweltlicher Zwecksetzungen hin bearbeitet werden, die sich letztlich wird »immer von der religiös-sittlichen Idee aus herstellen müssen«[14] Die durch Nietzsche bezeichnete Krise ließe sonst nur »die Steigerung des Individuums zu einer nur von ihm selbst abzuschätzenden Höhe übrig«[15], eine Selbständigkeit, die nicht mehr mit der Erfahrungswirklichkeit vermittelt ist.

Ruft man sich diese Charakterisierung der Grundlagenkrise der Ethik in Erinnerung, so ist offenkundig: die prinzipielle Bedeutung der Ethik liegt für Troeltsch gerade nicht in einer solchen oder anderen Steigerung des Menschen und seiner Selbständigkeit gegenüber allen Vorgegebenheiten. Im Gegenteil, »prinzipielle und übergeordnete Wissenschaft« wird sie »als die Lehre von den das Handeln

---

10. A. a. O. 654. W. Pannenberg hat sich ebenfalls auf Nietzsche berufen, um die »Krise des Ethischen« gegen die von G. Ebeling behauptete »Evidenz des Ethischen« als eine Tatsache ansehen zu können, der schon z. W. Herrmanns Zeiten »die Zukunft gehörte«, ohne allerdings die Argumente von Troeltsch dabei zu berücksichtigen. Die Krise des Ethischen und die Theologie, in: ThLZ 1962, 7ff., bes. 11f. Zur Diskussion mit G. Ebeling vgl. jetzt den Briefwechsel in: ZThK 1973, H. 4.
11. A. a. O. 554.
12. A. a. O. 671.
13. Vgl. dazu vor allem auch K. Barth: Das Problem der Ethik in der Gegenwart (1922), in: Das Wort Gottes und die Theologie, 1925, 125ff., darin vor allem auch die Feststellung, daß seine Generation dem »Problem der Ethik ratloser, verlegener, unsicherer gegenüberstehe als die Generation, die, als 1914 kam, fertig war« (130).
15. A. a. O. 658.

bestimmenden letzten objektiven Zielen«[16]. Autonomie des Subjektes scheint für Troeltsch eher einen aporetischen Charakter zu haben als den der selbstherrlichen Sicherheit.

Der Einsatz der Barthschen Kritik an der Vorrangstellung der Ethik läßt sich nun knapp und präzise dahin zusammenfassen, daß Barth die *Objektivität* der Ethik, entgegen den Vorschlägen von Troeltsch, entschlossen an die Klärung des *Subjektes* aller Wirklichkeit bindet, so nämlich, daß »die unaufhebbare Subjektivität Gottes«[17] selbst methodisch und inhaltlich zur Grundlage und Voraussetzung der Theologie überhaupt und in allen ihren Bezügen gemacht wird. Der mehr technisch-wissenschaftstheoretische Sprachgebrauch, der sich der Verhältnisbestimmung von Dogmatik und Ethik als zweier Disziplinen bedient, ist dann aber eher geeignet, die tatsächliche Radikalisierung der Fragestellung im Übergang von Troeltsch und Barth zu verdecken. Die Vorordnung der *Subjektproblematik* vor die Probleme einer inhaltlichen Begründung der Ethik ist vielmehr von der Art, daß dabei die Gotteslehre selbst als Theologie ihren Sinn aus den Aporien der Ethik als prinzipieller Wissenschaft empfängt. So hat, im Gewande der Vorordnung der Dogmatik vor die Ethik, die Dogmatik in ihrer inneren Konstitution selbst einen ethischen Sinn. Denn die Dogmatik reklamiert nunmehr für sich die Wahrnehmung und Lösung derjenigen Grundprobleme, die die prominente Bedeutung der Ethik ausmachen, aber auch deren Aporie hervorrufen.

III. Das Subjekt als das theologische Problem der Ethik

Barth spricht im Blick auf eine methodisch gegenüber der Dogmatik selbständige Ethik von einem »unmöglichen Wechsel in der Blickrichtung«, der »eine fatale Vertauschung der Subjekte, nämlich Gottes und des Menschen« anzeige[18]. Die Ethik ist genau in diesem Sinne ein *theologisches* Problem, weil sich an ihrer Stellung das Verständnis von Theologie entscheidet. Vertauschung der Subjekte, das ist denn auch die prägnante Formel für das, was Barth mit dem Vorwurf meint, daß »die Theologie als solche preisgegeben wird«. Die inhaltliche Fassung dieses Vorwurfs wird damit begründet, daß die ethische Frage als Frage nach dem richtigen Handeln die menschliche *Existenz*frage ist. Er existiert, in-

15. A. a. O. 552f.
16. A. a. O. 566.
17. Diesen Ausdruck verwendet Barth im Zusammenhang seiner Darstellung von W. Herrmann, in dem Sinne, »daß am Anfang und am Ende des Spielplatzes, auf dem wir Theologen uns mit diesen Dingen vergnügen, die Majestät des Dreieinigen Gottes steht«. Die dogmatische Prinzipienlehre bei Wilhelm Herrmann (1925), in: Die Theorie und die Kirche O. J. (1928), 263f.; vgl. dazu W. Groll (siehe Anm. 4) 72f.
18. KD I/2, 884f.

dem er handelt[19]. Die theologische Ethik stellt nicht einfach eine Antwort auf diese Frage bereit, sondern die Theologie konstituiert die Existenzfrage allererst, weil sie »die vor allem und zuerst durch das Wort Gottes selbst aufgeworfene Frage« ist. Das Wort Gottes geht ihr voran. Barth thematisiert damit das Gegebensein des Subjektes, im Blick auf den Menschen »das Subjekt seiner Menschlichkeit«[20], das er in Jesus Christus als dem Wort Gottes findet. Der Selbstbestimmung, »ohne die er nicht Mensch wäre«, geht die göttliche Vorherbestimmung voraus. Die Konstitution des Subjektes ist als zentrales Thema der Ethik zuerst Thema der Dogmatik, weil hier die Wirklichkeit des Subjekts vor seiner im Handeln zu realisierenden Möglichkeit zum Thema wird.

Indem Barth die Subjektproblematik zum Kriterium für die Verhältnisbestimmung von Dogmatik und Ethik macht, reduziert er die Unterschiede und materialen Differenzen, die zu enzyklopädischen Distinktionen der Disziplinen veranlaßt haben, auf die eine Schlüsselfrage, wie nämlich das Subjekt des Handelns *vor* aller bestimmten Subjekthaftigkeit des handelnden und existierenden Menschen als des empirischen Menschen rein erfaßt werden kann. Bestritten werden muß dabei die in der neuzeitlichen Theologie und Philosophie auftretende Selbständigkeit der Ethik allein und ausschließlich aus dem theologischen Grunde, das heißt deswegen, weil hier das Subjekt der Ethik und damit der Realisierung von Selbstbestimmung auf einer Ebene angesetzt ist, die nicht prinzipiell genug ist oder, wo sie dies zu sein versucht, zuerst und vor allem die Ebene des göttlichen Seins und Handelns ist. Von daher ist es dann aber kein weiter Schritt zu der Annahme, daß die Dogmatik in ihrem methodisch exklusiven und inhaltlich, im Blick auf die Ethik, inklusiven Anspruch bei Barth genau die Bestimmungen in sich aufnimmt und zu verarbeiten sucht, die auch und zuvor die Ethik als »prinzipiellste Wissenschaft« charakterisiert haben. Das führt dazu, daß die Dogmatik »durchgehend auch Ethik sein« will[21].

In der Metapher des Rollentausches von Mensch und Gott liegt es denn wohl auch beschlossen, daß der Rücktausch der Rolle Gottes den Eintausch der Rollenmerkmale einschließt, die den Menschen eben als in sich selbständiges Wesen charakterisieren und bestreiten lassen. Die immer wieder auftretende Formel von der Selbstbestimmung des Menschen, die, wo es dogmatisch Rechtens zugeht, seiner Vorherbestimmung durch Gott nur folgen könne, verweist denn ja auch im Zuge der Barthschen Dogmatik darauf, daß diese Vorherbestimmung Gottes im Kern die Selbstbestimmung Gottes ist. Solch ethischer Sinn der Dogmatik, den sie aus der Bestreitung der Vorrangstellung der Ethik übernimmt, reicht also in die zentralen Bestimmungen der Gotteslehre selbst hinein. Die mehr formale oder methodische Einziehung der Ethik in den Kompetenzbereich

19. Die Formel wird durchgehend in der KD verwendet.
20. KD I/2, 411.
21. KD I/2, 857; vgl. II, 2, 571 u. ö.

der Dogmatik, die ja in einem mehr technischen Sinne auch eine Art »Buchdek-
kelstreit« ist[22], wird insofern umgriffen von der ethischen Sinngebung der Dogmatik, zumal der Gotteslehre selbst, wie sie eben am Problem der Konstitution
des Subjektes festgemacht ist. Überblickt man einmal die verschiedenen Passa-
gen der Kirchlichen Dogmatik, in der der Übergang zur Ethik in explizitem
Sinne vollzogen wird[23], so sind die Fragen, die dort in aller Ausführlichkeit er-
örtert werden, von der Art, daß sie die Schwierigkeiten zu erkennen geben, ob
und wie neben Gott und nach Gott ein eigenes handlungsfähiges menschliches
Subjekt theologisch gedacht werden kann und soll. Diese Schwierigkeiten sind
nun aber nicht eigentlich inhaltlicher Natur, sondern entstehen, formal gesehen,
dadurch, daß in diesem Übergang jeweils die Frage akut wird, ob es hier zur
Konstitution eines im Verhältnis zu Gott selbständigen Subjektes kommt. Sie
sind nicht inhaltlicher Natur; denn im Gange der Ausarbeitung der Gotteslehre
folgt aus der inhaltlichen Bestimmtheit des Gottesgedankens die Zuwendung
zum Menschen, wie sie sich exemplarisch in der Erwählung Jesu Christi vollzieht. Diese inhaltliche Bestimmtheit des Gottesgedankens ist nicht eine abstrakte Aseität Gottes für sich, gleichsam tatenloses Subjekt, sondern Gott, der sich
als gnädiger Herr des Menschen offenbart; Gott existiert, indem er handelt.
Selbstbestimmung Gottes ist deswegen diese Vorherbestimmung Gottes zum gnädigen und versöhnenden Gott. Der innere Gang der theologischen Entfaltung des
Gottesbegriffes ist bei Barth also die Entfaltung einer Selbstbestimmung Gottes
als seiner Existenz für den Menschen[24]. Dies kann nun füglich als der *ethische*
Sinn der Dogmatik, genauer: der Gotteslehre angesehen werden. Die Schwierigkeiten im Übergang zur expliziten Ethik haben es dagegen jeweils mit dem
Problem eines zweiten, anderen Subjektes neben oder außer Gott zu tun.
Das tritt etwa im Zusammenhang der »Ethik als Aufgabe der Gotteslehre«
deutlich hervor[25]. Die grundlegenden Bestimmungen der Gotteslehre werden
immer wieder dahin zusammengefaßt, daß Gott *ist* in seiner Tat. »Gott ist der,
der nicht nur allein in seiner *Tat* zu finden, sondern der darum allein in seiner
Tat zu finden ist, weil er allein in seiner Tat der *ist*, der er ist.«[26] Entsprechen-

---

22. In dem Sinne, in dem Schleiermacher die gemeinsame Behandlung von Dogmatik und
    Ethik für »wünschenswert« gehalten hat, sofern nicht pragmatisch »die Masse« des
    Stoffes dem entgegenstände, so daß die Darstellung alle Form verliere. Kurze Darstel-
    lung des theologischen Studiums (1810), Neudruck 1961, § 231, S. 88. In der Sitten-
    lehre finden sich um übrigen schon die Abzeichen des Rangordnungsstreites, die dort
    »Emanzipation« oder »Subordination« heißen. Die christliche Sittenlehre. 2. Aufl. hg.
    von L. Jonas, 1884, 24.
23. Vgl. KD II/2; III/4; IV/4.
24. Vgl. dazu E. Jüngel: »... keine Menschenlosigkeit Gottes«. Zur Theologie K. Barths
    zwischen Theismus und Atheismus, in: Ev. Theol. 1971, 376–390.
25. KD II/2, § 36, 564ff.
26. KD II/1, § 23, 1. Gottes Sein in der Tat, 305.

des gilt aber auch vom Menschen: »Der Mensch existiert als Person, indem er *handelt*.«[27] Die ethische Struktur dieser Grundformel bildet also das Kontinuum der inhaltlichen Entfaltungsschritte der Kirchlichen Dogmatik. Schwierigkeiten entstehen beim Übergang vom impliziten ethischen Sinn der Dogmatik zur expliziten Ethik. Hier, in der Gotteslehre, bringt Barth die Ethik in direkten Zusammenhang mit dem Sündenfall des Menschen. »In der Folge und Verlängerung des Sündenfalls also kommt es zur ›Ethik‹, zu vielen und mannigfaltigen Ethiken sogar als zu den Versuchen menschlicher Beantwortungen der ethischen Frage.«[28] Die Anführungsstriche, in die Barth den Begriff Ethik hier setzt, stehen wohl dafür, daß an der Ethik etwas anderes zum Problem wird, was nicht mit ihrem inhaltlichen Sinn identisch ist. Das ergibt sich aus der Begründung des Zusammenhanges von »Ethik« und Sündenfall: »Die Gnade Gottes protestiert gegen alle vom Menschen aufgerichtete Ethik als solche.« »Als solche«, das kann hier nur heißen: »als vom Menschen aufgerichtet«; so kommt es zu der gleichsinnigen Aussage über Adam: er sündigte = er wurde Ethiker. Selbsterklärung, Selbstbestätigung sind andere Ausdrücke, mit denen hier zu erkennen gegeben wird, Adam, der Ethiker, bedeutet die Konkurrenz zu Gott, zur »göttlichen Ethik«. Diese Konkurrenz, die Grund zum Protest gibt, ist auf der Ebene der Subjektproblematik angesiedelt. Die Selbständigkeit eines menschlichen Subjekts bedeutet, daß sich der Mensch »der Gnade Gottes ... entziehen will«, also dem Vollzug und der Realisierung der göttlichen Ethik. Das dogmatische Konstruktionsproblem, aus dem Rücktausch des autonomen Subjektes Mensch in die Gotteslehre entstanden, trägt also so lange die Gegensätzlichkeit in sich, als es nicht gelingt, die Selbstbestimmung oder Selbständigkeit des Menschen, seine Freiheit »als solche« aus der formalen Konkurrenz mit dem göttlichen Subjekt in die inhaltliche Entsprechung zu überführen. Der inhaltliche Leitfaden, an dem dieses Problem in der Kirchlichen Dogmatik durchgeführt wird, ist dann aber der ethische Sinn der Dogmatik, das heißt die Entfaltung des Handelns.

Wir hatten gesagt, daß Barth die ethische Problematik entschlossen an die Klärung des Subjektes bindet und darin auch die theologische Bedeutung der Ethik erblickt. Es wird nun deutlicher, daß die Kirchliche Dogmatik in der Gotteslehre einen ethisch explizierbaren Handlungszusammenhang als diejenige Kontinuität in Anspruch nimmt, die geeignet ist, die formale, abstrakte Konkurrenz von göttlichem und menschlichem Subjekt zu umgreifen und zu relativieren. Kraft der historisch bedingten Gegensätzlichkeit von Dogmatik und Ethik im Sinne des Rangordnungsstreites ist es zwar so, daß innerhalb der Kirchlichen Dogmatik durchgehend die explizite Nennung der Ethik und der ethischen Frage die Konkurrenzproblematik wiederholt. Die Behandlung dieser Frage

27. KD II/2, 527f.
28. A. a. O. 573.

vollzieht sich dabei durchgehend mit dem Ziel, die menschliche Subjektivität in die Handlungswirklichkeit der göttlichen Liebe, Gnade, Versöhnung zu integrieren. Die terminologische Fixierung des Begriffes Ethik auf die Konkurrenzproblematik ist insofern irreführend, wenn sie verkennen läßt, daß diese Integration als Integration in den Folgezusammenhang des göttlichen Handelns vorgenommen wird, der selbst in seiner inneren Struktur einer ethischen Sinngebung der Handlungswirklichkeit Ausdruck verleiht.

IV. »Subjektive« und »objektive« Ethik

Von einer Perspektive her, wie sie sich aus dem Vergleich mit der Fragestellung von E. Troeltsch ergibt, können diese Zusammenhänge noch deutlicher herausgestellt werden. Troeltsch hatte erklärt: »Die Hauptprobleme der Ethik liegen nicht auf dem Gebiete der *subjektiven* Ethik, das verhältnismäßig einfach ist, sondern auf dem der *objektiven* Ethik, das schwierig und verwickelt ist.«[29] Troeltsch bezieht sich dabei auf die Problematik der sogenannten Güterlehre und fügt dann hinzu: »Die Hauptsache ist also, daß ich hier neben die subjektive Ethik der Autonomie ein weiteres und für das Verständnis der religiösen Ethik viel wichtigeres Prinzip einführe, das der objektiven Güter.«
Nun ist die Theorie der objektiven Güter in die Relativierungen des historischen Bewußtseins so hineingeraten, daß ihre Inhalte als wandelbare kulturgeschichtliche Gestalten der Sittlichkeit erscheinen müssen, aber gerade nicht als Gestalten eines objektiven Gutes. Dies hat sich in der Soziologisierung des Bewußtseins in unserem Jahrhundert nur potenziert. Es ist dann nur konsequent, wenn Troeltsch sagt, er sehe »die Bedeutung der Religion für die religiöse Ethik wesentlich in ihrem Charakter als objektives Gut«[30]. Aber Troeltsch befindet sich doch in einem gewissen Dilemma, wenn er letztlich sehr formal eine Differenz überwinden will, deren Gründe erst durch die Überwindung selbst sichtbar werden könnten, nämlich das Auseinanderfallen einer Ethik sub specie temporis (innerweltliche Zwecke) und einer Ethik sub specie aeternitatis, die er charakterisiert sieht durch die »Konzentration alles Handelns auf die Zueignung des Individuums und der Gemeinschaft an Gott«[31].
In der Perspektive von Troeltsch könnte man sagen: Barth unternimmt es, die »subjektive Ethik« dadurch als »objektive Ethik« zu entwerfen, daß über die Bestreitung des menschlichen Subjektes als kompetentem Grund einer wirklichkeitsmächtigen Ethik Gott in die »Rolle« des Subjektes eingesetzt wird. Die Aporetik einer »nur« subjektiven Ethik wird so an der Problemstelle des Sub-

29. A. a. O. 624.
30. Ebd.
31. A. a. O. 625.

jekts überhaupt aufgenommen. Denn die Einziehung des Subjektes in die Gotteslehre ist ja eine solche »Objektivierung«, mit der die Religion in sich das Subjekt des objektiven Guten bestimmt. Die Troeltsche Formel der Ethik sub specie aeternitatis könnte dann für Barth lauten, daß Gott sich der Gemeinschaft mit den Menschen zueignet. Die Möglichkeit einer *inhaltlichen* Ethik, die Troeltsch alleine auf der Seite einer objektiven Ethik zu finden hofft, ist dann der Sache nach identisch mit der Explikation der Beziehung des Subjektes (Gott) zur Wirklichkeit des Menschen als die Entfaltung des objektiven Status einer Subjektbeziehung.

Allerdings, diese inhaltlich ermöglichte Ethik ist bei Barth immer wieder ans menschliche Subjekt adressiert. In dieser Beziehung ist und bleibt sie Sollenslehre. Zunächst handelt es sich bei Barth um die Radikalisierung der Probleme einer »subjektiven« Ethik, so nämlich, daß dabei der Selbstbestimmung, Freiheit, eine objektive, allgemeingültige Fassung gegeben wird, wie das in der Gotteslehre der Fall ist. Indem diese die Subjektproblematik in sich aufnimmt, wird die formale Differenz überwunden und in eine inhaltliche Beziehung überführt. Damit wird die Differenz zwischen dem allgemeinen Anspruch der Autonomie und ihren historisch bedingten Welten und Folgen so freigesetzt, daß sich die Freiheit auch gegenüber ihren Welten und Bedingtheiten frei wissen kann[32]. Aber diese Freiheit bleibt trotz ihrer *theologischen* Inhaltlichkeit so lange reine Sollenslehre, als die tatsächliche Lebenswirklichkeit des menschlichen Subjektes das nicht vollzieht, was hier gedacht wird. Das kann nur so geschehen, daß sich der Mensch als Subjekt in seinem Handeln selbst in der Weise der objektiven Gültigkeit seiner Freiheit bestimmt. Das ist es, was das Werk des Menschen ist, das als sein eigenes Werk in voller Selbständigkeit die *theologische Ermöglichung* der Freiheit in seiner eigenen *Wirklichkeit* festmacht, objektiviert.

V. Die Tat des Menschen: Objektivierung des Subjekts

Welche sachliche Bedeutung die Einbeziehung der Ethik in die Dogmatik hat, das findet im Verständnis der christlichen Taufe als einer menschlichen Tat eine durchaus weitergehende Erklärung. Denn im Gange der Kirchlichen Dogmatik muß die methodische Entscheidung, die darin liegt, in zunehmender Weise ihre inhaltliche Einlösung erfahren. Im Zuge einer solchen inhaltlichen Einlösung des der Dogmatik immanenten ethischen Sinnes muß darum auch die Pointe der Tauflehre gesehen werden, nicht als eine eigentümliche Sonderlehre am Rande. Barths Widerspruch gegen eine sakramentalistische Deutung der Taufe wendet

---

32. Das Problem der Selbständigkeit der Religion ist zugleich das Problem der Auflösung jener Identität von »bürgerlicher« Welt und ihren philosophischen Gehalten, die bereits in der Zeit vor dem Ersten Weltkrieg bewußt war. Vgl. auch Anm. 9.

sich gegen eine »Eskamotierung des freien – des von Gott zu eigenem, verant-
wortlichem, freiem Tun befreiten und aufgerufenen Menschen«[33]. Eskamotieren bedeutet, etwas durch einen Taschenspielertrick zum Verschwinden bringen,
was in Wirklichkeit gar nicht verschwindet, sondern nur in schwindelhafter
Weise als verschwunden ausgegeben wird. Gegen solchen Schwindel gilt es, die
freie, selbständige Tat des Menschen als etwas festzuhalten, was ernsthaft, ohne
Anwendung von Zaubertricks, gar nicht weggedacht werden kann. Im Blick auf
die Wassertaufe erschiene die Annahme eines mit dem menschlichen Werk kon-
kurrierenden »immanenten göttlichen Tuns und Redens« als Geringschätzung
des menschlichen Tuns[34]. Solche Argumentation weckt in ihrer Form Erinne-
rungen an die frühere Kritik Barths, in der es als eine Geringschätzung und Verachtung Gottes dargestellt wurde, wo der Mensch die Rolle Gottes übernimmt.
Jetzt bekommt die These von der Taufe als *Werk* des *Menschen* ihre Bedeutung
als eine notwendige Folge der Zuordnung der Subjekte Gott und Mensch, so
nämlich, daß die Dogmatik ihren ethischen Sinn offenbart, ihn offenlegt als die
dogmatisch erfaßte und darin methodisch wie sachlich begründete Selbstbestimmung des Menschen aus der göttlichen Vorherbestimmung.
Sicher sind Konsequenzen dieser Art nur im Kontext der ganzen Kirchlichen
Dogmatik bestimmbar. Aber andererseits gilt wohl auch, daß an diesem Kno-
tenpunkt einer gleichsam gegenseitigen Erläuterung von Dogmatik und Ethik eine nochmalige, die ganze Dogmatik thematisierende exemplarische Fassung der
theologischen Aufgabe vorliegt. Und in diesem Sinne handelt es sich dann auch
um eine Fassung des theologischen Problems der Ethik. Man kann sich das an
der von E. Jüngel herausgearbeiteten und in der Tat auffallenden Verschiebung
in der metaphorischen Verwendung der Taufe als Waschung deutlich machen,
wie sie in der Gegenüberstellung von Geisttaufe und Wassertaufe erhoben werden kann. Jüngel analysiert[35], daß es ja zunächst die *Wasser*taufe sei, die der
Geisttaufe die Metapher verleiht; gleichwohl sei die Taufe nun nicht mehr nach
ihrer eigenen metaphorischen Bedeutung relevant, sondern nur noch in dem abstrakten Sinne, den sie von der theologischen Relevanz der Geisttaufe, losgelöst
von der Taufmetaphorik, empfange. Im Kontext der Kirchlichen Dogmatik
insgesamt steht ja der ethische Sinn der Taufe, den sie im Zusammenhang der
Dogmatik zugewiesen erhält, im Gefolge des der Dogmatik immanenten ethischen Sinnes. Dieser, und damit die Dogmatik als Theo-Logie überhaupt, hat
aber an dem entscheidenden Konstruktionsort, der Subjektproblematik, seine
schärfsten Konturen von dem Subjekt des Menschen her empfangen, auf dem
Wege der kritischen Destruktion seiner Selbstbestimmung. Das von daher in der
ganzen Kirchlichen Dogmatik durchgehend gewußte spannungsvolle Gegenüber

33. KD IV/4, 116.
34. A. a. O. 157.
35. Karl Barths Lehre von der Taufe, a. a. O. 27 ff.

Gottes zum menschlichen Subjekt hat Barth nicht nur zu der Behauptung berechtigt, die Dogmatik habe durchgehend ethischen Sinn. Die Kirchliche Dogmatik lebt darüber hinaus überhaupt von einer hintergründigen Metaphorik eines Redens vom göttlichen Handeln, die bis in die Verästelungen der Einzelausführungen hinein jene zuerst im Rollentausch ausgesprochene Bezüglichkeit des göttlichen und des menschlichen Subjektes präsent hält. Sie macht die innere Dynamik der Kirchlichen Dogmatik durch deren Sachthemen hindurch, gleichsam ihr kontinuierliches Leitthema aus. Insofern muß sich auch die konkrete Metaphorik der Taufe dieser hintergründigen Metaphorik der Kirchlichen Dogmatik fügen. Wo es, wie in der Tauflehre, um die christliche Lebensführung geht, wird deshalb hinsichtlich der freien Selbstbestimmung des Menschen jede damit konkurrierende dogmatische Vorstellung zugunsten der Selbsttätigkeit des Menschen eingezogen. Denn hier wird ja die Ausgangslage, die in ihre göttliche (dogmatische) Objektivierung überführte freie Subjektivität für die christliche Lebensführung wieder eingeholt. Nicht verschiedene Ebenen des *göttlichen* Handelns werden in dem Verhältnis von Geisttaufe und Wassertaufe abgebildet und in Entsprechung gedacht. Es geht alleine um die Beziehung von göttlichem (allgemeinem) und menschlichem (besonderem) Subjekt. Das Schwergewicht, dessen sachliche Bedeutung wohl auch nicht zufällig quantitativ in Erscheinung tritt, liegt deswegen auf dem Werk des Menschen.

Die Tat, in der sich der ethische Sinn der Taufe zusammenfaßt, ist bei Barth in unterschiedlichen Wendungen beschrieben als Entscheidung, Entschluß, als Lebensakt, Treue, Stetigkeit, und in diesen Beziehungen wohl am prägnantesten als Festlegung, als ein »von ihm selbst geschaffenes Faktum«, in dem eine Entscheidung, die Widerfahrnis der Umkehr als Beginn und Wende eines neuen Lebens, festgemacht wird[36]. Alle diese Wendungen, die die Begründung der Wassertaufe enthalten, realisieren die Möglichkeit, auf Grund deren der Mensch selbst »freies Subjekt dieses Geschehens wird«, eines Ereignisses, kraft dessen »der Mensch selbst, der Mensch in seiner eigensten Subjektivität aufhört, als ein Fremdling draußen zu stehen, sondern hinzukommt, hereinkommt«, nämlich so, daß er die Gnade Gottes »selbst ins Werk setzen darf«[37]. Die Tat, in der Menschen zum »Subjekt ihrer eigenen menschlichen Lebensgeschichte werden«, ist eine Aktion, in der die Freiheit des Menschen sein Faktum wird, seine eigene Festlegung, Objektivierung. Festgelegt, als Faktum gestaltet, wird die Freiheit und Selbstbestimmung des Menschen so, daß sie nicht zurückgenommen werden kann, daß es zur Freiheit, Selbsttätigkeit, und das heißt zum ethischen Sinn der christlichen Lebensführung keine Alternative gibt. In dieser Tat wird sich der Mensch selbst zum Thema, so wie er Thema Gottes ist, in dieser *Entsprechung* ist es begründet, warum Barth dem sakramentalen Sinn der Taufe einen ethischen Sinn substituiert.

36. A. a. O. 47.   37. A. a. O. 6.

Das Entsprechungsverhältnis ist hier aber differenzierter, als es in dem Grundschema einer Entsprechung zwischen dem göttlichen Handeln in Jesus Christus und dem Handeln des in Christus befreiten Menschen sich ausdrückt. Logisch und sachlich handelt es sich um eine Tat, in der eine Entsprechung realisiert wird zwischen dem Menschen als Subjekt überhaupt, so wie er sich als freies Subjekt seiner Lebensgeschichte wahrnimmt, und dem empirischen Menschen im Vollzuge und in der Realität seiner Lebensgeschichte. Die Wahrnehmung und Gestaltung dieser Entsprechung ist es, die den Christen ausmacht. Es geht hier also darum, diese Entsprechung des Menschen zu sich selbst auszuarbeiten, zu gestalten und eben in der Tat, im Werk, im Handeln festzumachen. Das »aktive menschliche Subjekt«, um dessen Handeln es geht, wird in seiner Aktion erst seines besonderen, eigenen Subjektseins ansichtig und gewiß. Die Formel, der Mensch existiere, indem er handele, die zunächst das Handeln auf die Bedingung der Möglichkeit auf der Subjektseite zurückgenommen hat, muß ebenso nachdrücklich auf der Seite der Handlung objektiviert werden, das Subjekt zum Faktum werden, sich darin zum *wirklichen* Subjekt machen. Es geht also um dieses innere Entsprechungsverhältnis des Christenmenschen, wenn explizit der ethische Sinn der Taufe herausgearbeitet wird. Würde man gegenüber der Barthschen Argumentation einwenden, hier werde nun plötzlich der selbständigen Aktivität des Menschen eine viel zu große theologische Relevanz beigemessen und damit der besondere theologische Gewinn seines dogmatischen Ansatzes aufs Spiel gesetzt, dann dürfte die Vermutung am Platze sein, die Barthsche Theologie sei in ihrer Grundkonstitution nicht begriffen; es legte sich der Verdacht nahe, sie sei nur assoziativ auf der Ebene vorstellungsmäßiger Abgrenzung von Gott und Mensch und deren permanenter Polarisierung rezipiert, bei der eben nur ein Verhältnis von Alleinwirksamkeit Gottes und passiver Hinnahme seitens des Menschen verstandesmäßig perpetuiere. Die innere Struktur der Dogmatik, kraft deren sie die Ethik in sich aufgenommen hat, wäre überhaupt nicht begriffen. Nun, dieses Problem des Barthianismus mag hier auf sich beruhen[38]. Der explizite ethische Sinn der Taufhandlung bringt jedenfalls den impliziten ethischen Sinn der Dogmatik zur Geltung[39]. Der Gewinn einer Objektivierung des Subjektes aller Wirklichkeit muß darin eingebracht werden, daß diese Objektivierung sich als die Selbsttätigkeit des Menschen an sich selbst vollzieht, als seine eigene Tat, in der er sich zum Faktum wird. Das ist die radikale Konsequenz aus der Struktur der Barthschen Dogmatik selbst. Indem der Mensch als Christ

---

38. Zum Problem vgl. W. Grolls Analyse der Gründe, die zu einem Rechtsbarthianismus und einem Linksbarthianismus führen, a. a. O. 198. (S. 138)
39. Vgl. dazu die vierte Frage von E. Jüngel, a. a. O. 48, der sich als Antwort H. Conzelmanns Formulierung zu eigen macht, es müsse klar sein, »daß die Ethik kein autonomes Gebiet ist«, 50. Aber liegt das Problem tatsächlich auf dieser Ebene? Wieso sind »Gebiete« autonom oder nicht autonom?

sich in der empirischen Besonderheit seiner Lebensführung[40] zum Thema macht, wird seine individuelle empirische Subjektheit mit ihren empirisch unabsehbaren besonderen Möglichkeiten auf die alle Subjektheit konstituierende Freiheit hin festgelegt und damit zu einer bestimmten gemacht. Diese Tätigkeit der Freiheit ist also in durchgehender Entsprechung zur Tätigkeit Gottes, die Ethik in voller Entsprechung zur Gotteslehre zu sehen. Nicht das Verhältnis von Ursache und Folge bestimmt darum letztlich diese Beziehung, sondern das Verhältnis der Entsprechung. Damit erhält dann auch die *methodische* Rangordnung, der zufolge die Ethik in die Dogmatik eingezogen wird, den ihr angemessenen subsidiären Stellenwert, sofern nämlich die methodische Subordination des menschlichen Subjektes in seiner Besonderheit unter die »unaufhebbare Subjektivität Gottes« nicht schon eine Unterordnung oder Unterdrückung des einen durch das andere meint, sondern im Gegenteil und aufs Ganze gesehen, gerade die begründete, weil nunmehr auch allgemein und objektiv zu fordernde Anerkennung des freien Subjektes ermöglicht. Diese muß dann aber durch die zur Tat werdende Realisierung dieses christlichen Subjektes ratifiziert werden, in der es sich zu dem macht, was es ist[41].

VI. Dogmatik als religiöse Ethik

Die Ethik, die so in der dogmatischen Methodisierung ermöglicht und durchgeführt wird, ist die *religiöse* Ethik[42]. Man kann das zunächst im Blick auf die ganze Kirchliche Dogmatik behaupten. Denn ihre Darstellung bringt auf allen Seiten eine Sensibilität für jene Tätigkeit zum Ausdruck, die die dogmatisch formulierten Sachverhalte ständig bezieht auf die besondere und darin unendliche Realisierung auf der Seite des Menschen als denkendes, existierendes, reflektierendes und handelndes Subjekt. Die durchgehend appellative Sprache, ihr weithin predigtartig-adhortativer Diskursstil, ihre Anrede an den Leser, die ihn vor

40. Vgl. dazu die Reflexionen a. a. O. 46ff., die die Notwendigkeit des »Faktums« begleiten!

41. Ob nun allerdings die Barthsche Argumentation zwingend auf eine Ablehnung der Kindertaufe hinausführt, ist damit noch nicht ausgemacht. Sofern diese »Tat« als Werk des Menschen auf die christliche Lebensführung zielt und in ihr zu ihrer Realisierung kommt, ist sie und damit eben die Taufe wiederum die *Voraussetzung* aller konkreten, gleichsam empirischen Akte, aus denen sich diese Lebensführung aufbaut. Wenn die Taufe logisch wie theologisch die Tat des Anfanges des christlichen Lebens sein soll, kann nicht mit denselben Gründen ausgeschlossen werden, daß sie das auch phänomenologisch ist, wie im Falle der Kindertaufe ausgedrückt.

42. In anderer Wendung scheint E. Jüngel für den religiösen Charakter der Tauflehre und ihrer Ethik zu plädieren, wenn er sie als »eine durchgehende existentialtheologische Interpretation der Geschichte Jesu« einfordern will, a. a. O. 37.

Voreiligkeit, Selbstherrlichkeit, Unbedenklichkeit warnt und zu Mut, Dankbarkeit, Entschlossenheit anregt[43], das alles sind linguistische Zeichen religiöser Ethik. Die Argumentationen der Dogmatik sollen letztlich immer am Ort des individuellen Bewußtseins zu der erstrebten Eindringlichkeit gebracht werden. Damit wird der Anschein, es werde »über« Gott und die Welt geredet, ständig zerstört, zurückgenommen auf die Erzeugung derjenigen Wirklichkeit, die dabei in Rede steht.

Aber noch in einer anderen Richtung kann das Stichwort »religiöse Ethik« erläutert werden. Troeltsch hatte der Ethik eine prinzipielle Aufgabe zugewiesen, nicht weil sie leichter zu lösen sei als die Aufgabe der Dogmatik, sondern weil in ihr sich die schwierigsten Probleme zusammenfassen. Für die Aufklärung sei es eine Zeitlang möglich gewesen, »das christliche Dogma für schwierig und kompliziert, die christliche Moral dagegen für einfach und ohne weiteres einleuchtend und beglückend zu halten. Aber das ist heute vorbei.«[44] Stimmt aber auch seine Folgerung, die eigentlichen Schwierigkeiten lägen auf der Seite der »objektiven Ethik« und seien »von der subjektiven aus überhaupt nicht zu lösen«[45]? Wir haben hier zu zeigen versucht, daß die Barthsche Lösung durch Einzug der Ethik in die Dogmatik der Konstitution des ethischen Subjektes eine objektive Fassung gegeben habe, die radikaler gedacht ist als die Differenzen, die Troeltsch vor Augen hat. Gleichwohl wird man nicht behaupten können, auf diesem Wege seien die Probleme der objektiven Sittlichkeit, so wie Troeltsch sie gesehen hat, gelöst oder auch nur in größerem materialem Umfang in Angriff genommen worden. Das ist entschieden in der Barthschen Theologie nicht der Fall. Folgerungen, die darauf abzielen, haben und behalten hier ein hohes Maß an Willkür; sie können nur in einer Anspruchshaltung vorgetragen werden, der die originäre theologische Ableitung fehlt, die vielmehr aus anderen Zusammenhängen des Wissens übernommen wird. Das ist gerade bei theologischen Äußerungen zu gesellschaftlich-politischen Sachverhalten zu beobachten. Man wird darum auch die Bedeutung und Aussagefähigkeit dieser theologischen Ethik nicht in dieser Richtung suchen dürfen. Troeltsch ließ sich von den Gründen leiten, die zur Behauptung einer »Selbstzwecklichkeit innerweltlicher Zwecke«[46] veranlassen. Für sie verwies er auf die Kompetenz theologieunabhängiger Wissenschaften. Das Gewicht der Fragen, die damit verbunden sind, ist nicht vermindert, das Kapitel Wissenschaftsproblematik, dem auch die Auseinandersetzung um den

---

43. Vgl. etwa auch die Formulierungen im Aufbau der Versöhnungslehre KD IV, die u. a. von Hochmut, Fall, Trägheit, Nachfolge etc. sprechen.
44. A. a. O. 663. Ähnlich urteilt Barth, wenn er meint, die »Unmöglichkeit« einer Ethik des Christentums könne in der Lage nach 1914 eher noch »die Dogmatik alten Stils« empfehlen. Das Problem der Ethik in der Gegenwart, a. a. O. 132.
45. A. a. O. 654.
46. A. a. O. 655.

grundwissenschaftlichen Charakter von Dogmatik oder Ethik zugehört, ist keineswegs abgeschlossen. Aber: durch alle wissenschaftlich bestimmbare Objektivität von ethisch relevanten materialen Verhältnissen und Zwecken hindurch meldet sich immer wieder und dringlicher die Frage nach dem Subjekt solcher Realität; das ist es, was der Beschreibung und Analyse von Sachverhalten einen Sollenscharakter zu verleihen vermag. In dieser Richtung gibt es eine Tendenz zu immer wieder prinzipiellerer Frage, der sich auch eine material gedachte Ethik nicht entziehen kann. Dies zu erfassen, kann auch als der Sinn der dogmatischen Reduktion der Ethik auf die Frage der Beziehung Gottes zum Menschen und des Menschen zu Gott gelten. Sie steht gleichsam quer zu der »Horizontale« der empirischen Materialität von Lebenswelt. In dieser Richtung liegt der unvertretbare Beitrag einer religiösen Ethik, die nicht »etwas« an Einsicht beiträgt, sondern »alles«, nämlich in der bestimmten Perspektive, die ihr allein möglich ist.

Anhang

Falk Wagner

Christologie als exemplarische Theorie des Selbstbewußtseins

Folgt man einem Haupttrend gegenwärtigen philosophischen Denkens, so wird man die Feststellung nicht umgehen können, daß es um die Theorie des Selbstbewußtseins, also um die Theorie, die das Kernstück neuzeitlichen Denkens darstellt, schlecht bestellt ist. Allenthalben wird offen oder verdeckt versucht, der Theorie des Selbstbewußtseins den Abschied zu geben[1]. Wer jedoch der begründeten Ansicht ist, daß das philosophische und – mehr noch – das theologische Denken mit der Konsistenz dieser Theorie steht und fällt, wird an ihrer Demontage nicht ungerührt teilnehmen. Er wird vielmehr nach Argumenten und Wegen suchen, um der Aporie, nämlich der Zirkelhaftigkeit[2] von Selbstbewußtsein zum Trotz dessen Konstitution vollziehen zu können. Denn dient das Selbstbewußtsein – die allgemeine Mediationsfähigkeit des Wissen–Könnens – zur Begründung der Wirklichkeit, so muß vorab die Selbstbegründung und Selbsterklärung des Selbstbewußtseins sichergestellt werden. Gerade diese Selbstbegründung ist es aber, bei deren Vollzug sich das Selbstbewußtsein in einen Zirkel verstrickt. Denn das Selbstbewußtsein setzt sich, um sich als sich wissende Subjekt-Objekt-Einheit zu konstituieren, als diese Einheit schon voraus. Die für das Selbstbewußtsein fundamentale Selbstbezüglichkeit ist es also, durch die seine Selbsterklärung der petitio principii nicht entgeht.

Zur Durchleuchtung dieser Aporie soll die Christologie, die dogmatische Lehre über Person und Werk Jesu Christi, Hilfsdienste leisten. So besteht die These der folgenden Ausführungen darin, daß die Christologie zu einer Argumentationsfigur aufgebaut werden kann, mittels deren die Aporie der Selbstbegründung von Selbstbewußtsein nicht nur aufgeklärt, sondern auch einer bestimmten Lösung zugeführt werden kann. Aus diesem Grund wird von der Christologie als der exemplarischen Theorie des Selbstbewußtseins gesprochen. Die dogmatische

1. Vgl. D. Henrich: Selbstbewußtsein. Kritische Einleitung in eine Theorie, in: Hermeneutik und Dialektik, Bd. 1, Tübingen 1970, 257–284; U. Pothast: Über einige Fragen der Selbstbeziehung, Frankfurt 1971.
2. Vgl. Anm. 1 und D. Henrich: Fichtes ursprüngliche Einsicht, Frankfurt 1966; P. Reisinger: Reflexion und Ichbegriff, in: Hegel-Studien, Bd. 6 (1971), 231–265; F. Wagner: Der Gedanke der Persönlichkeit Gottes bei Fichte und Hegel, Gütersloh 1971, 48ff.; ders.: Schleiermachers Dialektik, Gütersloh 1974, 137ff.

Christologie kann nämlich nicht allein als verschlüsselte Theorie des Selbstbewußtseins erfaßt werden, sondern ebenso als die Theorie, durch die vorrangig die Selbsterklärung des Selbstbewußtseins thematisiert wird.

Wenn im folgenden die Christologie als exemplarische Theorie des Selbstbewußtseins dargestellt wird, so werden damit zwei Ziele verfolgt. Einmal soll gezeigt werden, daß die Christologie nichts anderes als den verschlüsselten Ausdruck für den Sachverhalt des Selbstbewußtseins repräsentiert. Und ein andermal ist darzulegen, daß die Christologie dann als exemplarische Theorie des Selbstbewußtseins anzusehen ist, wenn mit ihr ein Lösungsversuch zur Selbsterklärung des Selbstbewußtseins zur Darstellung gebracht werden kann.

Zur Durchführung und zum Verständnis des angekündigten Unternehmens ist noch eine Vorbemerkung zu machen. Der Begriff des Selbstbewußtseins wie der der Subjektivität kann zwar auf das singuläre Subjekt, auf individuelles Selbstbewußtsein bezogen werden, er ist aber nicht an diese Singularität gebunden[3]. Vielmehr zielt der Begriff des Selbstbewußtseins auf die allgemeine Struktur des Konstruktionsprinzips und Entwicklungszentrums jeder gestalteten Wirklichkeit. Diese Struktur kann als Selbstexplikation im anderen bezeichnet werden, woraus ersichtlich wird, daß sie den Sachverhalt funktional gerichteter Entwicklung erfüllt. Durch das Selbstbewußtsein wird also insofern das Prinzip benannt, das jede mögliche Entwicklung steuert, als mit der Selbstexplikation im anderen jede mögliche Identität unter Negation ihrer selbst in anderen Sachverhalten zur Darstellung gebracht werden kann. Somit kann gesagt werden: alles ist Selbstbewußtsein, denn alles, d. h. die Totalität der konstruierten Wirklichkeit ist entwicklungsfähig, weil von jedem beliebig gewählten Bezugspunkt gezeigt werden kann, daß er der Selbstexplikation im anderen fähig ist. Diese Struktur der Selbstexplikation im anderen, die dem Selbstbewußtsein eignet, ist also von solcher Art, daß ihre Veränderbarkeit geradewegs ihre Funktion ausmacht. Diese Funktion besagt, daß die strukturelle Bestimmtheit des Selbstbewußtseins dadurch durch andere Bestimmtheiten abgelöst werden kann, daß es sich in anderen Bestimmtheiten expliziert und sich so im Sinne von Entwicklung neu strukturiert.

3. Wenn N. Luhmann immer wieder die Behauptung aufstellt, daß die Subjektivitätsphilosophie Subjektivität an ein Subjekt als Träger (Hypokeimenon) gebunden habe, so irrt er sich. Fichtes und Hegels Theorien gelten gerade dem Nachweis, daß Subjektivität erst dann adäquat erfaßt ist, wenn sie ohne Träger in und aus sich selbst begründet ist. Dieser Sachverhalt gilt schon für die Reflexion, von der Luhmann meint (vgl. Selbst-Thematisierungen des Gesellschaftssystems, in: Zeitschrift für Soziologie, Jg. 2 [1973], 21–46, hier 21), die »klassische Reflexionsphilosophie« habe sie an ein Subjekt gebunden. Ein Blick in Hegels Wissenschaft der Logik (hg. von G. Lasson, Hamburg 1963, Bd. II, 7ff.) zeigt, daß die Reflexion an sich selbst gedacht wird; sie ist als Selbstbewegung eine Beziehung ohne Bezogene und damit auch ohne irgendeinen Träger.

I. Konvergenz von Theologie und Selbstbewußtsein

Die neuzeitliche Theologie, d. h. die Theologie seit Pietismus und Aufklärung wird am Ort und im Medium des Selbstbewußtseins, der selbstbewußten Subjektivität konstituiert und konstruiert. Das Selbstbewußtsein ist als allgemeiner Mediator für alle theologischen Gehalte und Vorstellungen zu bestimmen. Es repräsentiert im Sinne Kants (Fichtes und auch Hegels) das allgemeine Wissen–Können als Grund und Bedingung jeden bestimmten Wissens; jedes bestimmte Wissen von etwas verdankt sich der allgemeinen Mediations- und Negationsfähigkeit des Selbstbewußtseins, das damit als Örtlichkeit aller bestimmten Orte oder als Positionalität jeder bestimmten Position gefaßt werden kann. Die Theologie, die auf dem Boden dieses Selbstbewußtseins ihre Konstruktionen tätigt, zielt insofern auf die Realisierung des Selbstbewußtseins; ihr Thema ist die tätige Realisierung des Selbstbewußtseins als Grund jeden Denkens, Vorstellens und Handelns in Wissenschaft und Alltagswelt, in Theologie und Religion.

Die in der prinzipiellen Mediationsfähigkeit begründete Allgemeinheit des Selbstbewußtseins nimmt aber unter der Bedingung der Realisierung *positionellen* Charakter an[4]. Denn die Realisierung des allgemeinen Selbstbewußtseins erfolgt zugleich als dessen Besonderung. Das Selbstbewußtsein verwirklicht sich nämlich auf jeweils inhaltlich bestimmte Weise, etwa als »moralisches«, »frommes«, »erwecktes«, »erlöstes«, »sittlich-religiöses«, »geistig-personhaftes«, »geschichtliches« etc. Selbstbewußtsein. Diese inhaltliche Bestimmtheit als Ausdruck von Realisierung und Besonderung macht den positionellen Charakter der Theologie des 19. Jahrhunderts bis zum Ersten Weltkrieg (von der Aufklärung über Kant und Schleiermacher bis zu E. Troeltsch) aus. Zwar sind alle Positionen gleicherweise auf die Mediationsfähigkeit des Selbstbewußtseins als auf ihr Allgemeines bezogen. Besonderheit und Spezifikum einer Position bestehen aber darin, daß jede Position ihre Selbständigkeit und Selbstbestimmung aus der negativen Beziehung auf andere inhaltliche Bestimmtheiten zieht. Eine Position versucht, eine inhaltliche Bestimmtheit des sich besondernden allgemeinen Selbstbewußtseins so zu realisieren, daß sie diese Bestimmtheit von anderen Bestimmtheiten abgrenzt. So sind etwa das moralisch bestimmte auf das orthodox-dogmatische, das fromme auf das denkend-handelnde und das geistig-sittliche auf das natürliche Selbstbewußtsein negativ, d. h. ausschließend bezogen. Die Selbständigkeit und Selbstbestimmung des positionell bestimmten Selbstbewußtseins werden also in Kritik und Negation und d. h. in Konkurrenz zu anderen Positionen, zu anderen Bestimmtheiten des Selbstbewußtseins aufgebaut. Die in der Konkurrenzsituation angelegte Unmittelbarkeit der Kritik bringt es mit sich, daß jede Position mit dem behaftet bleibt, von dem sie vorgibt, sie habe sich davon in Er-

---

4. Vgl. R. Rössler: Positionelle und kritische Theologie, in: ZThK 67 (1970), 215–231; F. Wagner: Die erschlichene Freiheit, in: Lutherische Monatshefte 10 (1971), 343–349.

greifung ihrer Selbständigkeit gerade abgesetzt. Freiheit und Selbstbestimmung des positionell vorgehenden Selbstbewußtseins sind auf etwas bezogen, das von der Freiheit und Selbstbestimmung insofern noch unabhängig ist, als es im Interesse der positionellen Verfaßtheit ausgeschlossen werden muß. Die Freiheit des Selbstbewußtseins, die mit der positionellen Theologie verwirklicht wird, ist daher eine Freiheit des negativen Bezogenseins, des Ausschlusses von anderen Bestimmtheiten. Das negative Bezogensein jeder Position auf eine jeweilige Gegenposition führt den Konkurrenzkampf herauf, der Ausdruck dafür ist, daß die Freiheit des Selbstbewußtseins an das Privileg begrenzter Bestimmtheiten gebunden ist.

Freiheit kann aber keine Position sein. Unter den Bedingungen der Realisierung des Selbstbewußtseins hebt diese Einsicht die dialektische Theologie zusammen mit der allgemeinen Theoriebildung des 20. Jahrhunderts ins Bewußtsein[5]. Insofern leitet die dialektische Theologie das Ende der positionellen Theologie ein. Indem die dialektische Theologie Freiheit und Selbstbestimmung mit der absoluten Subjektivität Gottes identifiziert, verleiht sie dem Sachverhalt Ausdruck, daß Freiheit nur aus Freiheit, nämlich aus der an und aus sich selber gedachten Freiheit gewonnen und abgeleitet werden kann. Gleichwohl tritt diese nichtpositionelle Freiheit selbst noch in unmittelbarer Gestalt auf. Denn ihre Darstellung ist einseitig an die unbedingte Selbstbestimmung des absoluten Selbstbewußtseins als Maßstab gebunden, so daß die Verwirklichung der unbedingten Selbstbestimmung nur als deren unmittelbare Entsprechung bzw. Gleichschaltung ausgesagt werden kann. So besteht die vorrangige Bedeutung der dialektischen Theologie im Gewinn der Einsicht, daß die Freiheit des Selbstbewußtseins nicht mit den Versuchen ihrer positionellen Gestaltung verwechselt werden darf. Jedoch fehlt der mit dieser Einsicht einhergehenden Affirmation, nämlich der an sich selbst, also unbedingt gedachten Selbstbestimmung, die Möglichkeit der adäquaten Entwicklung. Denn indem die dialektische Theologie nur dem Anerkennung zollt, was der unbedingten Selbstbestimmung der absoluten Subjektivität unmittelbar entspricht, kommt es nicht zur Anerkennung dessen, was sich der unbedingten Selbstbestimmung sperrt. Eben darin besteht die Unmittelbarkeit der in der dialektischen Theologie zum Zuge gebrachten absoluten Freiheit: Sie findet ihre Grenze darin, daß sie dem Nicht-Identischen und Fremden nur um der unbedingten Selbstbestimmung, aber nicht um seiner selbst willen Anerkennung verschafft.

5. Vgl. T. Rendtorff: Theorie des Christentums, Gütersloh 1972, 161ff.; F. Wagner: Systematisch-theologische Erwägungen zur neuen Frage nach dem historischen Jesus, in: KuD 19 (1973), 287–304; ders.: Absolute Positivität – Das Grundthema der Theologie Paul Tillichs, in: NZsystThuRph 15 (1973) 172–191; ders.: Politische Theorie des Nationalsozialismus als politische Theologie, in: Kritik der politischen Theologie, ThEx 175, München 1973, 29–51; ders.: Gehlens radikalisierter Handlungsbegriff, in: ZEE 17. Jg. (1973), 231–229.

Die thesenartige Skizze der neuzeitlichen Theologiegeschichte macht soviel deutlich, daß die Entwicklung der Theologie mit der Realisierung des freien und selbstbestimmenden Selbstbewußtseins konvergiert. Diese Konvergenz bezieht sich aber zunächst nur auf das Konstruktionsprinzip der Theologie, insofern das Konstruktionsprinzip die jeweilige inhaltliche Bestimmtheit des Selbstbewußtseins benennt. Wenn aber Theologie und Selbstbewußtsein im Konstruktionsprinzip übereinkommen, so muß die Theologie selbst von Hause aus dem mit dem Selbstbewußtsein zum Ausdruck gebrachten Sachverhalt affin sein. Innerhalb der Theologie selber muß dann die Problematik des Selbstbewußtseins auch thematisch auftreten. Diese thematische Verankerung der Selbstbewußtseinsproblematik innerhalb der Theologie selbst ist schon deshalb vonnöten, damit die für die neuzeitliche Theologiegeschichte aufweisbare Konvergenz von Theologie und Selbstbewußtsein nicht nur den Charakter eines äußerlichen und zufälligen und insofern auch auflösbaren Konnubiums erhält. Die Notwendigkeit der Konvergenz von Theologie und Selbstbewußtsein kann daher nur insofern erwiesen werden, als gezeigt werden kann, daß die Selbstbewußtseinsproblematik ein Integral des Themenbestandes der Theologie selbst ausmacht.

Daß die sachliche Einheit von Theologie und Selbstbewußtsein tatsächlich besteht, das ist die These, die ich hier zu begründen versuche. Schon das religiöse Bewußtsein bringt in allen seinen Äußerungen den Zusammenhang von singulärem und allgemeinem Selbstbewußtsein am Ort des singulären Selbstbewußtseins zur Darstellung. Wird dieser Sachverhalt des religiösen Bewußtseins allgemein und d. h. theologisch gefaßt, so kann gesagt werden, daß die Theologie in der Lehre von Gott das Sich-Vorausgesetztsein, das Sich-Gegebensein des singulären Selbstbewußtseins artikuliert. Denn mit dem Ausdruck Gott wird die Instanz benannt, von der Natur, Welt und Mensch insgesamt abhängig sind. Diese Abhängigkeit von Gott ist daher die Weise, wie das Selbstbewußtsein seine Grundproblematik zum Ausdruck bringt, nämlich das Problem, daß sich das Selbstbewußtsein zur Konstitution und Erfassung seiner selbst immer schon als sich gegeben voraussetzen muß. Durch das mit dem Gottesgedanken erfaßte Sich-Vorausgesetztsein des Selbstbewußtseins kann aber die Selbstdarstellung und Selbstdurchleuchtung des Selbstbewußtseins nicht vollständig geleistet werden. Dazu ist es notwendig, daß die Beziehung von allgemeinem und singulärem Selbstbewußtsein als solche thematisiert wird. Denn erst die artikulierte, also begriffene und insofern aufgehobene Beziehung von allgemeinem und singulärem Selbstbewußtsein ermöglicht die vollständige Selbstdurchleuchtung des Selbstbewußtseins. Meine These ist nun die, daß die Theologie mit der Christologie, mit der Lehre von der Person Jesu Christi die Selbstdarstellung des Selbstbewußtseins zum Thema macht. Denn die mit dem Namen Jesus Christus benannte Person ist das Selbstbewußtsein, das an sich selbst die Einheit von besonderem und allgemeinem Selbstbewußtsein repräsentiert.

Nun kann allerdings zu Recht gefragt werden, ob die Theologie, insofern sie mit

(handschriftliche Randnotiz: wo bleibt das Werk Christi?)

der Christologie die Theorie des Selbstbewußtseins zum Zuge bringt, eine bloße Verdoppelung eines auch ohne die Theologie explizierbaren Sachverhalts vollzieht. Wiederholt die Theologie mit der Christologie eine Problematik, die etwa durch die Philosophie viel angemessener behandelt werden kann? Und transponiert die Theologie auf diese Weise einen in der Philosophie begrifflich artikulierten Sachverhalt in die Sprache der Vorstellung, so daß die Theologie die Selbstbewußtseinsproblematik eher verstellt als löst? Diese Fragen hätten dann ihr Recht, wenn man davon ausgehen könnte, daß die begrifflich-philosophische Explikation des Selbstbewußtseins vollständig gelingt. Genau dies ist aber nicht der Fall. Denn obwohl die Philosophie der Neuzeit in allen ihren Gestalten das Selbstbewußtsein als Grund und Quelle der Welterklärung ansetzt, scheitert die philosophische Theorie immer dann, wenn sie zur Selbsterklärung, d. h. zur Selbstkonstitution des Selbstbewußtseins übergeht. Das Selbstbewußtsein, das Grund der Erklärung aller Erfahrung ist, kann also seine Selbsterklärung nicht zufriedenstellend leisten. Genau dieses Kardinalproblem des Selbstbewußtseins, also das Problem der Selbstkonstitution von Selbstbewußtsein ist es, das die Theologie mit der Christologie in Angriff nimmt. Die für die Selbstbewußtseinstheorie exemplarische Bedeutung der Christologie besteht daher darin, daß mit ein Problemlösungsversuch für die Selbsterklärung des Selbstbewußtseins zur Darstellung gebracht werden kann. Die Theologie leistet sonach mit der Christologie einen Beitrag zur Selbstdarstellung und Selbstdurchleuchtung des Selbstbewußtseins. Das tut sie in dem Bewußtsein, daß die Theorie des Selbstbewußtseins nicht eine beliebige Theorie neben anderen, sondern die Theorie ist, der sich sowohl die bestimmten wissenschaftlichen Theorien – ob sie es wissen oder nicht und ob sie es wahr haben wollen oder nicht – als auch die vortheoretische Alltagserfahrung verdanken. Ist aber die Theorie des Selbstbewußtseins insofern die Theorie schlechthin, als mit dem Selbstbewußtsein das Aktzentrum des Aufbaus von Wirklichkeit benannt wird, so muß durch sie nicht nur alle Erfahrung, sondern auch das Selbstbewußtsein selbst erklärt werden können. Mit der Thematik der Christologie hat die Theologie die Möglichkeit, einen Lösungsversuch zur Selbsterklärung des Selbstbewußtseins vorzulegen.

II. Zur Funktion der Christologie

In diesem Hauptteil soll die Erklärungsleistung der Christologie als exemplarische Theorie des Selbstbewußtseins begründet werden. Dabei ist darauf hinzuweisen, daß es mir nicht um die Erarbeitung einer neuen dogmatischen Theorie der Christologie zu tun ist. Vielmehr soll hier der Versuch gemacht werden, die Metatheorie zu allen christologischen Entwürfen und Vorstellungen vorzulegen.

1. Die Einheitsstiftung der Christologie

Die gesamte evangelische Theologie der Neuzeit bis in die Gegenwart stimmt in der Aussage überein, daß der Bezug auf Jesus Christus für die Theologie schlechterdings konstitutiv ist. Der Name Jesus Christus ist der Bezugspunkt, von dem aus alle Themen der christlichen Theologie behandelt werden und von dem aus alle Themen ihre Einheit finden[6]. In dieser Einheitsstiftung besteht die erste Funktion der Christologie. Wenn der Bezug auf Jesus Christus die Einheitsstiftung der Theologie verbürgt, so muß der mit dem Namen Jesus Christus benannte Sachverhalt schon Einheit an sich selbst repräsentieren. Und da die verschiedenen theologischen Loci und Lehren ihre Einheit in Jesus Christus finden sollen, muß die Einheit, die Jesus Christus repräsentiert, zugleich offen, bestimmbar und prägbar für die unterschiedlichen Lehren sein. Die Einheit, die Jesus Christus repräsentiert, kann demnach nicht analytisch, sondern nur synthetisch sein, denn insofern sie für die verschiedenen theologischen Vorstellungen bestimmbar sein muß, muß sie Einheit von Einheit und Nichteinheit sein.

Zunächst ist es die Tätigkeit des Bewußtseins, das in Jesus Christus die Einheit von Einheit und Nicht-Einheit vorstellt. Jedoch kann die Einheit, die mit der Bezugnahme auf Jesus Christus namhaft gemacht wird, nicht auf dem Boden des Bewußtseins als des Gegenstandsbewußtseins artikuliert werden. Denn das Bewußtsein als solches zerfällt in so viele Bewußtseine wie ihm Gegenstände gegeben sind. Die dem Bewußtsein mögliche Einheit kann daher nur als negative Einheit expliziert werden. Sie ist nämlich darin negativ, daß das Bewußtsein als Bewußtseiendes nicht der Gegenstand, nicht das Bewußte und das Bewußte nicht das Bewußtseiende ist. Die Einheit, die Jesus Christus repräsentiert, kann somit nicht eine vom Bewußtsein konzipierte Einheit sein.

Nun könnte man sagen, daß das Bewußtsein von seinen verschiedenen Gegenständen, auf die es sich bezieht, ein Bewußtsein der Einheit hat. Dann aber wäre sofort nach dem Bewußtsein des Bewußtseins der Einheit usf. zu fragen, woraus ersichtlich würde, daß die Einheit des Bewußtseins im unendlichen Regreß der Iteration zergeht.

Die Einheit, die gesucht wird, muß sonach dem Bewußtsein, das negative Einheit von Vorstellen und Gegenstand des Vorstellens, von Bewußtseiendem und Bewußtem, von Subjekt und Objekt ist, vorausliegen. Die Einheit, die mit Be-

---

6. Vgl. u. a. Schleiermacher: Glaubenslehre, 7. Aufl. (hg. von M. Redeker), Bd. I, Berlin 1960, §§ 11, 14 (Leitsätze); K. Barth: Kirchliche Dogmatik I/1, 10; I/2, 135; IV/1, 17 und passim; P. Tillich: Systematische Theologie, Bd. I, Stuttgart 1956, 24; G. Ebeling: Theologie und Verkündigung, 2. Aufl., Tübingen 1963, 53; W. Pannenberg: Grundzüge der Christologie, 2. Aufl., Gütersloh 1966, 7; J. Moltmann: Der gekreuzigte Gott, München 1972, 28, 78; E. Jüngel: Thesen zur Grundlegung der Christologie, in: ders.: Unterwegs zur Sache, München 1972, 283.

zugnahme auf Jesus Chritus vorausgesetzt wird, muß also nicht nur synthetisch, sondern zugleich Einheit an sich selbst sein, so daß sie als solchermaßen ursprüngliche Einheit von der Tätigkeit des Bewußtseins immer schon in Anspruch genommen wird. Als an sich selbst gedachte Einheit muß sie sich selbst zum Gegenstand haben, d. h. sie als Subjekt muß an sich selbst Objekt sein. Der einzige Sachverhalt, der einer Einheit entspricht, die sich als Subjekt selbst zum Objekt hat, ist die *Einheit des Selbstbewußtseins*. Die gesuchte Einheit, die beim Rekurs auf Jesus Christus vorausgesetzt wird, ist also als Selbstbewußtsein zu denken. Denn mit dem Selbstbewußtsein wird der Sachverhalt zu begreifen versucht, daß sich ein Subjekt eodem actu als Objekt seiner selbst hat.

Von der Überlegung aus, die bei der Einheit der Theologie ihren Ausgang genommen hat, ist daher zu sagen: Jesus Christus bzw. die Christologie stellt nichts anderes als die verschlüsselte Vorstellung des Selbstbewußtseins dar. Das mit Jesus Christus gemeinte Selbstbewußtsein als ursprüngliches Aktzentrum ist die Tätigkeit, die, weil sie ursprüngliche Einheit von Subjekt und Objekt ist, die Einheit der Theologie als deren Einheitsstiftung garantiert.

2. Die Ableitbarkeit der christologischen Vorstellungen aus dem Selbstbewußtsein

Was aber muß getan werden, wenn Jesus Christus das vorstellungshaft verschlüsselte Selbstbewußtsein darstellt? Diese Frage kann nur so beantwortet werden: Wird mit Jesus Christus das Selbstbewußtsein in theologisch verschlüsselter Weise ins Bewußtsein erhoben, so muß es möglich sein, die christologischen Vorstellungen aus dem Selbstbewußtsein abzuleiten. Die Ableitbarkeit der christologischen Vorstellungen aus dem Selbstbewußtsein zielt darauf ab, daß diese Vorstellungen (Zweinaturenlehre, communicatio idiomatum, Zwei-Stände-Lehre, Drei-Ämter-Lehre etc.) aus der Strukturiertheit und Funktion des Selbstbewußtseins erklärt werden können. Unter diesem Gesichtspunkt ist die Christologie die Lehre über die Ableitbarkeit der Vorstellungen über Jesus Christus aus dem Selbstbewußtsein. Die Ableitbarkeit hebt auf die Aufhebung der christologischen Vorstellungen in das Selbstbewußtsein ab, so daß gezeigt werden können muß, daß die Vorstellungen ihrem Vorstellungsgehalt nach auf Struktur und Funktion des Selbstbewußtseins zurückführbar sind.

Werden die christologischen Vorstellungen auf das Selbstbewußtsein zurückgeführt, so werden sie auf die in sie eingegangene und sie konstituierende Produktivität hin befragt. Daraus erhellt, daß die Vorstellungen – mit Hegel[7] und der Religionskritik eines Feuerbach und Marx – als produzierte angesetzt werden.

---

7. Vgl. Hegel: Phänomenologie des Geistes (hg. von J. Hoffmeister), 6. Aufl., Hamburg 1952, 530ff.; bes. 532.

[handschriftliche Randnotiz:] das hat schon Hegel versucht

[handschriftliches Zeichen am Rand:] ?

Der Aufweis des Produziertseins reicht aber noch nicht aus, um dem Sachverhalt der Ableitbarkeit zu genügen. Denn zugleich ist zu sehen, daß das Aktzentrum, auf das die Produktion der Vorstellungen zurückgeführt wird, in eben diesen Vorstellungen seinen Selbstaufbau als Selbstbewußtsein vollzieht[8]. In den Vorstellungen vergegenständlicht, realisiert und besondert sich das die Vorstellungen produzierende Selbstbewußtsein selbst, so daß die bloße Rückführung der Vorstellungen auf das Aktzentrum des Selbstbewußtseins einseitig wäre. Diese Einseitigkeit führte auf die als Auflösung verstandene Aufhebung der Vorstellungen im Selbstbewußtsein – eine Einseitigkeit, die etwa der linkshegelianischen Religionskritik ihr durchaus auch berechtigtes Pathos verliehen hat. Die bloße Aufhebung und Rückführung der Vorstellungen auf das Selbstbewußtsein würde diesem aber insofern nicht gerecht, als es dann nicht länger als Grund und Quelle aller Erfahrung fungieren könnte. Daher impliziert die Ableitbarkeit sowohl die Rückführung und Aufhebung als auch die Ableitung der Vorstellungen aus dem Selbstbewußtsein. Das Selbstbewußtsein läßt es nämlich nicht nur zu, die Vorstellungen aus ihm abzuleiten. Vielmehr leistet es mit diesen Vorstellungen zugleich seine Selbstdarstellung und Selbstvergegenständlichung.

Denn repräsentiert das Selbstbewußtsein die prinzipielle und allgemeine Mediationsfähigkeit und Negationsfähigkeit für alle Vorstellungen und Gehalte, so muß diese Mediations- und Negationsfähigkeit auch für das Selbstbewußtsein selber gelten. Das Selbstbewußtsein muß folglich der *Selbstanwendung* fähig sein und insofern seine allgemeine Negationsfähigkeit selbst negieren und sich so durch Vorstellungen und Gehalte als der negierten Negationsfähigkeit selbst bestimmen, um Selbstbewußtsein zu sein. Das Selbstbewußtsein ist sonach nur dann Grund der Wirklichkeit und aller Erfahrung, wenn es sich durch seine Selbstanwendung in den von ihm produzierten Vorstellungen zur Darstellung bringen kann. An dieser Selbstdarstellung im Nicht-Identischen und Fremden hängt die *Entwicklungsfähigkeit* des Selbstbewußtseins, denn Entwicklung als Bewegungs- und Tätigkeitsweise des Selbstbewußtseins meint seine Selbstexplikation im anderen seiner selbst – die Selbstentfaltung in anderen Möglichkeiten[9]. Sonach werden die Vorstellungen mit der Ableitbarkeit aus dem Selbstbewußtsein auf dieses als Produktionszentrum so zurückgeführt, daß sich das Selbstbewußtsein in den Vorstellungen selbst vergegenständlicht, sich nämlich in Selbstanwendung seiner selbst, in Negation seiner allgemeinen Negationsfähigkeit in den Vorstellungen selbst auslegt.

---

8. Dazu vgl. jetzt auch H.-W. Schütte: Religionskritik und Religionsbegründung, in: N. Schiffers und H.-W. Schütte: Zur Theorie der Religion, Freiburg u. a. 1973, 95–144.
9. Dazu vgl. auch F. Wagner: Systemtheorie und Subjektivität, in: Internationales Jahrbuch für Wissens- u. Religionssoziologie Bd. 10 (1975).

3. Die Ablösbarkeit der Vorstellungen von ihren historischen Identifikationen

Die Negativität des Aktzentrums – als Negation und somit Selbstanwendung der allgemeinen Negationsfähigkeit gedacht – ist zugleich die Bedingung für stete Veränderungen. Denn insofern die Vorstellungen aus der Selbstvergegenständlichung des Selbstbewußtseins hervorgehen, sind sie mit der Negativität des Selbstbewußtseins selbst negierbar. Die Vorstellungen können somit deshalb negiert werden, weil sich das Selbstbewußtsein revidieren kann, weil es sich in anderen Vorstellungen zur Darstellung bringen kann. Aus der Negativität und Revidierbarkeit des Selbstbewußtseins folgt die prinzipielle *Ablösbarkeit* der Vorstellungen von ihren historischen Identifikationen. Daß die Vorstellungen verändert, sogar aufgelöst werden können, besagt, daß sie und das Selbstbewußtsein, das sich in ihnen darstellt, entwicklungsfähig sind. Mit der Ablösbarkeit der Vorstellungen von ihren jeweiligen historischen Identifikationen werden die Vorstellungen in Tätigkeits- und Entwicklungsvollzüge des Selbstbewußtseins aufgehoben. Das Selbstbewußtsein kann sich aufgrund seiner allgemeinen Mediationsfähigkeit überall und zu jeder Zeit zur Geltung bringen. Damit erhält die ursprünglich in der Abendmahlslehre verankerte Vorstellung der Ubiquität Jesu Christi als des Selbstbewußtseins ihr Recht und d. h. ihre Rückführung auf das Selbstbewußtsein selbst: »Jesus Christus, gestern und heute und derselbe auch in Ewigkeit.« Es ist die Entwicklungsfähigkeit des Selbstbewußtseins, die dessen Selbstdarlegung an jedem Ort und zu jeder Zeit und in welcher Vorstellung auch immer ermöglicht.

Mit der Ablösbarkeit der Vorstellungen von historischen Identifikationen verbindet sich des weiteren dies, daß historische Rekonstruktionen nur um der Selbstdarstellung des Selbstbewußtseins willen vorgenommen werden. Der Sinn der historischen Rekonstruktion besteht also nicht darin, daß das in der Rekonstruktion tätige Selbstbewußtsein auf die Vergangenheit festgelegt wird, sondern gerade in dessen Befreiung von der Vergangenheit. So ist von der Christologie und d. h. von der Theorie des Selbstbewußtseins aus zu sagen: Im Wissen um die Vergangenheit, um das Gewordensein wird die Ablösbarkeit der Vorstellungsgehalte von der Vergangenheit in Geltung gesetzt, so daß das Selbstbewußtsein entwicklungsfähig bleibt und sich in neuen Vorstellungen darstellen kann. Die Konzentration auf das Selbstbewußtsein, die in der für das 19. und 20. Jahrhundert signifikanten christologischen Konzentration ihren theologisch verschlüsselten Ausdruck gefunden hat, ermöglicht mit der Negation und Revision von Vorstellungen immer zugleich den Aufbau neuer Vorstellungen. Dieser Aufbau ist notwendig, damit die Entwicklungsfähigkeit des Selbstbewußtseins nicht in schon vollzogenen Selbstvergegenständlichungen stillgelegt wird.

III. Zur Begründung der Christologie

Ist die Christologie die Lehre von der Ableitbarkeit der christologischen Vor- *den ist he* stellungen aus dem Selbstbewußtsein, so ist nunmehr Jesus Christus als dieses *aber nicht!* Selbstbewußtsein aufzubauen. Schon der Name Jesus Christus weist auf den Zusammenhang von singulärem und allgemeinem Subjekt hin. Dieser Zusammenhang ist als die Einheit von besonderem und allgemeinem Selbstbewußtsein und damit ineins als die Einheit von Subjekt und Objekt so durchsichtig zu machen, daß aus dieser Einheit die exemplarische Bedeutung der Christologie für die Theorie des Selbstbewußtseins hergeleitet werden kann.

1. Die historische Jesusfrage als Frage nach der Selbstproduktion des Selbstbewußtseins

Bei der Konstitution der Jesus-Christus-Einheit als Einheit von besonderem und allgemeinem Selbstbewußtsein ist von dem Sachverhalt auszugehen, der in der gegenwärtigen Theologie als die neue Frage nach dem historischen Jesus verhandelt wird. Dieser gewählte Ausgang impliziert allerdings nicht die notwendige Folgerung, daß der sogenannte Weg »von unten«, vom historischen Jesus aus die einzig angemessene Methode der Christologie sei. Denn bei beiden methodischen Wegen, sowohl beim »Weg von unten nach oben« (vom Menschen Jesus zur Gottheit Christi) als auch beim »Weg von oben nach unten« (von der Gottheit Christi zum Menschen Jesus) handelt es sich der Unterschiedenheit der Perspektiven zum Trotz um denselben Sachverhalt: In beiden Fällen wird das in Jesus Christus verschlüsselte Selbstbewußtsein als Produktionsquelle der christologischen Vorstellungen angesetzt. Nur daß der »Weg von unten« auf die Rückführung Jesu von Nazareth auf das exemplarische Selbstbewußtsein und der »Weg von oben« auf die Ableitung Jesu von Nazareth aus eben diesem Selbstbewußtsein zielt.

Die historisch-exegetische Forschung hat herausgestellt, daß die Berichte und Zeugnisse über Jesus von Nazareth – also insbesondere die Evangelienberichte – Gemeindebildungen, d. h. durch die ersten christlichen Gemeinden produziert worden sind. Diese Einsicht in das Produziertsein der Berichte und Vorstellungen über Jesus konvergiert im übrigen mit den Hypothesen und Thesen der kritischen Leben-Jesu-Forschung eines Reimarus, D. F. Strauß und B. Bauer[10]. Denn von diesen Autoren ist die Differenz von Produktion und Produkt in der Weise herausgestellt worden, daß alles das, was wir nach den Evangelien über Jesus wissen, Produktion der Urgemeinde ist.

10. Vgl. A. Schweitzer: Geschichte der Leben-Jesu-Forschung, 6. Aufl., Tübingen 1951, 13ff., 79ff., 141ff.

Wenn in der Gegenwart gleichwohl wieder nach dem historischen Jesus[11] gefragt wird – und das, nachdem die dialektische Theologie in Übereinstimmung mit der formgeschichtlichen Arbeit an den Evangelien diese Rückfrage als theologisch illegitim gebrandmarkt hat –, so geht es dabei um die Frage, wie der Christus des Glaubens und des Kerygma davor bewahrt werden kann, bloße Produktion und Projektion des Glaubens der christlichen Gemeinde zu sein. Die Rückfrage hinter den geglaubten, kerygmatischen Christus und damit hinter die Produktion der christlichen Gemeinde soll die Wahrheit und Allgemeingültigkeit des Glaubens an Christus verbürgen, die durch die Produktion der Gemeinde allein nicht garantiert werden können sollen.

Bei dieser Rückfrage hinter den geglaubten und so von der Gemeinde produzierten kerygmatischen Christus handelt es sich um die *Rekonstruktion* der geglaubten Person Jesus Christus. Es wird danach gefragt, wie Christus Objekt des Glaubens, Gegenstand des Kerygma geworden ist. Die Rekonstruktion hebt sonach auf die *Genese* der jetzigen Geltung des Objekts, auf die Genese Christi als des Gegenstandes des Kerygma ab. Wodurch ist die Erzeugung Jesu Christi erzeugt worden? Das ist die Frage, die sich mit der Rekonstruktion der Genese verbindet. Daß diese Erzeugung nicht auf den Gemeindeglauben zurückgeführt werden kann, ist insofern deutlich, als es gerade dieser Glaube ist, der durch die Frage nach der Erzeugung Jesu Christi begründet werden soll.

Darüber hinaus kann die Frage, wodurch die Genese, also die Erzeugung Christi erzeugt ist, nicht auf historischem Weg beantwortet werden. Eine historische Antwort endete nämlich bei der Erzeugung der Erzeugung der Erzeugung usf. und liefe so auf einen endlosen Regreß hinaus[12]. Daß die historische Antwort scheitern muß, ist darin begründet, daß nach der Erzeugung Jesu als des Christus, somit nach der Erzeugung eines singulären Subjekts in der Geltung des allgemeinen Subjekts gefragt wird. Christus als das allgemeine Subjekt ist aber historisch nicht gegeben. Somit zielt die Erzeugung Jesu als des Christus auf die Erzeugung eines im Sinne der historischen Forschung Abwesenden[13]; denn das allgemeine Selbstbewußtsein, nach dessen Erzeugung gefragt wird, ist historisch insofern nicht zugänglich, als die historische Wissenschaft Vergangenheit als vergangene Gegenwart rekonstruiert und damit, wenn auch auf sehr vermittelte Weise, die sinnlich-vorstellungshafte Wahrnehmung des rekonstruierten Gegenstandes voraussetzt. Hebt aber die Erzeugung Jesu als des Christus auf die Erzeugung eines Abwesenden ab, so besteht das Ziel dieser Erzeugung in der Er-

---

11. Zur theologiegeschichtlichen Deutung dieses Sachverhalts vgl. F. Wagner: Systematisch-theologische Erwägungen zur neuen Frage nach dem historischen Jesus, a. a. O.; dort finden sich auch die Angaben über die einschlägige Literatur.
12. Nur durch die inkonsequente Handhabung der historisch-kritischen Forschung wird dieses Resultat der Resultatlosigkeit in den Arbeiten zum historischen Jesus unterlaufen.
13. Vgl. E. Jüngel: Thesen zur Grundlegung der Christologie, a. a. O. 276f. (Ziff. 4).

zeugung eines Nichterzeugten, denn alles Erzeugte ist als solches präsent; als Produkt des Erzeugens ist es dessen Manifestation. Die Erzeugung eines Nichterzeugten kann also nicht im Sinne historischer Erzeugung als Erzeugung durch andere Erzeugung usw. gedacht werden. Vielmehr meint die Erzeugung eines Nichterzeugten die Erzeugung eines solchen Erzeugten, der nicht durch anderes erzeugt ist. Wird die Nichterzeugung als nicht durch anderes erzeugte Erzeugung im Sinne bestimmter Negation und zugleich einer vollständigen Disjunktion gedacht, so kann es sich nur um eine Erzeugung durch sich selbst, also um eine *Selbsterzeugung* handeln.

Genau das ist der Sinn der Rückfrage hinter den Gemeindeglauben auf den historischen Jesus: Der Christus des Kerygma soll nicht durch die Gemeinde erzeugt sein. Vielmehr soll Christus auf eine Erzeugung zurückgeführt werden, die nicht im Sinne gewöhnlicher Erzeugungen durch anderes, sondern die durch sich selbst erzeugt ist. Jesus hat sich selbst als Christus des Glaubens erzeugt und produziert. Das wird mit der Frage nach dem historischen Jesus zum Ausdruck gebracht. Denn durch diese Frage, die eigentlich keine Frage des Historischen ist, wird der geglaubte Christus aus der Selbstproduktion so erklärt, daß sich Jesus als Christus selbst produziert hat. Wie kommt es zum Aufbau von Selbstbewußtsein qua Jesus Christus? Das ist der Sinn der neuen Frage nach dem historischen Jesus. Die einzig mögliche Antwort, die auf diese Frage gegeben werden kann, heißt: Jesus als Christus ist Selbstbewußtsein durch seine Selbstproduktion. Das Selbstbewußtsein ist selbst produzierende und selbst produzierte Subjekt-Objekt-Einheit, denn Jesus produziert sich selbst als Christus und damit als Objekt seiner selbst. Das Selbstbewußtsein ist sonach vor aller bestimmten Produktion Selbstproduktion. Jesus ist der Produzent des Glaubens an ihn selbst als Christus.

Der weitere Sinn der neuen Frage nach dem historischen Jesus besteht in der Abwehr dessen, was traditionell die Gefahr des Doketismus in der Christologie genannt wird. Ohne die Rückführung des geglaubten Christus auf Jesus und damit auf die Selbstproduktion Jesu als des Christus wäre nicht mehr einsichtig zu machen, daß durch die Christologie die Selbstdurchleuchtung und Selbstdarstellung des Selbstbewußtseins thematisiert wird. Denn nur insofern gezeigt werden kann, daß sich Jesus als Christus und damit als Selbstbewußtsein selbst produziert, ist offenbar, daß mit Jesus Christus die Selbsterfassung von Selbstbewußtsein thematisch ist.

Freilich reicht die Selbstproduktion, die mit der Frage nach dem historischen Jesus bewußt gemacht wird, für die Erklärung und Konstitution von Selbstbewußtsein nicht aus. Denn zum Selbstbewußtsein gehört nicht nur Selbstproduktion, sondern auch das Wissen um diese Selbstproduktion. Selbstbewußtsein ist nur als sich wissende Selbstproduktion.

Bezogen auf die Konstruktion des historischen Jesus wird man allerdings sagen müssen, daß sich Jesus nicht als selbst produzierendes Selbstbewußtsein gewußt hat. Das ergibt sich aus dem Resultat der Debatte um die christologischen Hoheitstitel[14]. Jesus hat – vielleicht abgesehen vom Titel Menschensohn (hier ist die Debatte noch nicht abgeschlossen)[15] – keinen der Titel (Kyrios, Christus, Gottessohn, Davidssohn) für sich in Anspruch genommen. Das besagt: Jesus hat sich nicht als selbstproduzierendes Selbstbewußtsein gewußt. Demnach wird Jesus als selbstproduzierendes Selbstbewußtsein vorausgesetzt; Jesus ist sich als dieses Selbstbewußtsein gegeben.

Jedoch reicht das Vorausgesetztsein und Sich-Gegebensein Jesu als selbstproduzierendes Selbstbewußtsein zur Begründung Jesu Christi als des exemplarischen Selbstbewußtseins nicht aus. Daß der geglaubte Christus sich der Selbstproduktion Jesu verdankt, ist nämlich erst dann im Sinne des vollständigen Begriffs von Selbstbewußtsein erfaßt, wenn gezeigt werden kann, daß sich Jesus Christus auch als selbstproduzierendes Selbstbewußtsein weiß. Die Voraussetzung, daß Jesus selbstproduzierendes Selbstbewußtsein ist, bedarf also der Begründung, wenn anders Jesus Christus sich wissendes Selbstbewußtsein sein soll. Der Vollzug des Überganges von Jesus zu Christus und damit zur Jesus-Christus-Einheit (als Subjekt-Objekt- und Einheit von besonderem und allgemeinem Selbstbewußtsein) ist zugleich als Begründung dafür anzusetzen, daß Jesus Christus selbstproduzierendes als sich wissendes Selbstbewußtsein ist.

2. Die Produktion der Jesus-Christus-Einheit

Es ist also zu begründen, warum Jesus als besonderes zugleich allgemeines Selbstbewußtsein (d. h. Christus) ist. Der damit verbundene Übergang vom singulären Selbstbewußtsein Jesu zur Jesus-Christus-Einheit und somit zur Einheit von besonderem und allgemeinem Selbstbewußtsein wäre anhand der Geschichte und des Auftretens Jesu[16] im einzelnen zu verfolgen. Das kann hier nur abrißartig geschehen.

Jesus verkündigt die Nähe Gottes und damit die Aufhebung der abstrakt-absoluten Herrschaft Gottes als Macht und Substanz. Das kommt darin zum Ausdruck, daß das Tun der Menschen und des Menschen Jesus als Gott entsprechendes adäquates Tun anerkannt ist. Daß das Tun der Menschen gleichnisfähig für Gottes Tun ist, macht den revolutionären Charakter der Botschaft Jesu aus. Denn revolutionär ist die Botschaft Jesu insofern, als die von ihm verkündigte Nähe Gottes auf die Aufhebung des Unterschiedes von Herrschaft und Beherrschtwerden, von Herr und Knecht hinausläuft.

14. Dazu vgl. F. Hahn: Christologische Hoheitstitel, Göttingen 1963.
15. Vgl. W. Pannenberg: Grundzüge der Christologie, 53f. (bes. Anm. 22; dort findet sich auch die einschlägige Literatur).
16. Vgl. u. a. G. Bornkamm: Jesus von Nazareth, Stuttgart 1956; H. Braun: Jesus, Stuttgart 1969; E. Jüngel: Tod, Stuttgart 1971, 126ff.

Der Tod Jesu bedeutet zunächst das Scheitern der Botschaft von der Nähe Gottes. Aber zugleich ist der Tod die Aufhebung des Subjekts der Verkündigung an das Verkündigte, die Preisgabe des Subjekts an das Objekt, denn Jesus stirbt um seiner Verkündigung willen. So ist der Tod Jesu die völlige Entäußerung und Hingabe an das Verkündigte und das Bestimmtwerden des Subjekts der Verkündigung bis zur Aufhebung eben dieses Subjekts ins Objekt der Verkündigung selbst. In dieser völligen Entäußerung bis zur Selbstpreisgabe des Subjekts an das Objekt werden Subjekt und Objekt, Verkündiger und Verkündigtes im Objekt eins. Jesus geht mit seinem Tod so in das Objekt seiner Verkündigung ein, daß er mit diesem Objekt, mit dem Verkündigten identisch wird. Diese Identität besagt, daß Jesus in seiner Verkündigung aufgehoben und so mit dem Verkündigten eins geworden ist. Das im Tod erfolgende Aufgehobenwerden Jesu im Objekt seiner Verkündigung wird durch die Produktion der christlichen Gemeinde so gesetzt, daß Jesus selbst als Nähe Gottes, d. h. als Christus verkündigt wird. Indem Jesus als Objekt der Gemeinde, als Christus gesetzt wird, erfolgt der Übergang Jesu zur Jesus-Christus-Einheit der Christologie. Dieser Übergang ist zugleich der Übergang von der Historie zur Vernunft, denn der historisch faßbare Tod Jesu als Entäußerung Jesu an das von ihm Verkündigte wird durch die Produktion der Gemeinde so gesetzt, daß Jesus als Christus der Verkündigte ist.

Ist durch den Tod Jesu die Einheit von Subjekt und Objekt so entwickelt, daß das Subjekt (der Verkündiger) mit dem Objekt (dem Verkündigten) eins ist, so ist diese Einheit allerdings noch einseitig (und insofern abstrakt), denn sie kommt durch die einseitige Aufhebung des Subjekts ins Objekt zustande. Der Tod ist die Negation des Subjekts im Objekt, wodurch das Subjekt in Aufhebung seiner selbst mit dem Objekt eins geworden ist. Dadurch, daß die Gemeinde diese Einheit als solche setzt, erkennt sie an, daß der Verkündiger – Jesus als Subjekt – selbst der Verkündigte – Christus ist. Diese Anerkennung findet ihren *vorstellungshaften Ausdruck* in der Rede von der Auferstehung[17] Jesu als des Christus.

17. Der Streit um die Historizität der Auferstehung Jesu entbrennt m. E. wegen eines falschen Ansatzes. Es wird wohl von allen Teilnehmern an diesem Streit zugestanden, daß es sich bei der Auferstehung um eine *Vorstellung* handelt (vgl. W. Pannenberg: Grundzüge der Christologie, 69ff.; U. Wilckens: Auferstehung, Stuttgart 1970, bes. 101ff.). Eine Vorstellung entsteht zwar historisch, insofern sie von historischen Subjekten produziert wird. Aber das mit der Vorstellung Gemeinte, das Vorgestellte, kann als solches nicht historisch sein. Denn wäre es historisch, so müßte es sinnlich gegeben sein. Die sinnliche Analogiebildung, die mit den Berichten über die Auferstehung einsetzt, beruht dann auf der Vermischung von Erkenntnisweisen, wenn diesen Analogien Qualität im Sinne des Historischen zugesprochen wird. Denn die Vorstellung stellt einen übersinnlichen Gehalt (das Vorgestellte) in einer sinnlichen Form (Vorstellung als solche) dar, während es die historische Forschung mit übersinnlichen Formen (Begriffen, Kategorien) und sinnlichen Gehalten (Ereignissen) zu tun hat. Wird trotz die-

Diese Vorstellung impliziert ihrem gedanklichen Gehalt nach die Negation der Negation[18] (die Aufhebung der Aufhebung) Jesu als Subjekt ins Objekt, so daß der Verkündiger selbst zum Verkündigten wird. Der Bewegung vom Subjekt zum Objekt, die mit dem Tod Jesu erfolgt, korrespondiert die Bewegung vom Objekt ins Subjekt zurück, die durch die Vorstellung der Auferstehung namhaft gemacht wird. Aufgrund dieser doppelten Bewegung ist Jesus als Christus die Einheit von Verkündiger und Verkündigtem. Und als Einheit von Verkündiger und Verkündigtem, von Subjekt und Objekt, von Jesus und Christus, von Mensch und Gott ist Jesus Christus als besonderes zugleich allgemeines Selbstbewußtsein.

Als diese Einheit von besonderem und allgemeinem Selbstbewußtsein ist Jesus Christus nur aufgrund der Bewegung gesetzt, die er als Entwicklung durchläuft. Diese Entwicklung ist die Selbstdarstellung Jesu als Christus und Christi als Jesus. Denn wie sich Jesus durch seinen Tod im Verkündigten restlos zur Darstellung bringt, so stellt sich durch die Setzung der Auferstehung, durch die Negation der Negation, der verkündigte Christus als Jesus dar. Diese Entwicklung als Selbstdarstellung desselben im anderen ist die vollständige Explikation Jesu Christi als des exemplarischen Selbstbewußtseins. Denn Jesus Christus als dieses einzelne Selbstbewußtsein (Person) ist die Selbstentfaltung des besonderen im allgemeinen und des allgemeinen im besonderen Selbstbewußtsein. Und zugleich ist diese Selbstdarstellung sowohl als Subjekt-Objekt-Einheit als auch als Einheit von allgemeinem und besonderem Selbstbewußtsein zu fassen.

Das mit der Frage nach dem historischen Jesus artikulierte Sich-Vorausgesetztsein und Sich-Gegebensein Jesu als selbst produzierendes Selbstbewußtsein ist nunmehr aufgrund der Selbstentwicklung Jesu als des Christus immanent gesetzt: Jesus Christus ist als besonderes Selbstbewußtsein das, was er ist, nur als allgemeines und umgekehrt. Jesus Christus ist sonach das exemplarische Selbstbewußtsein, weil an ihm das Problem des Selbstbewußtseins überhaupt, nämlich das Problem der Selbstkonstitution und Selbsterklärung von Selbstbewußtsein

ser erkenntnistheoretischen Unmöglichkeit, die Auferstehung Jesu als historisch zu behaupten, an der Historizität der Auferstehung festgehalten, so ist dieses Festhalten Ausdruck für den Sachverhalt, daß auf dem Gegebensein und Vorausgesetztsein Jesu als des Christus unter Ausschaltung der Produktion von anderen insistiert werden soll. Überhaupt kann gesagt werden, daß die abstrakte Betonung der Historizität von Sachverhalten darauf hinausläuft, das Gegebensein und Vorausgesetztsein, also das Nichtproduziertsein dieser Sachverhalte zu betonen. Eben diese Betonung des Nichtproduziertseins kann aber nicht gegen eine systematisch-begriffliche Konstruktion ausgespielt werden, da sie dieser selbst – wie zu zeigen sein wird – immanent ist. – Zur weiteren Problematik der Auferstehung vgl. H. Graß: Ostergeschehen und Osterberichte, 2. Aufl., Göttingen 1962; H. v. Campenhausen: Der Ablauf der Osterereignisse und das leere Grab, Heidelberg 1958.

18. Diese doppelte Negation ist als *bestimmte* zu denken und läuft deshalb nicht, wie es das formallogische Vorurteil will, auf eine Auflösung hinaus.

durchgeführt werden kann. Während sowohl das endliche als auch das als absolut angesetzte Selbstbewußtsein (Fichte) dadurch der Aporie der Zirkelhaftigkeit von Selbstbewußtsein verfallen, daß zur Selbsterklärung des Selbstbewußtseins dieses schon unerklärt in Anspruch genommen und so vorausgesetzt werden muß, kann das mit Jesus Christus gedachte Selbstbewußtsein ohne diese petitio principii erklärt werden. Denn das in Jesus Christus zur Darstellung kommende Selbstbewußtsein ist aufgrund von dessen Selbstentwicklung die *gesetzte* Einheit von Subjekt und Objekt und von besonderem und allgemeinem Selbstbewußtsein. Gesetzt ist diese Einheit deshalb, weil Jesus Christus besonderes nur als allgemeines und allgemeines nur als besonderes Selbstbewußtsein ist. Jesus Christus muß sich also, um Selbstbewußtsein zu sein, nicht wie sonstige Selbstbewußtsein zur Konstitution seiner selbst voraussetzen. Vielmehr ist das für die Konstitution und Erklärung von Selbstbewußtsein vorausgesetzte Selbstbewußtsein in Jesus Christus so gesetzt, daß sich besonderes und allgemeines Selbstbewußtsein gegenseitig erklären. Anders als das endlich-singuläre Selbstbewußtsein, das zur Erklärung seiner selbst sich als Selbstbewußtsein voraussetzen muß, bedarf das christologisch gefaßte Selbstbewußtsein dieser Voraussetzung nicht. Damit ist das in Jesus Christus gedachte Selbstbewußtsein nicht nur Vollzug und Selbstproduktion, sondern zugleich Wissen seiner selbst. Das Sich-Wissen bzw. der Begriff des Selbstbewußtseins Jesu Christi besteht eben darin, daß Jesus Christus als allgemeines zugleich als besonderes und als besonderes zugleich als allgemeines Selbstbewußtsein gesetzt ist. Das Sich-Wissen resultiert sonach aus der Selbstdarstellung des allgemeinen im besonderen Selbstbewußtsein und umgekehrt. Zu dieser sich wissenden Selbstexplikation ist das Selbstbewußtsein Jesu Christi nicht auf ein ihm vorausgesetztes Wissen von sich angewiesen. Denn alles, was zu dieser sich wissenden Selbstdarstellung notwendig ist, findet das Selbstbewußtein Jesu Christi in sich selbst als Einheit von allgemeinem und besonderem Selbstbewußtsein. Als diese Einheit ist Jesus Christus das exemplarische Selbstbewußtsein, die absolute Einzelheit, die sich selbst in der Unterscheidung und Einheit von Besonderheit und Allgemeinheit erfaßt und zur Darstellung bringt.

3. Die Selbstexplikation Gottes als Grund der Christologie

Mit der Frage nach dem historischen Jesus wird die Rückführung des verkündigten, kerygmatischen Christus auf Jesus so thematisiert, daß der verkündigte Christus aus der Selbstproduktion des mit Jesus verschlüsselten Selbstbewußtseins erklärt werden kann. Aufgrund dieser Selbstproduktion wird das Selbstbewußtsein Jesu Christi aber nur vorausgesetzt; so ist Jesus Christus noch nicht sich wissendes Selbstbewußtsein. Deshalb mußten das Sich-Vorausgesetztsein und Sich-Gegebensein Jesu als selbstproduzierendes Selbstbewußtsein ihrerseits durch das Auftreten Jesu, durch Verkündigung, Tod und Auferstehung, eigens begründet werden. Im Zuge dieser Begründung ist Jesus Christus als Einheit von allgemeinem und besonderem Selbstbewußtsein aufgebaut worden; gemäß dieser Einheit wird das Selbstbewußtsein Jesu Christi als sich wissendes Selbstbewußtsein erfaßt. Dieses so sich wissende Selbstbewußtsein beruht aber – und das leitet den nächsten Schritt der Überlegungen ein – auf der Produktion der Gemeinde. Diese Produktion findet ihren deutlichen Ausdruck in der Vorstellung der Auferstehung, durch die der Setzungs- und Produktionscharakter der Jesus-Christus-Einheit herausgestellt wird.

Wenn die Jesus-Christus-Einheit als sich wissendes Selbstbewußtsein durch die Gemeinde produziert ist, so bedeutet das, daß die Selbstproduktion des Selbstbewußtseins, auf die die Frage nach dem historischen Jesus zielt, nur als der Gedanke der Selbstproduktion präsent ist. Der auf die Produktion der Gemeinde zurückgeführte Gedanke der Selbstproduktion ist dann aber vom selbständigen und selbsttätigen Vollzug der Selbstproduktion des Selbstbewußtseins noch zu unterscheiden. Daher kommt es in den folgenden Überlegungen darauf an, die Produktion der Gemeinde in den Vollzug der Selbstproduktion des Selbstbewußtseins zu überführen. Erst diese Überführung erlaubt es, von der Rückführung und dann auch Ableitbarkeit der christologischen Vorstellungen zu sprechen. Denn erst mit dieser Rückführung können die christologischen Vorstellungen aus dem Vollzug des sich selbst produzierenden Selbstbewußtseins erklärt werden.

Die Notwendigkeit dieser Rückführung ist leicht einsichtig zu machen. Denn durch die Produktion der Gemeinde – verschlüsselt in der Vorstellung der Auferstehung – ist Jesus als besonderes Selbstbewußtsein – als Verkündiger – zugleich als allgemeines Selbstbewußtsein – als Christus – gesetzt worden. Mit der Produktion der Gemeinde wird also behauptet, daß sich in Jesu besonderem Selbstbewußtsein zugleich das allgemeine Selbstbewußtsein – Gott – expliziert. Eben diese Selbstdarstellung des allgemeinen im besonderen Selbstbewußtsein ist entsprechend der Vorstellung der Auferstehung durch die Gemeinde gesetzt. Diese Setzung ist vom Weg Jesu – Verkündigung, Tod und Auferstehung – her einsichtig. Jedoch ist mit dieser Setzung noch nicht die Frage beantwortet, worin die *Notwendigkeit* der Selbstexplikation des allgemeinen Selbstbewußtseins in Jesus Christus besteht. Von Notwendigkeit kann erst dann gesprochen werden, wenn die Selbstdarstellung des allgemeinen – Gottes – im besonderen Selbstbewußtsein Jesu aus dem allgemeinen Selbstbewußtsein als aus der absoluten Subjektivität entwickelt wird. Deshalb stellen auch die Weisen, in denen die Gegenwart Gottes in Jesus Christus zum Ausdruck gebracht wird – Geistgegenwart, Substanzgegenwart, Mittlerchristologie, Erscheinungs- und Offenbarungsgegenwart[19] – und die Weisen des Eintretens dieser Gegenwart – Adoption, Jungfrauengeburt, Inkarnation – für sich genommen keine zureichende Begründung für die Selbstentfaltung des allgemeinen im besonderen Selbstbewußtsein dar;

---

19. Vgl. W. Pannenberg, a. a. O. 113ff.

vielmehr setzen diese genannten Weisen der Gegenwart Gottes in Jesus Christus jene Selbstexplikation des Allgemeinen schon voraus.

Durch diese Vorstellungsweisen wird nach dem Wie der Gegenwart Gottes in Jesus Christus gefragt. Damit wird zugleich nach einem Produziertsein der Einheit von Gott und Mensch in Jesus Christus gesucht, das nicht in der Produktion der Gemeinde aufgehen soll. Vielmehr soll der Produktion der Gemeinde eine Produktion vorhergehen, die mit der Frage nach der Art und Weise der Gegenwart des Allgemeinen in Jesus Christus namhaft gemacht wird. Somit fragt die Gemeinde mit dem Wie dieser Gegenwart nach der Voraussetzung ihres eigenen Produzierens und Setzens.

Diese Voraussetzung besteht zunächst im Auftreten Jesus selbst. Aber durch die Vergangenheit, den Tod Jesu vermittelt hat die Gemeinde das Auftreten Jesu in die Produktion der Jesus-Christus-Einheit aufgehoben. Gleichwohl muß gesagt werden, daß diese Produktion das Auftreten Jesu zur Voraussetzung behält. Diese Voraussetzung wird dadurch eingeholt, daß nach der Art und Weise der Einheit von allgemeinem und besonderem Selbstbewußtsein gefragt wird. Die Vorstellung des Wie besagt, daß die Jesus-Christus-Einheit in der bloßen Produktion der Gemeinde nicht aufgeht. Das kommt in der Differenz von Vorgestelltem und Vorstellungsweisen zum Ausdruck. Denn die Vorstellungsweisen beziehen sich auf das Vorgestellte, das die Selbstdarstellung des allgemeinen Selbstbewußtseins im besonderen zum Inhalt hat. Alle Vorstellungen als Vorstellungsweisen sind daher Versuche, das Moment der Voraussetzung in allen Produktionen zum Ausdruck zu bringen. Vorstellungen sind Darstellungsweisen der Endlichkeit, die darin besteht, daß die Produktion der Gemeinde Nichtproduziertes als Vorausgesetztes in Anspruch nehmen muß.

In den Vorstellungen artikuliert das religiöse Bewußtsein seine Voraussetzung. Das religiöse Bewußtsein produziert zwar seine Vorstellungen – etwa die Vorstellung der Abhängigkeit von Gott. Aber das in der produzierten Vorstellung Vorgestellte setzt es zugleich so voraus, daß es sich dem Vorgestellten, indem es sich durch es sich gegeben weiß, unterstellt. Indem sich Vorstellungen auf ein Vorgestelltes beziehen, bringen sie grundsätzlich das in aller Produktion Vorausgesetzte zu Bewußtsein. Sie ergehen in der Differenz von Vorstellung und Vorgestelltem, von Produktion und Nichtproduktion, von Setzen und Voraussetzen.

Aufgrund dieser Differenz nötigen Vorstellungen dazu, von der religiösen zur theo-logischen Darstellungsweise überzugehen, d. h. zu einer Darstellungsweise, in der die Differenz von Vorstellung und Vorgestelltem, von Produktion und nichtproduzierter Voraussetzung aufgehoben ist. Diese Aufhebung kann nur dadurch erfolgen, daß sich das Vorgestellte – das in der Vorstellung Vorausgesetzte – selbst vor-stellt. Behielte das religiöse Bewußtsein das letzte Wort, d. h. bliebe es bei der Differenz von religiöser Vorstellung (Symbol) und Vorgestelltem (Symbolisiertem), so wäre es um die Religion, nämlich um das vom religiösen Bewußtsein Vorausgesetzte und Vorgestellte (z. B. Gott) schlecht bestellt.

Denn dann wäre das Vorgestellte nur in der Weise der durch das religiöse Bewußtsein produzierten Vorstellung präsent. Das würde bedeuten, daß das Vorgestellte nur durch anderes (ab alio), nämlich durch die Vorstellungsweisen des religiösen Bewußtseins produziert ist, so daß Feuerbachs Religionskritik das letzte Wort in Sachen Religion wäre. Das definitive Festhalten an der Differenz von Vorgestelltem und Vorstellung hätte, wenn nicht das Ende der Religion, so doch die prinzipielle Beliebigkeit der religiösen Gehalte zur Folge.

Es ist zwar die ausgezeichnete Funktion der Religion, Bewußtsein der Endlichkeit als das Bewußtsein der Abhängigkeit vom Allgemeinen zu sein. Aber das religiöse Bewußtsein kann als solches die Endlichkeit nicht überwinden. Wenn man auch sagen kann, daß die Religion sinnvollerweise die Endlichkeit nicht aufheben kann, weil sonst das Spezifikum der Funktion der Religion entfallen würde, so muß doch zugleich nach der Begründung dessen gefragt werden, was das religiöse Bewußtsein mit der Erfahrung der Endlichkeit voraussetzt, nämlich nach der Begründung des allgemeinen Selbstbewußtseins, das sich das singuläre voraussetzt. Ohne diese Begründung bliebe die Rede vom allgemeinen Selbstbewußtsein der Beliebigkeit produzierter Vorstellungsweisen ausgeliefert. Die Religion bedarf daher der Theo-Logie und die Vorstellung des Denkens, damit die religiösen Vorstellungen auf die Selbstdarstellung des Vorgestellten – des allgemeinen Selbstbewußtseins – bezogen bleiben. Denn die Vorstellungen treffen das Vorgestellte nur dann, wenn davon ausgegangen werden kann, daß sich das Vorgestellte in jenen Vorstellungen selbst vorstellt.

Wer sich mit Vorstellungen bescheidet, bezahlt seine Bescheidenheit mit dem Ende der Theologie, nämlich mit der Preisgabe der Begründungen von Vorstellungen durch die Selbstbegründung und Selbstdarstellung des Vorgestellten selbst. Denn Vorstellungen sind, wie gezeigt worden ist, Ausdruck für die Voraussetzung von Produktion. Wo diese Voraussetzungen nicht artikuliert und d. h., wo Vorstellungen nicht begriffen werden, begnügt man sich mit dem Produziertsein der Vorstellungen durch anderes, so daß sich das Vorgestellte einseitig der Produktion des religiösen Bewußtseins verdankte.

Soll das in den Vorstellungen vorausgesetzte Vorgestellte aber nicht der Beliebigkeit der Vorstellungsweisen ausgeliefert werden, die das religiöse Bewußtsein produziert, so bedarf die Produktion der Vorstellungen einer eigenständig theologischen Begründung. Diese Begründung zielt auf die Selbstproduktion des in der Produktion des religiösen Bewußtseins Vorausgesetzten oder auf die Selbstvorstellung des Vorgestellten, auf das sich die produzierten Vorstellungen beziehen. Durch diese theo-logische Begründung erfolgt also eine Umkehr des religiösen Bewußtseins: das vorausgesetzte Vorgestellte wird in die Selbstvorstellung und Selbstproduktion des Vorgestellten aufgehoben. Erst diese Selbstvorstellung sagt, was das Vorgestellte für sich selbst ist. Sie hat ihren Ausdruck im theologischen Gedanken der Selbstoffenbarung Gottes gefunden, aufgrund dessen Gott sich sich selbst expliziert und offenbart.

Wenn die Vorstellungen auf die Selbstvorstellungen des Vorgestellten zurückgeführt werden sollen, so wird damit der Produktionscharakter auch der Selbstvorstellung des Vorgestellten beileibe nicht geleugnet. Aber der Gedanke der Selbstvorstellung des Vorgestellten beinhaltet als Selbstproduktion eine solche Produktion, durch die die Differenz von Produktion und Nichtproduktion, von Vorstellung und Vorgestelltem, von Setzen und Voraussetzen eigens thematisiert wird. Mit dieser Thematisierung wird die besagte Differenz so aufgehoben, daß das in der Produktion des religiösen Bewußtseins vorausgesetzte Vorgestellte sich in der ihm adäquaten Weise selbst vorstellt und expliziert. Mit seiner Selbstvorstellung legt sich das Vorgestellte in solchen Vorstellungen aus, die nicht der Produktion eines Bewußtseins entstammen, das von diesem Vorgestellten different ist. Vielmehr erfolgt diese Selbstvorstellung so, daß es das Vorgestellte selbst ist, das sich in selbst produzierten Vorstellungen expliziert. Durch den gewiß auch produzierten Gedanken der Selbstvorstellung des Vorgestellten wird daher die für das religiöse Bewußtsein signifikante Differenz von Vorstellung und Vorgestelltem auf die Einheit eines sich selbst produzierenden Aktzentrums zurückgeführt.

Mit dem Gedanken der Selbstvorstellung des vorgestellten Allgemeinen bzw. mit dem Gedanken der Selbstoffenbarung Gottes wird deutlich, daß der Weg über das Auftreten Jesu und die darin implizierte Produktion der Gemeinde für sich allein genommen keine angemessene Möglichkeit zur Begründung der Christologie, der Jesus-Christus-Einheit darstellen. Denn wie man es auch immer wenden mag, die Begründung der Jesus-Christus-Einheit auf dem Weg über das historische Auftreten Jesu bleibt in der Differenz von Gemeindeproduktion und vorausgesetzter Nichtproduktion, weil vorausgesetzter Selbstproduktion des Allgemeinen verfangen. Diese Differenz kann weder durch die Rede vom Vollmachtsanspruch Jesu noch durch die von der Auferstehung aufgehoben werden. Die einzige Möglichkeit, über diese Differenz hinauszukommen, besteht in dem Gedanken, daß das vorgestellte Allgemeine, das sich in der Jesus-Christus-Einheit manifestiert, seine Selbstvorstellung vollzieht. Diese Vorstellung des Allgemeinen als besonderen Selbstbewußtseins stellt daher den einzig tragfähigen Grund der Christologie dar.

Der Gedanke der Selbstvorstellung des vorgestellten Allgemeinen, der seinen theologischen Ausdruck im Gedanken der Selbstoffenbarung Gottes findet, wird nur dann adäquat erfaßt, wenn Gott selbst als das allgemeine Selbstbewußtsein sich als besonderes Selbstbewußtsein expliziert. Der Gedanke der Selbstoffenbarung Gottes wird durch die traditionelle Vorstellung der Inkarnation dann nicht angemessen getroffen, wenn die Inkarnation nur auf den Sohn Gottes, nicht aber auf Gott selbst zielt. Bezieht man nämlich die Vorstellung der Menschwerdung nur auf den ewigen Sohn Gottes, so nimmt man für diesen Bezug die Einheit von Gott und Christus schon in Anspruch. Gott kann sich dann als der Mensch Jesus manifestieren, weil die Einheit von Gott und Jesus Christus vor der Selbstexplikation Gottes im anderen schon sichergestellt sein soll. Jedoch ist auf diese Weise die Einheit von Gott und Jesus Christus, die durch die Selbstdarstellung des allgemeinen als besonderes Selbstbewußtsein doch erst begründet werden soll, immer schon in Anspruch genommen. Aufgrund dieser Inanspruchnahme läuft die auf den Sohn Gottes bezogene Inkarnation auf eine petitio principii hinaus: Die Einheit von Gott und Jesus Christus wird aus der schon vorausgesetzten Einheit erklärt. Diese zirkelhafte Erklärung der Einheit von Gott und Jesus kann nur dadurch vermieden werden, daß Selbstoffenbarung und Inkarnation streng auf Gott selbst, das allgemeine Selbstbewußtsein, bezogen werden. Denn solange die Menschwerdung nur als die des Sohnes Gottes vorgestellt wird, bleibt man einem Dualismus von Wesen und Erscheinung verhaftet, durch den der Selbstoffenbarungsgedanke verfehlt wird.

Der Gedanke der Selbstexplikation Gottes als anderes – Selbstoffenbarung als Inkarnation – kann nur so gedacht werden, daß Gott als das Allgemeine schlechthin in Selbstanwendung und Selbstnegation seiner selbst sich als besonderes Selbstbewußtsein zur Darstellung bringt. Kann nämlich Gott als die allgemeine Mediations- und Negationsfähigkeit gefaßt werden, so entspricht er dieser seiner Allgemeinheit nur dann, wenn er selbst unter ihre Bedingungen tritt. Das besagt, daß die allgemeine Negationsfähigkeit, die Gott als Negation jeder möglichen Negation bzw. Bestimmtheit darstellt, auf eben diese Negationsfähigkeit selbst angewandt wird. Gott negiert daher seine allgemeine Negationsfähigkeit und macht sich so zur Negation seiner Negationsfähigkeit, zur Bestimmtheit und Besonderheit. Das allgemeine Selbstbewußtsein entäußert sich und stellt sich als besonderes dar.

Wie Gott in dieser Selbstexplikation im anderen zugleich mit sich identisch bleiben kann, das zu zeigen, ist Aufgabe der durchgeführten Christologie selbst – des Systems der Christologie. Im jetzigen Zusammenhang kommt es nur darauf an zu zeigen, wie der Gedanke der Selbstvorstellung des vorgestellten Allgemeinen überhaupt gedacht werden kann. Denn von diesem Gedanken hängt die Begründung der Christologie ab. Er besagt, daß die Einheit von allgemeinem und besonderem Selbstbewußtsein, die vermittelt durch das Auftreten Jesu die Gemeinde produziert hat, auf die Selbstproduktion des Allgemeinen selbst zurückgeht.

Wenn auch im jetzigen Begründungszusammenhang die Selbstexplikation Gottes als besonderes Selbstbewußtsein nicht im einzelnen durchgeführt werden soll, so ist es doch um der intendierten Begründung der Jesus-Christus-Einheit willen notwendig, noch ein offenes Problem zu klären. Es ist nämlich zu fragen, ob Gott durch die Selbstexplikation als besonderes Selbstbewußtsein nicht endlich bestimmt wird. Durch diese Frage wird also nun doch das ausgesparte Problem der Identität von Gott und besonderem Selbstbewußtsein, als das sich Gott aufgrund seiner Selbstexplikation darstellt, unter einem besonderen Aspekt behandelt. Denn die Selbstvorstellung des vorgestellten Allgemeinen kann nur dann als Begründung der Jesus-Christus-Einheit angesetzt werden, wenn mit ihr die Identität von Gottes Allgemeinheit und Besonderheit gesichert ist. Gott ginge nämlich seiner Absolutheit verlustig, wenn er durch die Selbstdarstellung im anderen äußerlich bestimmt würde. Insofern muß es den Begriff Gottes ausmachen, sich schon vor der vollzogenen Selbstexplikation im anderen in sich selbst als allgemeines und besonderes Selbstbewußtsein zu unterscheiden. Zwar darf die Begründung der Selbstexplikation Gottes im anderen nicht schon die immanente Selbstunterscheidung Gottes in Anspruch nehmen, um sich nicht der besagten petitio principii schuldig zu machen. Jedoch muß *aufgrund* der *vollzogenen* Selbstexplikation Gottes im anderen gezeigt werden, daß Gott durch diese Selbstexplikation nicht äußerlich, weil durch anderes bestimmt wird, sondern daß mit der Selbstexplikation der immanente Begriff Gottes zu seiner Selbsterfüllung gelangt. Während also zur Durchführung der Selbstexplikation Gottes im anderen die Einheit von allgemeinem und besonderem Selbstbewußtsein nicht schon vorab beansprucht werden darf, muß aufgrund dieser Durchführung gewährleistet sein, daß sie Gottes immanentem Begriff adäquat ist.

Die immanente Trinitätslehre, durch die aufgewiesen werden soll, daß Gott vor aller bestimmten Selbstmanifestation sich in sich selbst als allgemeines und besonderes Selbstbewußtsein unterscheidet, liefert die Begründung für die dem Begriff Gottes adäquate Selbstexplikation; sie kann aber, wie betont, nicht für den Vollzug dieser Selbstexplikation schon in Anspruch genommen werden. Insofern die Trinitätslehre aufgrund der *durchgeführten* Selbstdarstellung Gottes im anderen gebildet wird, soll durch sie dargelegt werden, daß die göttliche Selbstunterscheidung in allgemeines und besonderes Selbstbewußtsein dem Begriff und damit der Identität Gottes entspricht. Denn soll die Inkarnation als Gottes Selbstentfaltung im anderen diesem nicht äußerlich sein, so muß die Selbstexplikation als Selbstunterscheidung Gott selbst immanent sein.

Die trinitarische Selbstdifferenzierung Gottes besagt, daß Gott als das Allgemeine in seinem Unterschied, seiner Bestimmtheit mit sich identisch ist. Diese Struktur der immanenten Trinität impliziert, daß Gott, das Allgemeine, als allgemeine Negationsfähigkeit die Negation ist, die in der von ihr unterschiedenen Negation und Bestimmtheit bei sich selbst ist. Gott als Denken überhaupt ist, insofern er sich als Gedanke denkt, in diesem Gedanken als seinem Unterschied mit sich identisch, denn das Denken als das Allgemeine ist es, das sich im Gedanken, im Besonderen, als sich selbst, nämlich als Denken erfaßt[20].

20. Wie die Trinität als Personeneinheit gedacht werden kann, dazu vgl. F. Wagner: Der Gedanke der Persönlichkeit Gottes bei Fichte und Hegel, 241ff. Entgegen meiner (a. a. O. 250f.) geäußerten Kritik an Hegel würde ich heute sagen, daß Hegel die Unterscheidung Gottes in sich nicht voraussetzt. Vielmehr entwickelt Hegel diese Unterscheidung aus dem Begriff Gottes selbst; darin stimme ich mit der Rezension von L. Siep (Hegel-Studien, Bd. 8, 1973, 239–244, hier 244) überein.

Diese immanente Selbstunterscheidung Gottes in sich ist der Ermöglichungsgrund – die ratio essendi – der entsprechend der Vorstellung der Inkarnation vollzogenen Selbstexplikation des allgemeinen als besonderes Selbstbewußtsein. Denn diese Selbstexplikation ist nichts anderes als die Anwendung der immanenten Selbstunterscheidung Gottes auf Gott als allgemeines Selbstbewußtsein selbst. Das besagt, daß die Selbstdarstellung Gottes im anderen im Begriff Gottes selbst begründet ist. Beim Vollzug der Selbstexplikation des allgemeinen als besonderes Selbstbewußtsein wird von dem in sich selbst unterschiedenen Begriff Gebrauch gemacht, so daß Gott im Zuge dieser Selbstexplikation zur Erfüllung und Realisierung seines Begriffs gelangt.

Mit der Selbstexplikation Gottes im anderen, die ihre für den Begriff Gottes entscheidende Begründung in der immanenten Selbstunterscheidung Gottes findet, ist die durch die Gemeinde produzierte Einheit von allgemeinem und besonderem Selbstbewußtsein auf die Selbstproduktion des Allgemeinen zurückgeführt worden. Damit ist deutlich, daß Selbstbewußtsein nur aus Selbstbewußtsein und Subjektivität nur aus Subjektivität erklärt werden können. Diese Selbsterklärung von Selbstbewußtsein ist aber nicht tautologisch zu verstehen. Denn mit ihr ist begriffen, daß die Selbsterklärung von Selbstbewußtsein auf dessen *Vollzug* beruht. Dieser Vollzug ist genauer als *Entwicklung* zu bestimmen. Aufgrund seiner immanenten Selbstunterscheidung entwickelt sich das allgemeine Selbstbewußtsein so, daß es sich im anderen seiner selbst, nämlich als besonderes Selbstbewußtsein zur Darstellung bringt. Die Entwicklung besteht also in der *vollzogenen* Selbstunterscheidung als Selbstexplikation im anderen. Ihr innerer Grund ist die Selbstanwendung des Begriffs des Selbstbewußtseins auf sich selbst, wodurch sich das Allgemeine in Negation seiner allgemeinen Negationsfähigkeit als besonderes Selbstbewußtsein setzt.

Die in der immanent-trinitarischen Selbstdifferenzierung Gottes gründende Entwicklung als Selbstexplikation im anderen ist es, durch das die christologische Produktion der Gemeinde erklärt werden kann. Denn die Einheit von allgemeinem und besonderem Selbstbewußtsein, die die Gemeinde mit der Jesus-Christus-Einheit produziert, beruht auf dem Sachverhalt, daß sich Gott, das Allgemeine, als Besonderheit expliziert. Diese Besonderheit ist, wie noch näher zu zeigen sein wird, als bestimmte Bestimmtheit eine Bestimmtheit (Besonderheit), die nur durch sich selbst bestimmt und so mit sich identisch und allgemein ist. Das aus der Selbstentwicklung Gottes resultierende Selbstbewußtsein der Christologie, die Jesus-Christus-Einheit, gilt deshalb als exemplarisch, weil es die gesetzte und explizierte Selbstunterscheidung von Selbstbewußtsein darstellt. Denn als bestimmte Bestimmtheit ist es in sich selbst der Unterschied von Allgemeinheit und Bestimmtheit, aber als Besonderheit stimmt es zugleich mit sich überein und ist so allgemein.

Das Thema der materialen Christologie, des Systems der Christologie, ergibt sich daher aus der Ausarbeitung der *Selbstunterscheidung* des christologischen

Selbstbewußtseins. Aufgrund dieser Selbstunterscheidung erklären sich allgemeines und besonderes Selbstbewußtsein wechselseitig, so daß das christologische Selbstbewußtsein auf keine Voraussetzung außerhalb seiner selbst angewiesen ist. Vielmehr setzt sich das christologische Selbstbewußtsein aufgrund seiner Selbstunterscheidung so voraus, daß es als allgemeines seine Selbstvorausetzung im besonderen und als besonderes seine Selbstvoraussetzung im allgemeinen Selbstbewußtsein hat. Die Ableitung der christologischen Vorstellungen aus dem Selbstbewußtsein erfolgt daher als Ausarbeitung der sich entwickelnden Selbstunterscheidung des Selbstbewußtseins. Die christologischen Vorstellungen stellen die Bestimmtheitsweisen dar, in denen das exemplarische Selbstbewußtsein seine Selbstunterscheidung vollzieht. Das bedeutet, daß die Identität des Selbstbewußtseins nur von seiner Unterscheidung her faßbar wird.

IV. Das System der Christologie

Die Entfaltung der materialen Christologie muß entsprechend der Konstitution des exemplarischen Selbstbewußtseins als Vollzug von dessen Selbstunterscheidung und Entwicklung erfolgen. Deshalb kann die dogmatische Ausarbeitung der Christologie nicht abstrakt bei der Zwei-Naturen-Lehre einsetzen. Das würde auch dann gelten, wenn diese auf die Formel von Chalkedon zurückgehende Lehre nicht aporetisch wäre. Denn die Einheit von allgemeinem und besonderem Selbstbewußtsein, die durch das Chalkedonense zum Ausdruck gebracht wird, kann nicht in einer Formel, sondern nur durch die entwickelte Selbstunterscheidung des christologischen Selbstbewußtseins expliziert werden. Daher kann man sagen, daß abgesehen von den immanenten Schwierigkeiten der Zwei-Naturen-Lehre[21] ihre eigentliche Aporie darin besteht, daß die Einheit von göttlicher und menschlicher Natur, von allgemeinem und besonderem Selbstbewußtsein abgesehen vom Vollzug der Selbstunterscheidung zur Darstellung gebracht wird. Aufgrund dieser Abstraktion kann das Wie der Einheit durch die Zwei-Naturen-Lehre nicht erfaßt werden. Ihr kommt deshalb nur die Funktion eines Kanon zu, der beim Vollzug der Selbstunterscheidung des christologischen Selbstbewußtseins Berücksichtigung finden muß. Denn indem betont wird, daß die beiden Naturen in der Einheit der Person einerseits »unvermischt« und »unverwandelt«, andererseits aber »ungeschieden« und »ungetrennt« zu denken sind, werden genau die Bedingungen genannt, die zur Konstitution Jesu Christi als des exemplarischen Selbstbewußtseins vonnöten sind. Denn dieser exemplarische Charakter kann nur als Selbstdarstellung des besonderen im allgemeinen

---

21. Vgl. neben W. Pannenberg, a. a. O. 291ff. besonders Schleiermacher: Glaubenslehre, Bd. II, § 96, 1 und D. F. Strauß: Die christliche Glaubenslehre, Bd. 2, Darmstadt 1973, 99ff.

und des allgemeinen im besonderen Selbstbewußtsein zum Zuge gebracht werden. Zu dieser in sich gegenläufigen Selbstdarstellung ist es notwendig, daß besonderes und allgemeines Selbstbewußtsein als Momente strikt unterschieden werden. Aber zugleich müssen besonderes und allgemeines Selbstbewußtsein aufgrund ihrer gegenseitigen Selbstdarstellung so aufeinander angewiesen sein, daß sie das, was sie als besonderes und allgemeines Selbstbewußtsein sind, nur in und durch das ihnen jeweils andere sind.

Wenn die Art und Weise der Einheit des christologischen Selbstbewußtseins nur durch den Vollzug von dessen Selbstentwicklung erfaßt werden kann, so hat das entscheidende Konsequenzen für die Darstellung der Christologie. Dann können nämlich nicht länger die einzelnen christologischen Lehrstücke für sich dargestellt werden. Vielmehr verlangt der Ansatz bei dem Vollzug der Selbstentwicklung des Selbstbewußtseins, daß die traditionellen Lehrstücke in diesen Vollzug als in ihre Einheit aufgehoben werden. Diese Einheit des Vollzugs verlangt zugleich mit der Einheit von Person und Werk Jesu Christi die einheitliche Darstellung von Zwei-Naturen-, Zwei-Stände-Lehre und Amt Christi. Obwohl schon Schleiermacher[22] auf dieser einheitlichen Darstellung insistiert hat, ist es erst K. Barth[23] gewesen, der dieser Forderung in der Durchführung seiner Christologie entsprochen hat.

Wenn der Vollzug der Entwicklung des Selbstbewußtseins nach der einheitlichen Darstellung aller traditionellen christologischen Lehrstücke verlangt, so kann das christologische Selbstbewußtsein als *System* ausgearbeitet werden. Dieses System stellt den Vollzug der Selbstunterscheidung des christologischen Selbstbewußtseins dar. Hat das System die Ausarbeitung der Selbstexplikation im anderen zum Inhalt, so sind es drei Momente, die in diesem System entfaltet werden müssen. Einmal handelt es sich um die Entwicklung des Selbstbewußtseins im anderen, des allgemeinen im besonderen Selbstbewußtsein (a), ein andermal um die Entwicklung des anderen im Selbst, des besonderen im allgemeinen Selbstbewußtsein (b) und schließlich um die explizite Selbstdarstellung der Einheit von allgemeinem und besonderem Selbstbewußtsein (c).

Das System als Selbstentwicklung besagt, daß sich das exemplarische Selbstbewußtsein aus seinen Momenten aufbaut, die es aber erst im Zuge seiner Selbstunterscheidung entfaltet. Dadurch kann das System der Christologie als die dreifache Wiederholung des Selbstbewußtseins aufgefaßt werden, wobei allerdings zu beachten ist, daß es sich um die Wiederholung des Selbstbewußtseins in seinen Unterschieden handelt. Denn das System ist der Vollzug der Selbstunterscheidung des Selbstbewußtseins, der Vollzug seiner »Subsysteme«.

Das christologische als exemplarisches Selbstbewußtsein leistet die Selbstbegründung und Selbsterklärung von Selbstbewußtsein als den Vollzug seiner

22. Vgl. Schleiermacher, a. a. O. § 92.
23. Vgl. K. Barth: Kirchliche Dogmatik, IV/1, 140ff.

Selbstvoraussetzung und Selbstunterscheidung. Während das endliche Selbstbewußtsein, wenn es die Erklärung seiner selbst leisten soll, der Zirkelhaftigkeit der Selbsterklärung anheimfällt, erlangt das exemplarische Selbstbewußtsein der Christologie in seiner Selbstvoraussetzung seine immanente Selbsterfüllung. Denn es baut seine Selbstvoraussetzung und Selbstunterscheidung im Zuge seiner eigenen Entwicklung allererst auf, so daß es bei seiner Selbsterklärung nicht etwas in Anspruch nehmen muß, was nicht von ihm selbst gesetzt und entwickelt worden ist.

Die Behandlung der Funktion und der Begründung der Christologie hatte es mit der Entgegenständlichung der christologischen Vorstellungen zu tun. Diese wurden auf die Einheit des Selbstbewußtseins reduziert. Aber mit dieser Reduktion und Entgegenständlichung baut sich das Selbstbewußtsein insofern zugleich als komplexes Gebilde auf, als es nur in seiner Selbstunterscheidung faßbar ist. Im Vollzug seiner Selbstunterscheidung als Entwicklung vollzieht das Selbstbewußtsein seine Selbstvergegenständlichung, die darin besteht, daß sich das Selbstbewußtsein in seinen Unterschieden sich selbst Gegenstand ist. Damit ist zugleich deutlich, daß es sich bei dieser Selbstvergegenständlichung nicht um die unmittelbare Rehabilitierung der entgegenständlichten christologischen Vergegenständlichungen handeln kann. Denn auf dem Boden des Systems der Christologie ist es das Selbstbewußtsein selbst, das sich vergegenständlicht. Es sind daher nicht die unmittelbaren gegenständlichen Vorstellungen der Tradition, durch die sich das exemplarische Selbstbewußtsein gegenständlich erfaßt. Vielmehr sind die Vorstellungen, in denen sich das Selbstbewußtsein vergegenständlicht, immer schon durch die Entgegenständlichung vermittelt, denn sie werden als Momente aus dem Selbstbewußtsein entwickelt, das im Zuge der Entgegenständlichung und Reduktion dieser Vorstellungen aufgebaut worden ist.

Das System der Christologie bringt den Vollzug der Selbstunterscheidung des exemplarischen Selbstbewußtseins zur Darstellung, also die Unterscheidung des allgemeinen vom besonderen (a) und des besonderen vom allgemeinen Selbstbewußtsein (b) und die Einheit dieses Vollzugs selbst (c). In diese dreifache Selbstunterscheidung sind die traditionellen christologischen Vorstellungen so einzuzeichnen, daß sie sich aus dem Vollzug der Selbstunterscheidung ableiten lassen, womit eine Neubestimmung und Neuverortung dieser Vorstellungen verbunden ist.

1. Die Selbstentwicklung des Allgemeinen als besonderes Selbstbewußtsein

Die Allgemeinheit des Selbstbewußtseins ist, wie schon gezeigt, als allgemeine Mediations- und Negationsfähigkeit zu bestimmen. Alles, nämlich jede Bestimmtheit (Negation) steht unter der Bedingung des Allgemeinen. Wenn aber alles unter der Bedingung des Allgemeinen steht, so kann dieses selbst davon nicht ausgenommen werden. Damit stellt sich das Allgemeine unter sein eigenes Prinzip. Indem das Allgemeine seinen eigenen Begriff auf sich selbst anwendet, negiert es sich selbst und macht sich als Negation seiner Negationsfähigkeit zur Bestimmtheit, zur Besonderheit. Das Allgemeine entwickelt sich also aufgrund seiner Selbstnegation als Unterschied, als Nichtidentisches.

Durch das allgemeine Selbstbewußtsein, das in Selbstanwendung seiner selbst sich selbst zum Nichtidentischen, zur Besonderheit macht, wird ein wesentliches Moment des spezifisch christlichen Begriffs des Selbstbewußtseins herausgestellt. Nicht das Allgemeine, das auf seiner allgemeinen Negationsfähigkeit und Selbstbestimmung beharrt, macht das Spezifikum des durch die Christologie definierten Begriffs des Selbstbewußtseins aus, sondern dasjenige, das in Selbstanwendung und Entäußerung seiner selbst so von sich selbst Gebrauch macht, daß es sich in der Negation seiner selbst – im Besonderen – darstellt. Damit ist deutlich, daß die in der Selbstanwendung implizierte Selbstbezüglichkeit ein unverzichtbares Integral zur Erfassung des christologisch definierten Selbstbewußtseins ausmacht. Denn nur aufgrund der durch Negation der Negation vermittelten Selbstanwendung ist das allgemeine Selbstbewußtsein fähig, sich als besonderes zu explizieren.

Die durch Selbstanwendung und Selbstnegation vermittelte Selbstentäußerung des allgemeinen an das besondere Selbstbewußtsein erfüllt genau den Sachverhalt, der im Sinne der traditionellen Zwei-Stände-Lehre als *Stand der Erniedrigung* (status exinanitionis) bezeichnet wird. Allerdings kann die Erniedrigung nicht wie etwa in der altlutherischen Orthodoxie nur auf die menschliche Natur Christi, sondern sie muß auf das Allgemeine, auf Gott selbst bezogen werden. Würde sich nämlich nur die menschliche Natur in Jesus Christus erniedrigen, so handelte es sich bei der Rede von der Erniedrigung um eine bloße Tautologie. Die Selbsterniedrigung als Selbstentäußerung des Allgemeinen betrifft sonach Gott selbst. Diese Selbsterniedrigung ist die Selbstpreisgabe des Allgemeinen als abstrakt Allgemeines. Gott hört auf, bloße Wesensallgemeinheit als Substanz und Macht zu sein. Damit ist nicht der endgültige Verlust Gottes ausgesagt. Aber die Negation als das Nichtidentische kann vom Allgemeinen nicht ausgeschlossen werden, sonst wäre dieses negativ bestimmt und würde einer bloß positionellen Verfaßtheit anheimfallen.

Der so gefaßten Selbsterniedrigung als Vollzug der Selbstnegation des Allgemeinen entspricht die traditionelle Vorstellung vom *priesterlichen Amt*. Schon die Erniedrigung als solche bedeutet die Anerkennung des Unterschiedes, des anderen als des Besonderen. Diese Anerkennung des anderen findet seinen expliziten Ausdruck im priesterlichen Amt, womit gesagt ist, daß Amt und Werk Christi in den Vollzug des christologischen Selbstbewußtseins eingeschlossen sind.

Beim priesterlichen Amt ist allein dessen Thematik herauszustellen. Der opfernde Priester soll durch das Opfer die Anerkennung des Besonderen gegenüber dem Allgemeinen bewirken. Genau dieses Verständnis des priesterlichen Amtes wird im Zuge der Selbsterniedrigung Gottes kritisiert. Denn indem sich Gott als das Allgemeine selbst erniedrigt, opfert er sich selbst und erkennt so das Besondere in Negation seiner selbst an. Aufgrund des Selbstopfers des Allgemeinen bedarf es nicht mehr eines besonderen Opfers als eines Mittels der Versöhnung zwischen dem Allgemeinen und Besonderen. Vielmehr macht sich das Allgemeine selbst zum Mittel: es ist als Opferndes selbst das Opfer. Durch dieses Selbstopfer des Allgemeinen impliziert das priesterliche Amt die Aufhebung des Priesteramtes als eines besonderen Amtes zur Versöhnung von Gott und Mensch. Denn mit der Selbsterniedrigung des Allgemeinen ist das Besondere an sich schon versöhnt.

Die Christologie thematisiert mit dem priesterlichen Amt die Funktion der Religion als Aufhebung der Religion. Denn die Religion zielt – ihrem allgemeinen Begriff nach – auf die Vermittlung von Allgemeinheit und Besonderheit. Indem diese Vermittlung durch das Allgemeine selbst vollzogen wird, wird das Thema der Religion durch die Christologie besetzt.

Denn mit der Christologie wird aufgrund der Selbstentäußerung des Allgemeinen an das Besondere nicht nur die Funktion des Priesteramtes, sondern auch die der Religion insofern aufgehoben, als es neben der Selbstvermittlung des Allgemeinen keiner besonderen Vermittlung von Allgemeinem und Besonderem mehr bedarf.

Damit widerspricht eine besondere Mittlervorstellung dann der christologischen Vermittlung, wenn durch sie eine sekundäre Vermittlung zwischen Allgemeinem und Besonderem behauptet wird. Eine derartige Mittlervorstellung stellte einen Rückfall hinter die christologische Vermittlung, nämlich hinter die Selbstentäußerung des Allgemeinen an das Besondere dar.

Ebenso wird eine besondere Stellvertretungsvorstellung aufgrund der Selbstnegation des Allgemeinen obsolet. Sie wird nämlich dadurch überflüssig, daß das Allgemeine in Entäußerung seiner selbst das Besondere anerkannt hat. Wird gleichwohl an den Mittler- und Stellvertretungsvorstellungen festgehalten, so degeneriert das Christentum zur bloßen Religion. Die Christologie fungiert dann als Mittel zur Versöhnung von Allgemeinem und Besonderem. Aber das Allgemeine bedarf zur Versöhnung mit dem Besonderen nicht eines Mittels, da die Versöhnung aufgrund der Selbstvermittlung des Allgemeinen erfolgt. Das Allgemeine vermittelt sich auf dem Wege seiner Selbstentäußerung mit dem Besonderen. Durch diese Selbstvermittlung wird sich das Allgemeine selbst ein anderes, wodurch die Versöhnung von Allgemeinem und Besonderem an sich gesetzt ist.

2. Die Selbstentwicklung des Besonderen als allgemeines Selbstbewußtsein

Auszugehen ist von der schon geleisteten Selbstentwicklung des Allgemeinen. Aufgrund dieser Entwicklung ist das Besondere als solches anerkannt, so daß es allein darauf ankommt, daß das Besondere seine Anerkennung vollzieht. Das anerkannte Besondere entspricht dadurch seiner Anerkennung, daß es sich als anerkannt anerkennt. Auf diese Weise entäußert sich das seine Anerkennung anerkennende Besondere an das Allgemeine, denn dieses ist es, das das Besondere anerkennt. Das Besondere entwickelt sich als das, als was es schon anerkannt ist; es setzt sich als das, was es ist. Damit verwirklicht das Besondere die Entäußerung des Allgemeinen.

Folglich kehrt in dem so gefaßten Moment des Besonderen – als des anerkannten Besonderen – noch einmal die Aporie von Selbstbewußtsein wieder, die Aporie nämlich, daß sich das besondere Selbstbewußtsein in seiner Selbsterfassung schon voraussetzt. Denn das besondere Selbstbewußtsein expliziert sich so, wie es aufgrund seiner Anerkennung durch das Allgemeine sich gegeben ist. Auf diese Weise wird innerhalb der christologischen Entwicklung auf den exemplarischen Charakter der Christologie für die Selbstbewußtseinsthematik explizit abgehoben. Die Christologie kann nämlich nur dann exemplarisch genannt werden, wenn innerhalb ihrer selbst das Problem auftritt, zu dessen Lösung sie angezogen wird. Das Problem des Nichtgelingens der Selbstkonstitution von Selbstbewußtsein tritt so als Moment innerhalb des christologischen Selbstbewußtseins auf, daß zugleich gezeigt wird, wie dieses Problem gelöst werden kann. In der Anerkennung seines Anerkanntseins (Sich-Gegebenseins) bringt sich das besondere zugleich als allgemeines Selbstbewußtsein hervor, denn es entfaltet sich als das, als was es sich voraussetzt und sich gegeben ist. So hat sich das besondere Selbstbewußtsein aufgrund seines Anerkanntseins selbst zur Voraussetzung. Aber diese Selbstvoraussetzung wird allererst in ihrem Vollzug sichtbar und als das expliziert, was sie ist. Indem so Jesus als das besondere Selbstbewußtsein sein Anerkanntsein anerkennt, ist er das Anerkannte, das durch sich selbst anerkannt ist. Dadurch erweist sich das besondere Selbstbewußtsein als mit sich identisch und allgemein. Der Begriff der Anerkennung ist damit als solcher, nämlich als anerkannte Anerkennung gesetzt und entwickelt.

Daß sich das besondere Selbstbewußtsein als anerkannt anerkennt, macht – in der traditionellen Terminologie ausgedrückt – den *Stand der Erhöhung* (status exaltationis) aus. Diese Erhöhung betrifft die des Besonderen zum Allgemeinen. Damit kehrt das Allgemeine des Anfangs nicht unmittelbar wieder. Vielmehr ist das Allgemeine, zu welchem das Besondere erhöht wird, dasjenige, das sich aufgrund seiner Selbstunterscheidung anerkannt weiß. Denn indem das durch die Selbstentwicklung des Allgemeinen anerkannte Besondere seine Anerkennung anerkennt, erkennt es zugleich das Allgemeine an. Es ist so das Allgemeine selbst, das sich durch die Anerkennung des Besonderen anerkannt weiß. Denn die Anerkennung des Besonderen ist die Anerkennung dessen, was das Allgemeine durch seine Selbstentäußerung vollzogen hat. So führt das Besondere in Anerkennung seines Anerkanntseins die Anerkennung des Allgemeinen durch. Das Allgemeine ist daher durch die Anerkennung des Besonderen als Allgemeines, nämlich als anerkennendes Allgemeines gesetzt. Wie das besondere Selbstbewußtsein nur durch das Allgemeine anerkannt ist, so ist auch das Allgemeine nur durch die Anerkennung des Besonderen, nämlich durch Anerkennung seines Anerkennens manifest. Allgemeines und besonderes Selbstbewußtsein sind daher das, was sie sind, nur dadurch, daß sie in ihrem jeweiligen anderen als das gesetzt sind, was ihren Begriff ausmacht. Folglich ist das allgemeine im besonderen Selbstbewußtsein, das sein Anerkanntsein vollzieht, als anerkennendes expliziert. Die Selbstexplikation im anderen als Entwicklung ist es sonach, durch die das Selbstbewußtsein erst als das gesetzt ist, was es seinem Begriff nach ist: das allgemeine als anerkennendes anerkannt und das besondere als anerkanntes anerkennend.

Der Selbstentwicklung des besonderen als allgemeines Selbstbewußtsein entspricht die Tätigkeit, die traditionellerweise an das *Königliche Amt* Christi geknüpft ist. Die mit diesem Amt verbundene Herrschaft ist im Sinne der vollzogenen Entwicklung des christologischen Selbstbewußtseins zu denken. Indem sich entsprechend dieser Entwicklung das allgemeine als besonderes und das besondere als allgemeines Selbstbewußtsein darstellt, kann die Herrschaft des christologischen Selbstbewußtseins nur als Aufhebung des Unterschiedes von Herrschen und Beherrschtwerden ausgesagt werden. Was herrscht, ist die christologische Struktur der Selbstexplikation im anderen, die die der Freiheit ist. Das Königliche Amt ist sonach Ausdruck für die Herrschaft der Freiheit. Diese Freiheit ist aber nicht als Selbstbestimmung und Herrschaft des Allgemeinen aufzufassen, sondern als die Selbstbestimmung, die entsprechend der Selbstdarstellung im anderen sich durch das Bestimmte und Besondere selbst bestimmt weiß. Als solche hat sie den Unterschied von Bestimmen und Bestimmten, von Aktivität und Passivität aufgehoben. Sie ist Darstellung der Freiheit, die sich im jeweils anderen als sich selbst entfaltet.

3. Die Selbstdarstellung der Einheit des Selbstbewußtseins

Das System der Christologie vollendet sich in der Selbstmitteilung des Resultates, das das christologische Selbstbewußtsein in seiner in sich gegenläufigen Entwicklung vollzogen hat. Dieses Resultat kann im Sinne der unio personalis als wechselseitiges Einssein von allgemeinem und besonderem Selbstbewußtsein gefaßt werden, denn wie sich das allgemeine im besonderen, so expliziert sich das besondere im allgemeinen Selbstbewußtsein. Die Wechselseitigkeit des Einsseins findet ihren Ausdruck in der communio naturarum, die im Sinne ihres Vollzuges als Kommunikationsgemeinschaft zu begreifen ist. Denn das Selbstbewußtsein ist nur, insofern es sich mitteilen kann. Diese Mitteilung erfolgt als Übertragung; das Selbstbewußtsein ist nur für sich, insofern es für anderes ist. In dieser Selbstmitteilung des Selbstbewußtseins ist zugleich seine Intersubjektivität begründet, durch die sich die Selbstexplikation des Selbstbewußtseins als wiederholbar erweist.

Die Selbstmitteilung als wiederholende Intersubjektivität der Selbstexplikation des Selbstbewußtseins hat ihren dogmatischen Niederschlag in der Lehre von der *communicatio idiomatum* gefunden. Denn aufgrund der Aporie des endlichen Selbstbewußtseins hängt die exemplarische Bedeutung der Christologie für die Selbstbewußtseinsproblematik davon ab, daß sich das Selbstbewußtsein von sich aus mitteilbar und kommunikabel macht.

Mit der communicatio idiomatum wird – dogmatisch gesprochen – die reale Übereignung der Eigenschaften der beiden Naturen an die Person Jesus Christus thematisiert. Wird diese communicatio[24] von der Selbstbewußtseinsproblematik aus konzipiert, so wird mit ihr die synthetische, durch gegenseitige Selbstdarstellung vollzogene Selbstvermittlung des besonderen und allgemeinen Selbstbewußtseins mitgeteilt. Die in der Konstitution des Selbstbewußtseins Jesu Christi realisierte Selbstvermittlung wird also ihrerseits noch einmal explizit kommunikabel gemacht. Das geschieht dadurch, daß die Übertragbarkeit und Kommunikabilität der Idiome entsprechend der schon entfalteten Selbstvermittlung und Selbstexplikation von allgemeinem und besonderem Selbstbewußtsein in der Personeinheit Jesu Christi geregelt wird. Diese Mitteilung gelingt dann deshalb, weil sich das Selbstbewußtsein Jesu Christi anders als das endliche Selbstbewußtsein als mit sich selbst vermitteltes Selbstbewußtein expliziert. Indem aber mit der communicatio idomatum nur eine Mitteilung der göttlichen Majestätseigenschaften an die menschliche Natur, nicht aber umgekehrt auch eine Mitteilung der unvollkommenen menschlichen Eigenschaften an die göttliche Natur gelehrt wird, wird innerhalb der Selbstmitteilung des exemplarischen Selbstbewußtseins die Aporie des endlichen Selbstbewußtseins noch einmal ausdrücklich namhaft gemacht. Denn das besondere als endliches Selbstbewußtsein kann sich weder selbst konstituieren noch sich als solches mitteilbar machen, ohne sich schon voraussetzen zu müssen. Damit erfährt aufgrund der inneren Logizität der Christologie das besondere Selbstbewußtsein seine Begründung nur insofern, als es sich im allgemeinen zur Darstellung bringt. Dieses das endliche Selbstbewußtsein begründende Faktum ist aber entsprechend der durchgeführten und gesetzten Einheit von allgemeinem und besonderem Selbstbewußtsein in Jesus Christus ein solches Faktum, das »sich selber dazu gemacht hat«[25].

Auch das *prophetische Amt* Christi entspricht als besondere Tätigkeit dem Sachverhalt der Selbstmitteilung des christologischen Selbstbewußtseins. Denn dieses Amt besteht in erster Linie in der Verkündigung des Evangeliums. Da das Evangelium aber mit Jesus Christus identisch ist, vollzieht also Jesus Christus in der Mitteilung des Evangeliums die Mitteilung seiner selbst. Diese Art der Selbstmit-

---

24. Die vier gegebene Interpretation der communicatio idiomatum schließt sich weitgehend den Ausführungen von H.-W. Schütte: Thesen zur Mitteilbarkeit und Mitteilung von Religion (Manuskript 1972) an; jetzt in: Theologie und Wirklichkeit, Göttingen 1974.
25. H.-W. Schütte, a. a. O.

teilung und Selbstverkündigung impliziert zugleich die Aufhebung von traditioneller Prophetie. Denn Jesus Christus ist nicht länger der Prophet eines anderen, sondern seiner selbst.

V. Vom Interesse des Selbstbewußtseins an sich selbst

Was ist, so fragen wir abschließend, durch die Explikation der Christologie als des exemplarischen Selbstbewußtseins zur Darstellung gelangt? Wir haben die Konstruktion der Christologie durch ihre Rekonstruktion anhand der Selbstbewußtseinsthematik durchsichtig gemacht. Weil wir wissen, wie die Christologie konstruiert und gemacht wird, erwerben wir die Fähigkeit, mit ihr umzugehen. Die Aneignung der an sich, d. h. für uns fremden Christologie durch die Rekonstruktion ihrer Konstruktion macht den Vollzug der Freiheit aus. Denn der Rekonstruierende bringt sich in einer fremden Konstruktion so zur Darstellung, daß er sich in diesem Fremden als sich selbst begründet erfaßt.

Auf diesem Hintergrund mag noch einmal explizit nach dem Interesse an der Herausstellung der exemplarischen Bedeutung der Christologie für die Selbstbewußtseinsproblematik gefragt werden. Das Interesse gilt zunächst dem Selbstbewußtsein als solchem. Es besteht deshalb, weil das Selbstbewußtsein bzw. die Subjektivität die Instanz ist, von der aus die menschliche Erfahrung in Natur, Geschichte und Gesellschaft erklärt werden kann, wobei es keineswegs notwendig ist, den Begriff des Selbstbewußtseins an singuläre Subjekte zu binden. Wenn das Interesse am Selbstbewußtsein der durch es ermöglichten Welterklärung dient, so muß das Selbstbewußtsein vordringlich ein Interesse an sich selbst artikulieren. Dieses Interesse des Selbstbewußtseins an sich selbst schlägt sich in dem Interesse an der Selbsterklärung des Selbstbewußtseins nieder. Da diese Selbsterklärung innerhalb der Sphäre des endlichen Selbstbewußtseins aber aporetisch, weil zirkulär bleibt, wird das Interesse des Selbstbewußtseins an seiner Selbsterklärung zum Interesse an seinem Grund[26]. Denn mit diesem Grund wird das Sich-Vorausgesetztsein des Selbstbewußtseins namhaft gemacht. Mit der Christologie nimmt die Explikation des Grundes die Gestalt des exemplarischen Selbstbewußtseins an. Daher verhilft die Christologie als exemplarische Theorie des Selbstbewußtseins dem Selbstbewußtsein dazu, sein Interesse an sich selbst so als das Interesse an seinem Grund zu artikulieren, daß es, indem es seiner Selbstdurchleuchtung innewird, nicht an seiner Selbsterklärung verzweifeln muß.

26. Vgl. H.-W. Schütte: Erkenntnis und Interesse in der Theologie, in: NZsystThuRph 13 (1971), 335–350, bes. 349f.

Die Autoren

Friedrich Wilhelm Graf, wissenschaftlicher Assistent am Institut für Systematische Theologie der Universität München.

Dr. Walter Sparn, wissenschaftlicher Assistent am Institut für Systematische Theologie der Universität München.

Dr. Falk Wagner, Wissenschaftlicher Rat für Systematische Theologie an der ev.-theol. Fakultät der Universität München.

Prof. Dr. Trutz Rendtorff, Lehrstuhl für Systematische Theologie, mit besonderer Berücksichtigung der Ethik in der ev.-theol. Fakultät der Universität München.